翻译专业必读书系

海南省哲学社会科学规划课题（编号：HNSK14-126）

English
as a Lingua Franca vs
Simultaneous Interpreting

英语通用语与
同声传译

主　编　曾传生
副主编　李双梅
编　委　王克献　傅国华　张挺茂

U0362560

北京大学出版社
PEKING UNIVERSITY PRESS

图书在版编目(CIP)数据

英语通用语与同声传译/曾传生主编. —北京：北京大学出版社，2015.9
（翻译专业必读书系）
ISBN 978-7-301-26202-3

Ⅰ.①英…　Ⅱ.①曾…　Ⅲ.①英语－口译－高等学校－教材　Ⅳ.①H315.9

中国版本图书馆 CIP 数据核字（2015）第 193078 号

书　　　名	英语通用语与同声传译
著作责任者	曾传生　主编
责 任 编 辑	刘　虹　554992144@qq.com
组 稿 编 辑	黄瑞明
标 准 书 号	ISBN 978-7-301-26202-3
出 版 发 行	北京大学出版社
地　　　址	北京市海淀区成府路 205 号　100871
网　　　址	http://www.pup.cn　新浪微博：@北京大学出版社
电 子 信 箱	zyjy@pup.cn
电　　　话	邮购部 62752015　发行部 62750672　编辑部 62754382
印 刷 者	北京溢漾印刷有限公司
经 销 者	新华书店
	787 毫米 × 1092 毫米　16 开本　13.25 印张　350 千字
	2015 年 9 月第 1 版　2015 年 9 月第 1 次印刷
定　　　价	39.00 元

目　录

前　　言

　　时下,英语已无可争辩地成为全球的通用语、交际最广的国际语。人们在感叹这一惊人之变的同时,也为它带来的负面影响忧心忡忡。如何有效应对这一史无前例的变化,这不仅对职业译员是一大挑战,对学生译员的培养更是一个新的课题。英语的多元性无论是在政治、经济、教育还是在科学技术领域无处不在。作为交际工具,它被越来越多不同语言背景的人们使用,如今将英语作为外语使用的人数已超过四分之三。这一空前的发展态势表明,它在国际交往中举足轻重,正日益影响着人们的日常生活。本书正是在这样的大背景下,针对通用语的空前发展与讲英语人数的日益增长,探究应对之策,为译员提升译出语质量探索途径,为译员培养提供实证研究与理论支撑。

　　本书以通用语为切入点,聚焦几个有代表性的变体,如亚洲、非洲、欧洲和拉丁美洲英语,以此揭示其特点,探究它对译员译出语质量的影响。研究显示,即便是老到的译员面对通用语也无不胆战心惊,如履薄冰。如今,对译员而言,聆听纯正英语的发言不仅是一种奢侈,更是一种奢望。因此,揭示通用语的本质,探究它与译出语质量的关系迫在眉睫。更重要的是人们要勇于正视通用语,揭开其神秘的面纱,因为译员与通用语打交道今后将是一种新常态。

　　本书分为三大部分:第一部分(第一章至第四章)主要探讨了通用语的意义以及它对译界,尤其是对译员译出语质量的影响,如母语为英语发言人与英语为外语发言人之间的区别,以及两者对译出语质量的影响。第二部分(第五章至第九章)着重介绍了几个典型的变体如非洲英语变体,美式英语、亚洲的中国香港地区与大陆英语的变体。在介绍变体的过程中,作者不仅从语言学特征,如语音、语汇、句法、语言和语用规则揭示其本质,而且从政治、经济以及社会层面探究其发展演变的历史渊源。与此同时,还为各个变体提供了相关的实例,生动再现其语言鲜活的特征。第三部分为各种变体的实况录音。这一部分涵盖了录音音频、原文以及其相对应的参考译文。值得一提的是发言人中有世界政要、商界精英、学界泰斗和普通百姓。他们的口音在一定程度上集中反映了各地区的变体特征,既有实用价值又有理论价值。最后,本书不遗余力地强调标准英语的重要性,即一个合格译员应掌握的语音。本书作者认为,尽管英语千变万化,变体纷繁复杂,但作为一个合格的译员应做到以不变应万变,应毫不动摇地视英式英语为自己追求的终极目标。他除了讲一口标准地道的英语,同时还应深谙世界各地不同的口音,这样才不愧为一名合格的同声传译译员。

　　有鉴于此,本书认为有必要在此特别强调以下几点:

　　一、通用语具有客观性、规律性、可持续性。译员与教育工作者务必要有清醒的头脑,欣然接受这些变化,变被动为主动;

　　二、对于通用语所持的固有偏见与抵触情绪非但于事无补,反而害人害己。人们应顺应历史的潮流，不可逆潮流而动；

三、各种变体尽管千差万别，但它们之间仍有许多相通之处；

四、教育工作者的责任尤为重要。他应该在保持传统教学法的同时，有针对性地吸纳变体英语用于教学之中，确保译员在讲一口标准地道英语的同时，能分辨并通晓各种不同的口音，确保在实际翻译工作中做到游刃有余，驾轻就熟；

五、教育工作者要与时俱进，除了传统的教材外，应适当增加通用语的教材的编写工作。要一改那种一味用纯正标准英语训练译员的做法，在教材编写方面要做到雅俗共享，百花争艳。通用语教学涉及各种变数，将通用语教学融入译员训练大纲是一项划时代工程。人们应把那些在实际训练过程中被证明是行之有效的方法、措施、材料进行归类，加以总结，并将其上升为理论。针对通用语所编写的教材应该做到科学化、系统化并能作为资源共享。人们可以在通用语语料库如 VOICE、TELF、ELFA 等基础上进行筛选、整合，这样可以大大提高译员的工作效率，提升翻译质量。与此同时，人们还应该分析通用语源语文本，从中找出问题并解决问题，确保通用语教学切实可行。

学生译员务必要有清醒的头脑，加强对通用语的认识以及应对它可能产生的负面影响，切忌脱离实际，异想天开。同时，也不必如临大敌，妄自菲薄。他应该以积极的心态投身到这一史无前例的变化中，以积极、包容的心态迎接新生事物。只有具备了忧患意识，才能做到不但不被淘汰，反而会像一棵柏树，斗寒傲雪茁壮成长。

对译员而言，只有具备了高质量的传译技能与专业知识才能真正做到以不变应万变。为了确保即便是在源语的外国口音重的不利情况下仍能保证高质量传译，译员必须更新知识，戒骄戒躁，求真务实，以饱满的热情和包容之心欣赏各种不同口音。诚然，有译员会抱怨这一新形势带来的挑战，渴望重回昔日纯正英语的时代。但对于那些能正确认识并对通用语持积极态度的译员，他们不但不会消沉，反而会大显身手，变不利为有利。因为他们可以向世人表明，面对如此纷繁复杂的通用语环境和日新月异的高科技的发展，只有他们才是一支可信赖的，能打硬仗的生力军。

另外，那种认为通用语可以代替标准英语，人们从此可以不受标准英语语法规则约束的想法不仅幼稚，反而荒唐可笑。因此在课程设置上，人们不能凭借个人的一厢情愿决定是否开设标准英语与非标准英语课程。正如 Kohn（2011）指出，标准英语与非标准英语的开设应该相得益彰，相互兼容。社会构建主义者认为，按照心理认知的解释，标准一词的解释因人而异，仁者见仁智者见智。但初学者不能因此将标准与非标准英语混为一谈。无论是学生译员，还是通用语研究者都必须实事求是，客观公正地看待通用语。

最后，作为本书的作者，我由衷感谢北京大学出版社有关领导的鼎力相助，特别要感谢本书的组稿编辑黄瑞明女士，责任编辑刘虹女士，她们一如既往的支持及其犀利过人的学术眼光是本人继续从事同声传译研究的动力和源泉。

作者

2015 年 4 月 28 日

绪　　论

第一节　论英语全球化：多元性和语言结构

　　在全球化背景下，英语语言学与应用语言学研究将语言学理论与全球化割裂开来(Jacquemet 2005；Bruthiaux 2008；Mufwene 2008)，使得全球经济、政治、社会科学与文化研究的全球化主流理论可以忽略不计(Held, McGrew et al. 1999)。有鉴于此，本书提出从语域、方言和语体方面来揭示"语义多元化"(Halliday 2002)，鉴于语义多元化是直接通过词义、语音与语法体现的，因此，对这个问题的深入研究有益于我们弄清这些语言功能对全球英语、世界英语和通用英语所产生的影响。同样，这些体现了政治、经济、社会与文化层面的"全球化""本土化"和"全球本土化"的多元英语又与主流全球化思维中的"超全球化学派""怀疑论者"和"转换语法学家"一脉相承。因此，本书建议，人们应将全球化与语言学多元性作为研究基础，以此来解读新千年全球背景下社会语言学的现象，推动全球应用语言学更加深入广泛的研究。

■ 引言

　　近年来，(社会)语言学文献中涌现出大量关于英语全球化的文章，对全球化提出了多种解释，并一致呼吁建立一个可操作的模型，以便更好地解读英语在全球范围内的传播、演变及广泛使用(Phillipson 1992；Crystal1997；Brutt-Griffler 2002)。各个领域相继出现了诸如地理语言学、教育语言学、批评应用语言学等相关研究文献。然而，这些将英语作为一种(社会)语言学现象进行分析的研究有一个共同点，即他们一致认同当代英语的发展与全球化进程紧密相连。无独有偶，与此类似且相对独立的研究犹如雨后春笋般出现，从多视角研究英语与全球化的关系，例如，从批判话语分析角度(Fairclough 2006)，从政治社会学的角度(de Swaan 2001)，抑或从生态学角度等等(Muhlhausler1996)。此外，也有一些关注英语在全球化背景下未来发展的研究(Graddol 1997；2006)。

　　不仅如此，研究政治、经济、社会学领域的全球化理论极少关注语言与语言学问题，更不用说将英语作为一门单独的语言加以研究，甚至在"文化全球化"这样的大背景之下也对此竟熟视无睹。相反，人们对政治、经济、社会、意识形态、生态和军事方面的全球化却情有独钟(代表人物有 Held et al. 1999)。这些理论对文化全球化的关注主要集中在消费文化和大众媒体方面（Held at al. 1999；Steger 2003），而那些从文化研究视角出发的全球化理论对语言却视而不见（Appadurai 1996 年的文化全球化理论涉及了"种族景观""媒体景观""技术景观""金融景观"和"意识形态景观"，唯独没有提及"语言景观"）。但也有例外，Steger（2003）在论述"语言的数量""人类活动""外语学习与旅游""网络语言"以及"国际科学出版物"等几个关键词时却不经意地提到了"语言全球化"问题（2003：82-84）。

尽管这些不同的研究范例相互共存，但迄今为止，无人将英语发展、语言与全球化的关系或全球化本身融为一体加以研究，以扩大人们的视野，增强人们的鉴赏力。与此相反，本研究立足于现实，致力于为未来的研究指明方向。具体而言，就是通过社会语言学的多元性（如语义的多元性 Halliday 2007），直接和语言变体的类型相结合进行研究，把语言变体与其结构融为一体加以研究，特别是将这些结构—功能复合体与主流全球化理论相联系进行深入探讨研究。

■ 全球化、本土化、全球本土化

在讨论英语、语言与全球化以及全球化本身的扩张性问题时，人们不由自主地采用了"全球化""本土化"和"全球本土化"这一概念三分法（Robertson 1992），以此来解释这些变化过程与空间位置上的联系。大体上讲，全球化指语言的同化，本土化强调语言的多元性，全球本土化表明语言的混杂特点，这三个概念是英语发展演变过程中各种变体相互作用的产物。

例如，在上述提到的对语言的研究中，Phillipson，Brutt-Griffler，Fairclough 与 Muhlhasler 等人主要关注"全球化"语言的国际同化问题；Crystal，McArthur 和 de Swaan 则侧重英语扩张语言多样化的影响；而 Kirkpatrick 和 Pennycook 主要关注"全球化"与"本土化"相互影响下的语言混杂现象。更具体地说，"全球主义者"对未来的"语言多元化"（Halliday 2007）持悲观消极态度，因为英语的主导地位正导致全球不同地区多语种的消亡。而"本土主义者"则看到了英语扩张的积极面，指出自殖民时期以来全球有多种代代相传的语种非但没有消亡，反而得到了延续发展；"全球本土主义者"尤其关注全球与本土作用下英语语言与文化的碰撞，也就是人们常见的全球性跨语言、跨文化交融。这三种研究的典型代表分别是 Phillipson（1992）针对英语的"语言霸权主义"而提出的"全球主义者"模型，Schneider（2006）针对"后殖民英语"在世界范围内的发展提出的"本土主义者"模型，以及 Pennycook（2007）在分析全球化和本土化的同时，尤其是在英语嘻哈亚文化的跨语言交流基础上提出的"全球本土主义者"模型。

然而，有趣的是，与这些思想并驾齐驱的是全球化理论中的主流概念，这些概念同样佐证了"全球化""本土化"和"全球本土化"三分法的存在。鉴于对全球化的定义是"创新、推广、延伸的多维过程，目的在于加强世界的交流与合作，强化人们的本土意识的同时，加深世界大局的意识"（Steger 2003：13）。事实上，正如 Held et al.（1999）清楚地表明，研究全球化理论者属于三种不同的思想流派，即"超全球化学派""怀疑者"和"转换语法学派"，每一个流派针对全球化在以下方面进都行了论证和总结：概念、因果、经济社会影响、国家权力和治理含义以及历史发展轨迹等（Held et al. 1999：3）。

至于全球化的一般特征，"超全球化学派"认为，当代的全球化开拓了一个崭新的时代，人类正日益接受市场规则的约束；"怀疑论者"则认为全球化就本质而言是一个不解之谜，它掩盖了国际经济日益分割为三大区域集团的事实，其中政府依然发挥着重要作用；而"转换语法学派"认为，当代的全球化模式历史上前所未有，世界各国与地区一方面正在经历深刻变革，另一方面又在极力适应这个日益相互依赖、充满不确定因素的世界（Held et al. 1999）。"超全球化学派"认为全球化充其量是一种与社会学有关联的经济现象（Albrow 1996）；而 Hirst 与 Thompson（1996）等"怀疑论者"仅把全球化解释为一种"经济主义"；"转换语法学派"则把全球化视为一系列影响深远的社会进程（Giddens 1990；Rosenau 1997）。

这三种流派也以自己特定的方式对文化全球化进行了阐释。例如，Held et al. 等人总结道："'超全球化学派'把世界同化现象描述为受美国大众文化和西方消费主义观影响的结果；'怀疑论者'将全球文化的空洞与虚假与民族文化相比较，认为这一切归咎于由来已久、日益增长的世界主要文明地缘政治断层引起的文化差异与文化冲突的结果；'转换语法学派'认为文化和种族的交融形成了文化的混杂，产生了新的全球文化（1999：327）。"

至此，人们对"全球主义者""本土主义者"和"全球本土主义者"从语言学角度对全球化概念的定义，从社会科学角度对"超全球化学派""怀疑论者"和"转换语法学派"所进行的阐释有了明确的认识。现将上述讨论归纳总结如下：

语言学理论角度：全球主义者　本土主义者　全球本土主义者

社会学理论角度：超全球化学派　怀疑论者　转换语法学派

全球化概念：同化　多样化　混杂性

■ 全球化对社会语言和社会政治的影响

前面对世界英语的讨论，已经提到了全球化对社会语言的影响，即同化、多样化和混杂性，并使用了一系列不同的术语为这种新兴的语言进行界定，如"国际英语""新式英语""全球英语""世界英语""通用英语"等。至于语言的多样化和混杂性现象，本文借用社会语言的"本土化"和"克里奥尔化"来揭示其语言结构的内涵。不过，Kachru（1985）提出的具有悠久历史的、基于地理语言的世界英语模型"内部""外部"和"扩张"三个层次的模型本文不能苟同，表示质疑，因为该模型未能再现全球化语言所带来的崭新的社会语言风貌（Modiano 1999；Bruthiaux 2003）。

按照 Pennycook（2008）的观点，英语是一门全球化语言，一门可译的语言，因此他对社会语言产生的影响倍加关注，而这些影响是通过同化、多样化和混杂化呈现出来的（不过他本人并没有使用这三个术语）。他提出了所谓的"语言壁垒"一说，以此倡导语言的多元性（主要是欧洲语言），使其免遭语言向心力的侵害。更直白地说，就是免遭英语霸权与同化的侵害，这一观点与 Phillipson（2003）不谋而合；他同时参照了各地区和各国的"区域对象"，主要是殖民地时代以后诞生的世界英语，这些英语变体的形成强化了英语语言多元性的向心力和同化作用（Kachru and Nelson 2006）；他还提出了英语通用语这一概念，正如 Jenkins（2006）和 Seidlhofer（2001）在他们的著作中极力推崇这一概念一样，事实上，这个概念含有全球本土混杂特点，并且使这一观点逐渐传播开来（2008：36-40）。英语全球化对社会语言的影响如下表所示（Pennycook 2008）：

另一方面，Pennycook（2008）告诫人们要谨防受这种语言多元性向心力的影响："在英语风靡全球之际，这三种语言多样性概念大都只关注形式而非意义，并且三者是建立在英语本质是否稳定的前提之下"。他对此总结道，本研究意义深远，不论是对本国语言与文化的保护，还是对作为通用语的英语的描述，抑或对英语变体的关注，都不足以解决语义多元化的问题。意义的多样性，即语义多元性这个核心问题前文已有所涉及，下面将进行更为深入的探讨。

■ 全球化进程中的英语：全球英语、世界英语和通用英语

给国际英语定义并进行分类难免有沽名钓誉之嫌。但尽管如此，本书认为有必要对全球化进程中的英语变体进行三分，这样便可以与前文中从语言角度与社会学角度提出的对全球化概念的三分法相吻合。鉴于有至少三个涉及全球化进程及其影响的概念，语言也应有三种对应的表现形式，这样才能彰显"人类相互依赖与交流""多维的全球化进程"等特点（Steger）。人们可以把前面 Pennycook 所提出的"地区对象"称之为"世界英语"，因为他本人对此喜闻乐道，"通用语"姑且称之为"通用英语"，而导致"语言壁垒"同化的或正在同化的英语权且称作"全球英语"。

■ 全球英语

人们常见的、备受争议的是英语的日益全球化，它以其主导地位影响全球语言，它也是被上述"全球主义者"指责为对语言多元性构成威胁的语言，持此观点的代表人物有 Phillipson（1992）。美国企图凭借其美式英语通过其政治、军事、意识形态在全球进行扩张与渗透，并通过其国际媒体和通讯机器大肆传播，加之"全球主义者"打着美国流行文化和西方消费主义观的旗号兜售所谓的文化同化，如"麦当娜化"和"可口可乐化"等。这种英语可以名正言顺地称之为"全球英语"，虽然其确切的语言界定仍有待商榷（例如，它是否完全以美国英语为基础？是否真的存在所谓的"国际"结构影响一说？等等）。

然而，与此相关还有新自由主义经济学也可以被称为"全球英语"，持这一论点的学者的理由是，市场可以自我调节，国家和政府的职能是推动市场化，而不是横加干涉市场运行（Fairclough 2006）。在社会学方面，人们有必要对"全球主义"（Beck 2000；Steger 2003，2005）和全球化两个概念加以区分，"全球主义"指赋予全球化概念以新自由主义价值观的一种意识形态，而全球化则是"强化全球相互依赖性的社会过程"（（Steger 2003）。"全球主义"的新自由主义论主要依靠位于北半球强大的社会势力进行散布传播，这种社会力量包括企业高管、大型跨国公司高层、公司说客、媒体、公关专家、文人、国家官僚和政客（Steger 2003）。从语言学角度上看，作为全球化载体的全球主义论，似乎会随着语言的商品化、公共关系经济化和语言使用的对话化齐头并进（Chouliaraki and Fairclough 1999；Fairclough 2006）。

对全球英语持第三种解释的学者把英语视为一种"虚拟语言"，这种"虚拟语言""作为一门国际语言得到了广为传播，它通过自主的语域发展，保证了全球学术界的交流"（Widdowson 1997）；从这个意义上讲，"作为国际语言的英语是一种有特殊含义的语言"

(1997：144)。

其实，人们只要从社会语言学角度仔细观察，全球英语的三个解释有很多共同之处。全球化的语言蕴藏与承载了新的表达方式，被赋予了新的含义，增添了新的词汇（现有的词汇被赋予了新的生命）。也就是说，创造了全球性表达方式，填补了语义的空白。语言无论是被用来兜售美国的文化价值观，或者体现个人或公共关系和社会活动中的商业价值观，抑或被用于专家学者们的专题讨论，它都具有符号指令系统的特点，主要表现特定语境内的文本和信息意义。

■ 世界英语

"世界英语"这一术语广泛用于社会语言学文献中，常指 19 世纪以来伴随英美殖民主义而发展起来的英语变体，它不包括白人定居点的殖民地内部的英语变体，如澳大利亚、加拿大、新西兰和南非等国的英语。从地理的角度而言，这些英语变体专指一些特定国家（印度英语）或区域（南亚英语）的语言，经过不同程度的规范或当地习俗的融合（属于 Kachru 三层模型中的外层）而形成的，它通过普及和宣传已深入人心。该术语不包括英语派生出的洋泾浜语和克里奥尔语。有人也认为"世界英语"也包括那些当地发展起来而非从英美殖民时期衍生而来的英语变体，如"中式英语""韩式英语""日式英语"等，这些属于 Kachru 三层模型中的"扩张层"。新旧世界英语的并存与发展随着全球化进程而得到进一步发扬光大，在全球化的进程中这些英语变体又得到了进一步融合（为加深对世界英语的了解，请参阅 McArthur，2002）。世界英语的存在反映出学界对英语多样化进程持普遍积极的态度，如上述提到的"本土主义"语言学派与社会学"怀疑论者"。它具有浓郁的地域色彩，在当地被视为"得体""本国化的"或"本土化的"英语，以其别样的结构和符号备受使用者津津乐道，语言学往往称它们为英式英语和美式英语的地域变体。它们体现了英语的多样性，功能上展示了英语的特异性。这些语言标志着国家或地区的谱系，构成表达了用户身份的符号特征。

■ 通用英语

在最近的研究中人们发现，母语为非英语的人数远远超过了英国、美国和澳大利亚等国母语为英语的人数，而且，母语为非英语者之间的英语交流频繁度远远超过母语为英语者之间的交流，也超过了母语为非英语者与母语为英语者之间的交流（Graddol 1997）。这一潮流有力促进了通用英语研究的蓬勃发展，可见，通用英语是自主与不自主选择而作为共同语使用的语言（Seidlhofer，Breiteneder and Pitzl 2006）。虽然按惯例，对英语的研究理应集中在母语为非英语的使用者身上，但语言研究并不排斥母语为非英语与母语为英语使用者之间的研究。从全球化的角度看，通用英语就概念而言与上面提到的"转换语法派"的观点颇有相似之处（Dewey 2007），两者都崇尚语言"全球主义"，通过源自并超越地域语言限制，用当地不可替代的用语来应对语言全球表达的趋势。严格地讲，本土化包含通用语使用中的各种各样的语境，它并非锁定某一特定的地理位置。然而，这种语境下使用的语言反映了一种文化"混杂"现象，其实质是"描述了一种打破疆界过程的有效途径"（Tomlinson 1999），是"一个基于普通文化条件下传播全球现代化的过程"（Tomlinson1999：148）。实际上，这种跨疆界或跨地域的英语和通用英语别无二致，在其他有关晚期现代社会学框架领域中已得到了分析研究（James

2008)。作为无限使用语境的语言表现形式，通用英语可被视为全球化的或正全球化的跨文化语言资源。因此，人们不妨用三分法来给这类英语分类：

全球化英语：全球英语　世界英语　通用英语

■ 语义多元性：语域、方言、语体

对英语的分类与上述全球三分法不谋而合，有鉴于此，人们有必要从（社会）语言学角度进一步探讨它们的结构特征，以此来确定它们与目前已确立的概念的相互关系。House（2006）面临语义多元性的挑战曾有过以下描述：当今英语使用的领域之广、功能之强在语言交流史上是空前的、是前所未有的。为此，人们急需建立新的理论框架，重新审视现有的研究角度来充分反映这一客观现实。

针对这种情况，学术界达成广泛共识，认为对于英语三种变体可以用一般性描述来加以区分，以彰显其全球性语言表达的符号。因此，在 Halliday（1978）最初提出的"语域"与"方言"二分法的基础上，本书进行了进一步扩展，囊括了"语体"这一概念。对通用英语进行的实证研究显示，这门国际语言至少能体现三个符号序列中的其中一个，但从规范的角度而言，它是三者的混合体（James 2005；2006；2008）。

从语言结构层次出发，我们已经表明"语域"主要是通过词义呈现；"方言"通过语音再现；"语体"则是通过语法的形式表现。在语言群体方面，"语域"表达了一种"话语群体"；"方言"代表的是"言语群体"；"语体"反映的是"行为群体"（James 2006）。"话语群体"在概念上最接近社会语言学文献中采用的"实践群体"概念（Lave、Wenger 1991）。现将三分法归纳如下：

变体：语域　方言　语体
主要定义：用途　用户　使用
主要结构表现形式：词义　语音　语法
群体：话语　言语　行为

在目前全球化讨论的大背景下，所谓全球化英语主要指其语域特色而言，它的每一种解释都体现了语言结构的词义特色，这种语言结构以英语随美国文化、商务谈判和特殊用途英语的传播为核心（Widdowson 1997 最早提出了"语域"这一概念）。事实上，这种新的表达方式（词汇意义混杂）在前面已有所涉及。语言的"使用"与特定话语群体息息相关，与文化、职业等有着千丝万缕的联系，这正是语言设计的初衷。

在世界英语中，独领风骚的显然是它的方言特色：世界英语变体的形成与语言的使用者密不可分，因为它们具有表明国籍，表明该言语群体成员地域身份的功能。它们具有识别功能，结构上体现了词汇和语音特定的含义。

通用英语的一大特征是它的语体。语体表现了语言使用的行为目的，表现了跨语言的交际功能，即履行交际任务。在这里，词汇和语法的合理选择对于交际任务顺利完成至关重要。然而，值得指出的是，作为国际交际语言的英语有可能同时表现出三种变体，每种变体都有呈现它全部结构或符号的可能（James 2005，2008）。因此，三个结构分别与各自相对应的三种全球化英语形式相呼应。

假定人们把全球化英语视为对一种语言表达的投资，它与上面已经提到的"语料库""资源库"和"资源"三个概念自然地联系了起来。全球英语语域向人们提供了一个文本型的表达库，世界英语方言为发言人表达提供了不同的资源库（即准代码），通用英

语语体为听众的表达提供了直接的资源。详见总结如下：

全球化英语：语料库　资源库　资源

交际：文本形　说话人　听众

无独有偶，Fairclough(2003,2006)对语言变体三分法也饶有兴趣。在他的"社会结构""社会实践"和"社会事件"语言理论的"社会结构"中，他区分了"话语""风格"和"语体"三个概念。他认为"话语"重表达，"风格"重客观存在，而"语体"重行为；他的"社会事件"分别指"识别""代表"和"行为"三个概念，这三者本身可以被视为文本含义的元素。很明显，他的"话语"等同于本文的"语体"，"风格"相当于"方言"，"语体"等同"语体"。Fairclough(2006)还讨论了文本的"互为话语"概念，即现在的变体/结构选择/符号组合，他得出的结论是："人们在特定的文本中，可以识别特定的话语、语体和风格。"他的分类描述可总结如下(Fairclough 2003,2006)：

社会实践：话语　风格　语体

事件/文本意义：代表　识别　行为

■ 全球化与英语：象征及其他

本书对全球化的论述旨在表明，人们可以把全球化的本质理解为政治、经济、社会和文化过程，也可将它理解为语言融合过程。为此本文建议，应把英语当下在全球的地位理解为这一过程中的一个主被动过程。具体而言，对全球化分类使人们在英语语义多元性中找到了现成的答案，尽管就用户、用途以及使用而言，其结构功能复合特征仍有挑战性。但可以坦言，本书对 Blommaert(2003)提出的在社会语言学视觉下解读全球化的呼吁做出了清晰的回应，"人们需要将他的认识从语言转移到语言变体和语料库之中，被全球化的语言并不是一种抽象的语言，而是具体的言语、语体、风格与认知实践形式。"正是基于这一点的认识，本书对这一命题展开了上述讨论。

批判社会语言学家反对将英语或语言本身在全球化讨论中过度具体化(Makoni、Pennycook 2007)，他们更倾向"交际实践"这一概念(Hanks 1996)，即通过语言代码把握语义多元性表达，因此他们关注的是"施事与语场之间社会约定俗成的关系(Hanks 1996)。"在此，本书称这类"实践"为符号组合与变体，施事通过语域、方言、语体的选择产生了这些符号组合与变体，而语言学中的"语料库""资源库"和"资源"分别与社会场域中的"代表""识别"和"行为"相对应。因此，施事和结构相互作用，从而直接将"语言结构"表现为一种"语言交际事件"和"更广阔的社会过程和结构"之间的方言关系(Giddens 1984)。

Jacquemet(2005)呼吁人们应对"全球化进程中的人口流动、语言交融以及信息共享所带来的交际实践与社会形态进行研究"，他引入"跨习语实践"这个概念来描述在交际中不同语言和交际码的互动。值得一提的是，本书对语言全球化的讨论只局限于英语，倘若缺乏多语言的使用语境，人们将难以完全认识它在全球化进程中的突出地位。正如此前 Pennycook(2008)所提出的，"作为语言，英语的可译性是永恒的"。它的可译之处在于，它能不断地在语言多元化领域内自我重组，自我重塑。同样，它在语义多元化的领域内也需进行重组，为此，本书进行了尝试、展开了深入探究。

第二节 译员对英语通用语的态度

1. 引言

时下，非母语英语的人数远远超过了母语为英语的人数，而且这一数字还在呈上升态势。随着非母语英语人数的不断上升，英语各种不同的变体也接踵而至，因而英语的作用与功能也随之发生了改变。多元英语最明显的标志是各种不同的群体说英语时夹杂的各式口音。英语作为通用语的崛起给人们提供了一个平台，据此人们可以审视、思考传统的母语英语教学模式。有鉴于此，本节旨在探明人们对英语作为通用语的态度，揭示非母语英语口音与母语英语口音两者之间的差别。尤其值得一提的是，本书是从教育工作者的视角来揭示人们对英语为通用语口音的看法，即通用语口音是否略逊色一筹、是否欠规范；通用语的口音用于交际时是否得到人们的认可。本书采用了Jenkens(2007)的问卷调查，被调查对象是某所高等师范学校的学生。问卷调查要求被调查对象就10个事先拟定的口音进行评价，并且在10个选项中评出他们心目中的5佳口音。结果显示，被调查对象一致认为母语英语口音力压群芳，被调查对象首推为英语最佳口音。结果同时也反映了被调查对象的某些偏见，认为母语英语口音（以下简称纯英语口音）准确、到位。虽然当下人们对英语使用的环境发生了变化，学生认为英语应回归理性，纯英语口音仍然是教学与交际用最佳语音。

2. 英语作为通用语

随着非母语英语使用者人数的不断上升，英语在全球的功能和作用的转换，英语作为国际语言的概念也发生了变化。Jenkins(2006)把英语作为通用语界定为"世界语，意即说这一语言的人主要是非母语英语者居多，也就是除了母语之外将英语作为第一语言的使用者"。英语作为通用语的交际涉及不同的文化背景，涉及非母语英语者间的交流。通用语是一个平台，而英语作为普通话则当仁不让，成为首选，因为它锁定的是来自不同语言文化背景的人群(Jenkins 2006)。这些人虽然是非母语人士，但他们同样能借助英语自如交流，相互沟通。英语作为通用语表明，人们对英语变体的客观存在、英语变体用于各种场合的合法化已有所认识，这与此前人们的做派形成了强烈的反差。如今人们已逐渐摒弃了以往那种认为它不能登大雅之堂的传统观念。英语作为通用语使人"解放思想、与时俱进。它极大地激发了人们锐意进取勇于探索的精神"(Seidlhofer 2009：237)。它为交际提供了路径，人们由此可以审视、思考纯英语语音教学的传统做派。正因如此，对英语作为通用语的本土化研究犹如雨后春笋，它使人开阔了视野，扩大了眼界。然而，人们对通用语的态度却不尽如人意，颇有智者见智仁者见仁之感，即便是在非母语英语者之间人们也各执己见，争论不休。Holliday(2005)研究发现，"英本主义（英语为本族语者）在对外英语教学的概念中如此根深蒂固，以致人们的观念变得固化，对它的存在及其影响常熟视无睹"。与本地口音或非母语英语口音的英语教学相比，多数非母语英语者仍对纯英语教学情有独钟，普遍持褒扬态度。究其原因，人们所用的教材、教科书、教学大纲等无一例外地都是以纯英语为准绳。这样,纯英语概念在人们心目中早已深入人心,稍有偏差便会背上不规范、欠标准之骂名。相反,英语作为通用语不仅使交际双方相互包容,同时学者对字里行间的错误也能持包容态度,认为情有可原,甚至美其名曰"勉强凑合原则"(Jenkins 2007;2009)。非母语英语或英语作为通用语本身的人对纯英语也持有偏爱,认为纯英语是标杆、尺度,凡是违背这一原则的言行一概视为不规范、欠标准,甚至是错误(Holliday 2005;Jenkens 2000;2007)。Jenkens(2007)研究还发现,非母语英语的英语教师对纯英语有难以割舍的情怀。

■ 3. 研究目的

本书的目的旨在探究学生对英语作为通用语或非母语英语口音所持的态度。具体而言,本书力求揭示人们对非母语英语口音和纯英语口音二者所持的态度,进一步证实带口音的英语是否的确逊色,不能登大雅之堂;与此同时,本文还将探究英语作为通用语的口音在实际交际中是否能被人接受,是否得到人们的认可。

■ 4. 方法

4.1 问卷调查

本书数据的收集采用的是Jenkens(2007)的问卷调查。Jenkens所设计的问卷是以已知的方言研究为基础的。方言研究的目的是通过研究人们对各种变体的分类、采用的标准,以此来探明人们对各种语言变体所持的态度Jenkens(2007)。Jenkens(2007)认为,此举有助于了解人们对英语作为通用语与纯口音的态度。本书采用的问卷调查包含两部分:第一部分涉及被调查对象的基本信息,如年龄、性别、母语、外语等。第二部分涵盖5项内容。这些内容主要考察被调查对象对英语作为通用语的态度。第一项要求被调查对象评价事先选定的10种口音。第二项要求被调查对象对所列的口音进行排名并作出相应的评价。第三项要求被调查对象根据选项列出自己认为最佳的口音。第四项要求被调查对象按照国际上通行的标准如语音语调、甜润悦耳等进行排序。最后一项是开放式问题,无硬性规定,被调查对象可随意回答。不过,本书主要侧重一至三项内容。

4.2 被调查对象

实验涉及72名学生,每名学生人手分发了一份问卷调查,这是他们在该大学的最后一个学期,也是他们在该校的第6个年头。然而,72份问卷只收回了36份。被调查对象的年龄在22至25岁之间。头两年他们在师范专科就读,本科在一所地方师范院校学习。这些学生对于英语作为通用语、纯正英语、非母语英语者这类术语早已耳熟能详。36名被调查对象中,16名为男性,余者为女性。29名被调查对象的第一语言是马来语,2名为泰米尔语,5名为少数民族语。被调查对象的第二、第三语言为英语、布吉语、阿拉伯语、卡达山、德语以及汉语。

■ 5.0 结果

5.1 纯正与非纯正英语口音

如前所述,第一项要求被调查对象对所列的10种口音作出客观评价。这些口音既包含英语国家又包含非英语国家,如英国、美国、巴西、西班牙、德国、瑞典、印度、中国、日本、澳大利亚。其中英语国家有英国、美国、澳大利亚;非英语国家有巴西、西班牙、德国、瑞典、印度、中国、日本。本书重点提到了印度、中国、日本等非母语英语国家的口音。实验要求被调查对象自由评价这 10 种口音，以此来确定纯正英语与非纯正英语的判断标准以及区分依据。总的说来，被调查对象做到了畅所欲言、各抒己见。他们对有些口音的评价有理有据，翔实充分，而对另一些口音则只是蜻蜓点水般的轻描淡写，但对某些口音的评价却措词强烈甚至挖苦讽刺。本书关注的焦点主要是英国与美国口音，其次是非英语国家如西班牙、印度、日本英语口音。

5.2　美式英语口音

喜欢美式英语口音的被调查对象自然对英式英语口音尽贬低挖苦之能事。例如，其中一名被调查对象用"正常"一词来描述美式英语，用"势利"一词来形容英式英语。另一名被调查对象用"简明"二字形容美式英语，而用"势利与过分高雅"形容英式英语。然而，也有不少被调查对象为英式英语鸣不平。其中一人把英国音誉为"标准音"，而把美式英语说成"别扭、刺耳"。5 名被调查对象将美式英语形容为"标准"。"标准"一词在本实验中只用来形容美式英语与英式英语，其他非母语英语口音从未获此殊荣。评价既有积极的一面，又有消极的一面，详情见表 1-1：

表 1-1　对美式英语的评价

积极	消极
易于理解	语速太快
容易听懂	刺耳
正常	太口语化
听起来轻松	太随意
很酷	卖弄
语调清晰	肤浅
标准	清晰

5.3　英式英语

如前所述，钟情于英式英语的被调查对象无疑对美式英语持否定态度。比如，他们认为英式英语"易于理解""较专业"，而美式英语则"不堪入耳""太随意"。不过，也有被调查对象将两者都归类为"易于理解""标准"范畴，将澳大利亚口音誉为"勉强"凑合。对英式英语积极与消极评价如表 1-2 所示：

表 1-2　对英式英语的评价

积极	消极
发音标准	装腔作势
标准	晦涩
悦耳动听	贵族气太重
易于理解	语速快
清晰	太快
无可挑剔	势利
清晰易懂	势利
优美动听	过分高雅
抑扬顿挫	像连珠炮
字正腔圆	

5.4　西班牙英语

许多被调查对象对西班牙口音只是轻描淡写,有人甚至公开表白他们对该口音一无所知。对西班牙英语口音褒贬评价见表1-3:

表1-3　对西班牙英语的评价

积极	消极
既快又准	刺耳
能听懂	不悦耳
清晰	难懂
悦耳	几乎不知所云
很酷	难以听懂
表现力强、重音太多	语速太快
富有浪漫色彩	
经典	

5.5　印度英语

与西班牙英语相同,多数被调查对象对印度英语持暧昧态度,较西班牙英语而言他们对印度英语的反映更为积极。对印度英语口音褒贬评价见表1-4:

表1-4　对印度英语的评价

积极	消极
精准	浑厚
容易理解	无可奉告
语速流畅	难以听懂
能听懂	好拖长音
有特点	不纯正
优美动听	像连珠炮
清晰	像绕口令
流畅	不知所云
	难以理解
	太快

5.6　日本英语口音

被调查对象对日本英语口音的反应与对西班牙、印度英语的反应相差无几。在用词上人们的态度含糊不清,对它的评价显得平淡,贬低多于褒扬,甚至还夹杂一些蔑视的口吻。褒贬评价详见表1-5:

表1-5　对日本英语的评价

积极	消极
发音独特	难以听懂
富有节奏感、口音重	难懂、随意添词
有趣味	难懂
勉强凑合	像连珠炮
客气	欠规范
语速慢	发音含混不清
	怪声怪气
	过分呆板
	听起来费力
	吞吞吐吐

5.7 口音排名

第三项要求被调查对象根据自己喜好为最佳口音排名,选出前 5 佳并依次排名。实验方事先并未提供名单,被调查对象根据自己的倾向任意挑选。不过,大多数只列出了前 3 名,评价详见 1-6、1-7、1-8 表。英式英语名列前茅,美式英语屈居第二。20 名被调查对象认为美式英语仅次于英式英语。14 名被调查对象认为澳大利亚英语位列第三,有 5 名对菲律宾英语口音十分看好,有 3 名被调查对象为苏格兰、美式英语、加拿大及印度英语投了赞成票。被调查对象一致认为,英式英语与美式英语为最佳口音。英式、美式、澳大利亚英语堪称一流,被调查对象将其视为追求的终极目标。有 4 名将马来西亚英语列为最佳口音行列,1 名将马来西亚英语排名第三。由此可见,被调查对象心目中的母语英语与非母语英语之间的区别泾渭分明,母语英语毫无悬念地取代了非母语英语口音。名列前茅的三大口音均属母语英语口音,尽管有部分被调查对象对个别非母语英语口音评价很高,但绝大多数被调查对象仍对母语英语倍加青睐。值得玩味的是,长期受英语通用语与英语为国际语熏陶的学生并不看好他们自己的口音,除了 4 名认为马来西亚英语口音一流外。学生几乎不约而同地首选母语英语口音。

表 1-6 排名前 4 的口音

英式英语	22
美式英语	10
马来西亚英语	4
西班牙英语	1
总计	

表 1-7 排名第二的口音

美式英语	20
英式英语	8
菲律宾英语	2
印度英语	2
澳大利亚英语	2
俄罗斯英语	1
新西兰英语	1
总计	36

表 1-8 排名第三的口音

澳大利亚英语	14
菲律宾英语	5
苏格兰英语	3
美式英语	3
加拿大英语	3
印度英语	3
瑞典英语	2
韩国英语	1
日本英语	1
马来西亚英语	1
总计	36

■ 6. 结语

研究结果显示,与非母语口音相比,母语英语口音的权威性仍无可撼动、毫无争议地处于霸主地位。研究发现,人们对母语英语口音普遍持积极、褒奖的态度,而对亚洲英语口音则不屑一顾,甚至还尽贬低、嘲笑之能事,如用生硬呆板、平淡乏味、张口结舌、怪声怪气、含混不清等词语来形容亚洲英语口音。人们对母语英语口音情有独钟,而对亚洲英语口音则持反感的态度,这似乎已是不争的事实。更令人费解的是,同属非母语口音的西班牙英语、德国英语、巴西英语、瑞典英语非但没有招来指责,反而却赢得了一定程度的欣赏。人们对母语英语口音的青睐有其深层的原因,这便是为什么母语英语口音名列前茅,非母语英语口音几乎处于完败的境地。母语英语口音特别是英式英语被人们普遍认为高雅得体、"标准规范"。人们对母语英语口音的情结源自儿时的灌输、耳濡目染;而英语学习中所用教材、教科书无一例外都是母语英语口音为基础。学生虽然对通用语、国际语等这些概念耳熟能详,但仍然对母语英语口音怀有难以割舍的情怀,将其追捧为标杆、旗帜,而非母语英语口音被嗤之以鼻。如此看来人们有必要重新审视英语教学中的语音问题,审视英语作为通用语与英语作为国际语在教学中的可行性。值得一提的是,本次实验规模小,因而实验得出的结论难免有以偏概全之嫌。但无论如何有一点毋庸置疑,研究结果发人深省:尽管当下人们对英语作为通用语的研究如火如荼,尽管人们对英语作为通用语褒奖有加,但母语英语口音在人们心目中依然根深蒂固。

第三节　英语通用语的意义

■ 引言

英语的通用在 21 世纪具有里程碑意义,它与 20 世纪以同传为标志的口译发展在某种程度上有异曲同工之处,影响了整个世纪。20 世纪人们见证了民族国家的兴起、国际联盟以及后来的联合国的成立这些划时代历史事件。国际会议、跨国集团雨后春笋般的发展使同声传译技术设备日臻完善。这一时期同时见证空前变化的还有英语取代法语成为外交用语言(Hinsley,1963/1985)。可以说,20 世纪是同声传译会议口译发展的鼎盛时期(Pöchhacker,2000/2007:18,23)。然而,这种国际会议口译多语种格局将被 21 世纪通用语打破。毫不夸张地说,21 世纪是通用语称雄的世纪。调查显示,英语已成为会议使用最广泛的语言(Pöchhacker,1994:154;Basel,2002:16-19;Neff,2007)。Crystal(2003)与 Graddol(1997)对英语通用的原因及其产生的深远影响在他们的著作中已有详述,在此不赘述。但遗憾的是,关于通用语对译员影响的研究却显得杯水车薪,这正是本书探讨的原因。

严格地讲,英语作为通用语的霸主地位与传统的口译是相互排斥的。20 世纪初,享誉译界的知名学者兼译员 Seleskovitch 曾对口译的前景表示担忧并预言:不久的将来总有一天,人们将亲眼目睹译员退出国际会议大舞台。随着国际会议单语独占鳌头,同声传译将不再是以往人们仰慕的职业(Seleskovitch,1996:306)。人们不禁要问:那些受人称道、能在双语之间瞬息转换的译员真的要退出历史舞台了吗? 诚然,事物是在发展变化之中。但如果这一天真的到来,译界将面临哪些变化呢? 它对译员以及同声传译事业将产生何种影响? 译员应如何应对这一变化? 这些问题本书将逐一解读。

本书研究的既不是社会学,也不是社会语言学,因而无权对译员前景妄加预测。但本书力求从认知、语言作为跨文化与多语种交际工具的角度,根据对经验丰富的职业译员的问卷调查结果分析,来探讨通用语对译界产生的影响,特别是对译员的影响。

本书研究的焦点是 L2 发言人的口音对译员源语的理解与译出语质量的影响(Basel,2002;Kurz,2008)。其实,学者 20 世纪对外国口音与译员的理解就已展开了研究,近来德国学者还对母语为德语的听众的理解也进行了实验。本书主要探讨 L2 发言人对译员的理解与译出语效果的影响,探讨通用语对译员产生的负面影响。

■ 方法

为了配合本研究,研究人员向译员发出了 50 份非标准化问卷调查,其中收回答卷 32 份。调查对象 88%(28 名)均是国际口译者协会成员,具有 10 至 40 年的同声传译经验,同声传译经验平均为 21.5 年。84%(27 名)译员的母语是德语(其余均为 L2:荷兰语、法语、意大利语)。译员工作语言为英语,其中有 72%(23)译员的第二语言为英语,28%(9)为 C 语言,72%(23)译员常驻德国,28%(9 译员)居住在瑞士。72%(23)目前在私营企业工作,9%(3)为欧盟职员。19%(6)的工作介于两者之间。66%(21)为女性,34%(11)为男性。本次实验反映了 AIIC 译员的性别分布(AIIC 三分之二的译员中女性为 2191,男性占三分之一,人数为 740)。

问卷调查一反以往只选对与否或用科特量表的形式回答,其目的是为了激发被调查对象做到畅所欲言,积极参与讨论。尽管 32 名被调查对象所涉及的面有限,但本实验的初衷并非注重量化结果,而是量化数据,即了解译员个人观点,排除一刀切的做法。另外,本次问卷调查只针对职业译员与兼职译员。

■ 问卷概述

分析数据之前,人们有必要对相关问题加以说明。在以下的量化分析中,数字是以百分比与绝对值表示。问卷中的 no reply"无可奉告"一项指调查对象有意回避或拒绝回答,如英语是否是其 B 语言。

问卷一是关于通用语对译员工作产生的直接影响。81%被调查对象认为,英语的独霸态势对其工作影响巨大。具体表现在,72%被调查对象感到同声传译间的数量在明显减少,翻译任务不如从前繁忙(69%)。

问卷一(N=32)

	yes	no	no reply
(a) Does globalisation and the spread of English as a lingua francea have a noticeable effect on your work as an interpreter?	81%(26)	13%(4)	6%(2)
(b) Are booths for languages other than english passed over?	72%(23)	9%(3)	19%(6)
(c) Has the number of interpreting assignments decreased due to an increase in monolingual English communication?	69%(22)	13%(4)	19%(6)

数据分析结果表明,选择"无可奉告"的被调查对象多数是瑞士籍译员,这说明该情形在他们国内并不严重。(b)项反映了工作语言与同声传译间数量的情况:

- 72%被调查对象感到同声传译间数量在明显下降,多数会场只提供一间同声传译室(英语与当地语组合,意大利这类小语种不再提供同声传译)。
- 4名被调查对象反映,德语不再配备同声传译,取而代之的是英语。
- 调查折射了市场与欧盟会议情况:多数市场把英语作为首选工作语言(英语加目的地国本国语),译员的任务是将英语转换成其他成员国的语言。

问卷二是关于 L2 发言人以及操外国口音发言人数量的情况。88%至81%被调查对象肯定了这一现象。

问卷二($N=32$)

	yes	no	no reply
(a) Are you increasingly faced with non-native speakers of English producing the source text?	88%(24+4)	6%(2)	6%(2)
(b) Are you increasingly faced with accents(e. g. Spanish, Indian, Chinese speakers)that are difficult to understand	81%(19+7)	16%(5)	3%(1)

值得一提的是,部分被调查对象并没有把该问题看成是一种必然的趋势,反而觉得它是一个译员本身需要长期着力应对的问题。选择"肯定"的 4 个被调查对象的回答表明,L2 发言人的数量明显超过 L1 发言人的数量。第二栏中的 7 个被调查对象的"肯定"回答充分说明,口音是一个普遍存在的问题。问卷三涉及的是外国口音对译出语效果的影响。78%被调查对象肯定了口音的负面影响,22%回避该问题,不过这并不意味它对译员无影响。78% 感到影响因人而异,72%认为影响不明显。72%中的22%坦言外国口音是理解不到位的罪魁祸首,50%认为口音加剧了传译的困难程度,需要额外的认知处理能力方能应对。

问卷三($N=32$)

Consequences	more strenuous, capacity consuming	comprehension problems	others	no reply
What are the consequences of increasingly difficult accents?	50%(16)	22%(7)	6%(2)	22%(7)

多数译员认为外国口音加大了听、译难度,为此,69%被调查对象偏向 L1 发言人,而只有 6% 看好 L2 发言人。

问卷四($N=32$)

	native	non-native	no preference	no reply
Do you prefer native or non-native speakers of English to produce the source text for your interpretation?	69%(22)	6%(2)	22%(7)	3%(1)

从下表不难看出,译员无一例外对自己高标准、严要求,力争将外语达到母语水平。为此,53%被调查对象愿尽全力达到母语水平,25%力争接近母语水平。只有 6%被调查对象安于现状,无意再努力(英语不是 B 语言的被调查对象选择了"无可奉告")。

问卷五（N＝32）

	as native like as possible	solid B language level	no such requirement	no reply
What is your target regarding your English language competence? Do you expect yourself to offer native like English?	53％(17)	25％(8)	6％(2)	16％(5)

面对日益上升的 L2 发言人的挑战，译员不是一味地被动挨打，而是采取措施积极应对。

问卷六（N＝32）

	yes	no	no reply
Have your own requirements regarding your English changed due to the growing number of non-native speakers?	3％(1)	78％(25)	19％(6)
Has the pressure to be native-like decreased	3％(1)	78％(25)	19％(6)
Do you feel less inclined to be grammatically correct?	0％(0)	84％(27)	16％(5)
Do you care less about your accent?	3％(1)	75％(24)	22％(7)

除"无可奉告"外，被调查对象一致认为译员应按高标准严格要求自己（3％不以为然）。尽管 22％调查对象认为高标准、严要求脱离现实，在某些场合下不切实际，但多数仍持肯定态度。

在谈到客户预期时，尤其是 L2 发言有可能影响译员的翻译质量时，75％被调查对象感觉无明显变化。但也有些被调查对象感到难度在加大，对译员要求越来越高，因为懂双语的人呈上升趋势。B 涉及的是译员的英语水平情况，这一点分歧明显：41％感到客户预期在提高，而 31％不以为然。对此译员的解释是，客户无资格评价或根本无所谓。尽管客户不能对译员语言能力做出客观、公正的评价，但译员搭档却从专业的角度做了积极的评价。3 名被调查对象惊讶地发现，听众忽略了同伴的错误，竟让他得以蒙混过关。

问卷七（N＝32）

	yes	no	no reply
(a) Have your customers' expectations regarding your English changed/decreased?	3％(1)	75％(24)	22％(7)
(b) Do customers(or colleagues) consciously or unconsciously expect a high, native-like standard of English of you?	41％(13)	31％(10)	28％(9)

涉及译员的行业自律。被调查对象对降低标准的做法深表痛恨，对玩忽职守深恶痛绝，但对积极的意见建议能合理采纳。在谈到灵活性时，72％持肯定态度。

问卷八（N＝32）

	yes	no	no reply
Do you adjust your English(consciously or unconsciously) to your listener/addressee?	72％(23)	19％(6)	9％(3)

问卷九涉及的是英语作为通用语对译员的影响，具体包括：英语的普及所带来的威胁，面临的挑战，及译员对未来的发展所持的态度。59％被调查对象无不担忧，对未来

持悲观态度。16％认为译界并未因此受到威胁，但已有某些明显变化（如同声传译的转型为社区口译）。22％表示该职业相对稳定，没有受到任何威胁。

问卷九（N＝32）

	yes	no	changing conditions	no reply
Negative effects	59％(19)	22％(7)	16％(5)	3％(1)

　　需要说明的是，认为没有受到威胁的 7 个被调查对象中的 6 个都是瑞士籍译员，他们目前正效力于欧盟，全都是资深译员，有 19 至 28 年不等的翻译经验。第 7 个被调查对象不是瑞士籍人士，不在欧盟效力，但已有 35 年的翻译经验，他对未来发展漠不关心。有趣的是，这些被调查对象中有 2 个年轻译员，而他们居然有 10 年以上的工作经验，不过他们对前景并不乐观。调查对象的担心或忧虑问题如下图所示：

Decline in the demand for interpreters	40％(13)
Change in the kind of interpreting assignments(fewer conferences；more tele-/video-conferences，more legal proceedings and depositions，more product presentations，more interpreting for television/radio，more community interpreting，etc.)	9％(3)
Increasing provision of interpreting services for highly complex and difficult events or subject matters only	13％(4)
Shift in language pairs(see question block 1)	13％(4)
"Flattening"of communication/lowering of the level of lingustic competence	9％(3)

　　值得一提的是，以上这些均是量化数据，并不是量化分析得出的结果。本书将在下面讨论量化分析结果对译员源语的理解、目的语的输出以及对译界的影响。

■ 对源语理解的影响

　　调查显示，要想成功应对日益增长的 L2 演讲的挑战，译员需与时俱进，不断更新已有的知识。具体而言，译员应着力平衡源语的听辨、短时记忆、目的语输出精力分配之间的关系。精力分配不当会导致失衡，影响其他任务的处理，最后导致译出语失败，这一点 Gile 在其精力分配模型中有详述，本书不再赘述。本书研究发现，外国口音除了对理解增加额外负担外，更重要的是它影响译出语效果。

　　目前，通用语对口译影响的研究仍捉襟见肘，而有限的研究仅局限在理解层面。Kurz(2008)根据 Gile 的精力分配模型进行了实证研究，结果发现，浓厚口音与理解成正比。Kurz 的学生研究显示，译员在听、译 L2 的演讲时明显感到信息丢失，学生译员的分配与管理认知资源的压力上升，精力不济，顾此失彼，译出语输出凌乱（Kurz 2008：190）。

　　诚然，L2 口音是一大因素，不过影响听、译的还有发言的人词汇、句式、韵律与流利等因素（Pöchhacker，2004：129；House，2002a）。被调查对象对 L2 发言人的特点做了如下总结：

- 语句结构不严谨、欠规范
- 随意使用插入语
- 遣词造句不规范、欠准确

- 语音语调不得体
- 词句缺乏完整性

在谈到母语演讲与 L2 演讲的问题时,22％调查对象认为听、译母语发言人(如英国北部的足球运动员)比听、译 L2 发言人更具挑战性,因为 L2 发言人语速较慢。被调查对象并没有完全否定 L2 演讲的特点,如他们的慢语速在某种情况下更易理解,尤其是经验丰富的发言人。他们表达清晰、富有条理、善用简单的词句结构,鲜用生僻词、口音无大碍的情况下更有助于听译。反之,一旦母语发言人说话含混不清、高深莫测或者滔滔不绝时,译员无异于受煎熬。但总体而言,被调查对象的结论是,听、译 L2 演讲的挑战性要远远大于听、译母语演讲(69％倾向母语发言人的发言,72％认为 L2 发言带来负面影响)。母语发言人的条理性、逻辑性更有助于译出语输出。调查对象倾向母语发言人的理由如下:

- 结构合理,表述到位
- 概念与术语运用得当
- 用词准确,恰到好处
- 习惯性表达自然得体
- 错误少
- 语言流畅、连贯
- 表达准确无误
- 言简意赅
- 逻辑性强
- 传情达意
- 宽泛的语域
- 容易预料、推断

从被调查对象对上述 3、4 问题的回答中人们不难发现,理解与口音密切相关,母语发言人的口音更有助于听译。听、译 L2 演讲的困难与认知负荷因素有关。在问卷三的回答中,被调查对象总结了 L2 演讲对精力分配的影响:

- 需要超强的注意力
- 需要额外的精力
- 从欠标准英语转换到标准英语需要重组,增加了额外的负荷
- 更正源语需要额外精力
- 从模棱两可、晦涩的表达中提取信息、将方言土语变成正式语需要额外的处理能力
- 破解发言人的意图需要付出额外精力
- 适当插入抑扬顿挫
- 纠正错误、补全不完整信息
- 需要更多的视觉材料与可视图像来降低处理负荷

总之,母语演讲不仅降低了译员的补偿负荷,而且更有助于听译。调查还发现,即便是在同等条件下,母语与 L2 演讲都清晰,表达均流畅,甚至母语演讲内容难度大于L2 演讲内容的条件下,译员仍感到听、译母语发言更轻松自如。这无不与前者发言的流畅性、严密的结构、准确的表达有关。而 L2 演讲的语音语调、词句结构、表述反而妨

碍了推断与预测。

这与翻译的本质有关。人们知道,衡量译出语质量的好坏,关键要看目的语是否真实地再现了源语(Kohn 2004:223)。Kohn 把不能再现源语的现象喻为翻译冲突。Sabatini(2000/2001)的研究令人玩味。他用蹩脚的英语发言作刺激材料来检验译员的听辨理解、影子跟读、同声传译效果。结果发现,在这三项实验中,译员听辨理解部分的发挥,相对于影子跟读与同声传译两部分出色,得分最高。这说明,造成影子跟读与同声传译的困难不能完全归咎于源语。Sabatini 的结论是,听是罪魁祸首。

理解有深浅之分,译员不能满足于表面的理解,而应做到对每一句的理解都准确无误,这才是确保译出语最佳效果的前提。作为问题的诱因,L2 口音无疑妨碍了理解,增加了同声传译听、译的难度(Sabatini,2000/2001:27,47)。

对于译员而言,他爱莫能助只好"听之任之"(Firth 1996;Seidlhofer 2001;House 1999,2003:558),尽管此举有悖译员的职业道德。如此一来,缺乏深层理解外加欠缺补偿机制致使听辨 L2 口音的发言变得雪上加霜,这便是为什么通用语使得任务变得更加扑朔迷离的原因所在。

■ 通用语对译出语的影响

如果说"听之任之"是译员的无奈之举,那么如何适应 L2 听众则是译员时下面临的另一个难题(Jenkins 2000;Mauranen 2006;Cogo 2009;Seidlhofer 2009;House 2002b,2010)。L2 发言人面对 L2 听众时会做出相应的调整,无独有偶,面对 L2 听众时,英语为母语的发言人也会不由自主地调整发言来适应 L2 听众(Albl-Mikasa,2009)。如前所述,导致译出语资源缺乏除了 L2 发言人的口音外,译员还需要花费额外的精力来破译 L2 发言密码。译员需要根据 L2 发言人的表达水平、根据与会者的情况随时调整其译出语。

问卷八表明,72%被调查对象把适应 L2 听众视为译员责无旁贷、理所应当的职责。遗憾的是,这一重新定位增加了额外认知负荷,分散了精力。从 4 个被调查对象的反馈,人们发现,要想做到适应性调整,除非时间与精力有充分的保证。被调查对象对 L2 听众应采取的措施主要是出于化繁就简考虑:

- 表达更清晰
- 用短句,避免复杂句
- 仔细斟酌表达
- 避免生僻、陌生词
- 避免晦涩难懂的成语
- 惯用语做适当解释
- 防止过分风格化与宽语域
- 不用或慎用差别细微、精微的词句
- 解释关键词句
- 熟悉听众的文化背景
- 注重文化差异、了解不同的行为规范

被调查对象否认化繁就简是变相降低标准的做法。他们坚信此举无非是在遣词造句上更注重浅显易懂。正如 4 名被调查对象所言,尽管对待 L2 听众他们灵活多样,但并没有因此而降低标准。有 1 名译员反对这种做法,指责这种行为辜负客户预期。这种尴尬对于译员不言自明:一是他难以逃脱人们的指责,二是不规范有悖于职业操守。6 名被调查对象指责这种行为为译员所不齿。

由此可见,L2 口音引发内在压力。作为文化使者,译员应注重交际的有效性,确保听众理解准确无误。诚然,译员面临 L2 口音结合听众的水平作必要调整这本无可非议,正如译员所言"毕竟译员的作用是提高交际的效率""成功的交际远比玩弄词藻更重要""L2 听众属于弱势群体,需要更多呵护",但人们不得不承认,译员如果过分适应、迁就听众,难免有对自己降低标准之嫌,影响译出语效果,甚至养成不求上进的恶习。这并非空穴来风,正如一名调查对象一语道破天机"一旦发现有母语听众在场,译员会自然而然地有所收敛,丝毫不敢怠慢"。5 名被调查对象直言不讳地表示,只要是母语发言人或有母语听众在场,他们会一本正经。他们深知 AIIC 的行为规范,懂得职业操守。

总之,L2 口音不仅对译员的译出语输出增加了额外的负担,而且还加剧了兼顾听众与保证译出语质量之间的矛盾,这种矛盾对译出语质量的影响是不言而喻的。

■ 译出语与职业满意度

译界注意到,英语的普及对质量标准带来了空前的挑战。Déjean le Féal 曾指出,英语作为通用语的普及与推广使口译变得越来越奢华,高质量的翻译是起码的标准(Shlesinger et al 1997:131)。诚然,"通用英语"对于"全球贸易"所起的积极作用人们不可抹杀。要想生存发展,译员必须广开门路推销自己,使更多的人了解同声传译。译员与 Zara、Diesel 这类知名品牌的不同之处在于,没有需求人们不会主动创造需求。即便有需求,人们不可能像展示品牌那样来展示译员的专业水平、精神状态、工作热情(Geese,2009:53)。通用语诱发的高质量需求在问卷调查中得到进一步证实。被调查对象认为提高质量的理由如下:

● 僧多粥少。谈到通用语对译员工作的影响时,69% 被调查对象感到英语的普及带来了危机感。当问及如何看待未来口译的发展时,40% 担心需求会大大下降。

● 提供高质量同声传译服务,而不是勉强应付,蒙混过关(也有 3% 认为高质量可有可无)

● 译员自觉维护声誉,高标准严要求。

当问到口译职业前景时,被调查对象认为提高质量是生存的法则:

● 时下,由于英语的普及,只有高端或技术含量高的会议才需要译员
● 高水平译员主宰市场,水平一般者需另辟蹊径
● 质量高、专业性强使一般水平译员面临淘汰危险
● 口译的奢华表现在,薪酬不高,但质量要求并未因此降低
● 高水平译员增强职业政治互信
● 附加值决定专业口译服务
● 会议议题趋于专业化,非职业译员难以胜任
● 英语的普及需要人们采取应对之策
● 职业译员难以降低标准以次充好
● 译员必须表现出色,技术精益求精

显然,译员明显面临提高服务质量与专业水平的双重压力,而那种抱着得过且过态

度的译员恐怕难以继续维系。曾经被兼职译员分庭抗礼的翻译市场份额,现如今已变得越来越缩水。时下的翻译任务日趋专业化,兼职译员将难以适应这一新形势。如前所述,这种困难的诱因表现在:

- 翻译难度在不断增加
- L2 发言人不规范词句、语音语调增加了译员理解的难度
- 译员需付出额外的精力满足 L2 听众的需求,提高译出语的质量

上述种种压力对于一个训练有素的职业译员来说不足为奇、习以为常。根据最近 AIIC 对译员工作压力的调查显示,高标准严要求的译员消化了超负荷工作的压力,换言之,压力对译员并没有产生明显的副作用。专业技能与工作热情是两个重要的缓解压力变量。研究发现,尽管受到超负荷、演讲含糊不清、意思模棱两可、语句不全等因素的影响,高水平译员同样能做到镇定自若,发挥自如。译员之所以具有高超的技能、遇事不惊,是因为平时他工作态度认真,善于正确对待每一句译出语并乐意随时接受听众监督。Mackintosh(2002)赞赏这类译员,称他们工作全力以赴,不惜脑力透支。

尽管通用语的压力对于职业译员并不明显,但这并不是说压力已消失。被调查对象仍然感到:

- L2 口音增加了译员紧张感、容易产生抱怨
- 无可奈何,听之任之
- 面对 L2 口音只能应付,勉强凑合
- 对工作条件与薪酬有情绪但出于无奈
- 能少译绝不多译
- 缺乏积极性
- 工作消极被动(如把德国人讲英语再译成德语,毫无成就感)

简言之,通用语令广大译员谈虎色变,心有余悸。那种原本清晰流畅、抑扬顿挫的源语,轻松愉快的心情现如今却荡然无存。译员现面临双重压力:一是听、译 L2 口音增加理解负担;二是译员需要增加额外的认知负荷来兼顾 L2 听众。50％译员的搭档发现,口译变得日渐困难,22％认为理解首当其冲,72％感到兼顾 L2 听众增加了额外的处理负担。虽然译员没有公开承认译出语质量明显下降,但职业满意度在滑坡是不争的事实。

无疑,这种状况对于质量研究增添了新的内容。目前人们研究最多的是影响译员发挥的各种因素、变量、客户预期等内容(Kurz 1993;Pöchhacker 1994;Gile 1995;Shlesinger et al 1997;Mack 2002;Kalina 2005/2006)。译员对通用语的独特见解表明,人们对质量的研究需要从专业、职业角度考虑,尤其需要考虑压力对译员的影响以及由此产生的各种矛盾冲突。

■ 结语

本书探讨了通用语对译员的翻译质量及译员的职业带来的挑战。20 世纪备受人们追捧、能在双语之间自如转换、备受政界、商界等国际会议青睐的同声传译译员已失去了昔日的风采。他们频频领略异国风情、下榻高级宾馆酒店、现身重大事件现场、聆听机要资讯、高端访谈的特权已今非昔比。21 世纪人们看到的是别样的译员形象:潇洒但不自如、魅力有限、声望下降、光环不再耀眼。随着社区口译的兴起、不断完善与日趋

专业化，人们迎来社区口译与同声传译齐头并进、并驾齐驱的新格局（Pöchhacker 2000/2007；Hofer 2007；Gross-Dinter 2009）。在这个历史进程中，译员失去的不仅仅是昔日的荣耀，同时，他如履薄冰、危机四伏。

导致这一突变的莫过于日益兴起的通用语。经费不足也造成了这一局势的进一步恶化。从目前的市场来看，只提供一个同声传译室，或者干脆不用同声传译译员便可见一斑。更有甚者，为了节省资源，主办方宁愿与会者们相互用英语交流。这于译员而言是始料不及的。他们唯有提高质量，否则将难以维系生存。这又加剧了通用语与译出语质量之间的矛盾。可见，同声传译是一项最富挑战性的职业，它之所以成为研究的焦点并非毫无道理。

通用语的发展与传统的翻译相互博弈。虽然对于译员，这意味着额外的附加值，通用语本身并没有解决交际的矛盾。这一点，译界早已达成共识。不过，也有例外。如保时捷汽车公司一直秉承德语为该公司的唯一工作语言，因为厂方坚持英语抑制员工的创造力与生产力，妨碍技术的交流。相反，在德国的另一家公司，通用语就像手机和笔记本电脑一样普及，是日常交流的必需工具（Ehrenreich，2009）。通用语的普及令人纠结，自相矛盾（Jenkins 2007；Albl-Mikasa 2009）。因此，人们在翻译质量研究中要对通用语引发的竞争力、压力以及矛盾冲突予以高度重视。

学生译员尤其应该警惕通用语带来的负面影响，切忌脱离实际，这样才能减少通用语对工作带来的压力。同时，在这个特殊的行业中他必须重树信心，洞悉市场变化，以积极、包容的心态迎接新生事物。只有具备了忧患意识，才能做到不但不被淘汰，反而会像一颗柏树，斗寒傲雪茁壮成长。

第一章　英语通用语与同声传译

第一节　英语通用语与同声传译

■ 引言

英语无可争辩地成了时下全球最重要的通用语、交际最广的国际语。政治、经济、教育、科学技术领域，英语无处不在。作为交际工具，它被越来越多的不同语言背景的人广泛使用，如今将英语作为外语使用的人数已超过四分之三。这一空前的发展态势表明，它在国际交往中举足轻重，正日益影响人们的生活。

与之相反，英语为外语发言人却成了初涉译坛者忌惮的对象，尤其是当他们操一口单调蹩脚的英语发言时，译员无不叫苦不迭，瞠目结舌。译员纷纷抱怨，尽管全神贯注、百倍努力，但仍难以保证输出令人满意的译出语，结果是听众乘兴而来、败兴而去，而译员哑巴吃黄连有口难辩。这种额外的压力早已在二语习得中得到了广泛深入的研究。本书将从不同的角度揭示其背后的深层原因，即一反以往人们将研究重心聚焦译员与外国口音的关系上，而是从听众角度来审视英语为外语发言人与对其听辨理解的影响，以此来证实它对同声传译译出语质量的影响。

■ 现状分析

无疑，通用语对于来自不同语言背景的人而言是一门辅助语，正如 Crystal(1992)曾指出，通用语是"交际者用来作为国际交流、贸易洽谈、教育传播的工具，虽然将其作为母语的人并不占多数"。作为通用语，英语已成为学术界使用最广泛的语言，因而人们对它的名称也说法不一，如全球英语、世界英语、国际英语等，不过这些称谓都从不同的角度表达了通用语这一基本概念(Seidlhofer 2004)。

虽然很难准确统计英语使用者的确切人数，但人们一致公认英语是当今最重要的通用语。Crystal(1992)早年对这一数字做了粗略统计，现在看来这个统计仍有些保守。他认为说英语的人数在 8 亿左右，而使用英语的人数已达 15 亿之多，这其中将英语作为第一语言的人数仅有 3.5 亿。这个数字表明，英语在英语为外语者之间的使用远远超过了英语为母语的使用者。也就是说，只有 1/4 的人母语是英语(Seidlhofer2005)。如此一来，英语使用最广泛的人并不是英语为母语者，而是英语为外语者。根据 Jenner (1997)的统计，超过 70％的英语交际是在英语为外语的讲话者之间进行的。

英语如此普及既有自上而下的原因也有自下而上的因素。前者与曾一度主宰全球的英帝国殖民统治分不开,与美国近代在政治、经济、科学技术的强势与霸主地位紧密相连(Dollerup 1996,Mauranen2003);后者与美国大肆兜售的新闻媒体、快餐文化、娱乐与广告密不可分(Dollerup 1996)。这一点,Phillipson(2003)对英语在当今世界的声誉,与之相关的创新以及科学技术大加赞赏。的确,在全球化紧锣密鼓的进程中,英语可以视为出席学术会议、贸易洽谈、政治磋商与科学研究必不可少的通行证。更有甚者,Carmichael(2000)甚至认为,在欧洲工业化时代的当下,不懂英语的人不能算是一个真正的文化人。

■ 通用语与政治、经济与科技

随着经济全球化的推进,英语已成为经贸洽谈不可或缺的工具。凡是从事经贸往来的人们无不感觉学习英语的紧迫性和重要性(Gnutzmann、Intemann 2005)。不仅如此,一些跨国公司早已规定英语是内部员工交流的唯一媒介,即便是公司总部没有设在讲英语的国家。对于从事经贸的人士而言,会议交流、业务洽谈、邮件往来,使用英语的现象早已司空见惯。虽然,在某种程度上它的确给交际带来一定困难,偶尔也会增加不必要的成本(Vollstedt 2002),但这些已经被其交际成果所抵消。通用语研究显示,在经贸洽谈中,作为通用语的英语往往能成功地完成交际任务(Pitzl 2005,Bohrn 2008)。然而,这些研究主要侧重商贸洽谈的对话交际,并未针对经贸推介会中的同声传译研究。

科技领域的情形也大同小异。一百多年前的今天,德语是科学技术与医疗卫生的首选,二战后这一格局发生了改变,英语一跃在学术研究中独占鳌头。究其原因,主要是由于英语全球的影响力以及其语言的规范化程度(Mauranen 2006),英语又进入欧洲各大学的讲堂,成了主要的教学用语(Phillipson 2003)。英语不仅独霸大学讲台,而且也成了学者获得国际认可与影响力必需的学术出版语言。更有甚者,用其他语种发表的期刊或出版的学术专著往往被束之高阁。这一情况早在 1992 年的一项研究中便得以证实,研究显示 84% 的专家学者首选英语作为文章发表以及著作出版的语言。他们之所以这么做是因为,首先他们看中的是英语提供的信息全球共享平台。第二个因素与人们的心理有关,人们不由得认为倘若"苦心研究的成果不能得到国际同行们的认可,这一切努力将付诸东流,前功尽弃"(Skudlik 1992)。第三个原因是英语已是名副其实的科技语言,因此,它在科技学术会议中自然独领风骚,成为该领域唯一的工作语言,有时甚至使得译员都显多余。

翻开欧盟的发展史,人们发现英语对政治的影响不容忽视,欧盟云集了当今全球译员最多、机构最集中的地方。尽管成员国官方语这一多语种制早在罗马欧盟条约签署前已有规定,但从未得到遵照执行(Tosi 2005)。在欧盟委员会与欧洲央行这类机构中,除英语外其他语种基本上有名无实。而英语的使用率占了机构所有语言使用的 96%,在其中 8 家机构中英语是唯一的工作语言。在所有官方语言中英语是欧洲理事会与欧盟议会全会的首选(He 2006)。按规定,理事会有义务根据需要为个别代表团提供翻译服务,即有特殊需求的代表团可申请英语以外的其他语言服务(Gazzola 2006)。欧盟理事会负责翻译事务的一项调查显示,只有 57% 的与会代表直接听母语,而 75% 代表则直接听英语,由此可见英语的特殊地位(SCIC 2010)。

不仅如此,英语已名副其实地成为欧盟文件起草语言(Phillipson 2003)。这意味着即便在有翻译的情况下，会议讨论仍以英语起草的文本为主。另一点值得注意的是，英语在欧盟所扮演的角色不以官方意志为转移。英语已悄然成为茶歇间闲聊与网络聊天必不可少的工具。但尽管这样，政府间与国际机构间的相互交流仍离不开翻译（Hasibeder 2010）。

■ 利弊

这一场史无前例的语言潮引起了不同的反响，对它的褒贬仁者见仁智者见智。说本族语的人担心自己的本国语会因此受到威胁，而英语为母语者则担心莎士比亚英语会走样，会变得面目全非以致于对话双方不知所云（Widdowson 1994）。然而，英语为外语者对全球英语的泛滥也予以声讨，称英语无孔不入，最典型的是年轻人受其影响以致母语听上去竟不土不洋。有人还认为，英语为英语母语者在谈判、商务推介以及劳务市场开了方便之门，增加了不平等的竞争机会（Knapp 2002，Van Parijs 2004）。此外，还有人称通用语使人一头雾水，甚至一些大型国际会议由于通用语的使用不得不因故取消或延期举行（Harmer 2009）。

客观地说，如果通用语不能完成其交际目的，它将无法实现历史赋予它的使命。研究通用语的学者认为，作为通用语英语当之无愧地做到了这一点（Seidlhofer 2001）。值得一提的是，通用语的研究始于 20 世纪 90 年代，因此该领域仍有广阔的探索空间，亟需成熟的理论与方法论加以论证（Lesznyák 2004）。不过，有些理论在业界已基本上得到认可，即"勉强凑合"说。这一原则允许英语为外语使用者在语法以及发音上偏离标准英语，也就是使用者"的表达能使对方明白即可"（Firth 1996）。人们普遍认为，通用语具有一种特殊的优势，一种合作精神，即它能促进相互理解（Meierkord 2000）。Jenkins（2006）指出，说母语者出现的错误尚被人们视为正常现象，人们更没有理由计较英语为外语者的过错，两者没有可比性。

■ 译员的观点

会议举办方对英语的使用也起了推波助澜的作用，他们不遗余力地将英语作为首选，作为唯一的工作语言（Kurz 2005，Skudlik 1992）固然有一定道理。在他们看来，即便四分之一的与会代表的母语是英语，译员面临的绝大多数与会者仍然是操着各种不同语言者，因此英语为外语者仍占多数。他们在发音、用词以及语法欠规范的现象早已是二语习得研究的对象，而对于译员而言，它无不令人汗颜（Cooper *et al*. 1982，Mackintosh 2002，Neff 2008）。

实证研究表明，口音重的发言对翻译质量的影响不可小觑。Kodrnja（2001）的实证研究显示，译员在翻译英语为外语发言人的发言时信息丢失远远超过母语为英语的发言。Kodrnja 将她的实验人员分成两组，第一组翻译母语为英语发言人朗读的发言稿的前半部分，第二组翻译母语为外语发言人朗读的后半部分，译完后将两者进行了比较。随后的问卷调查和回访显示，译员一致感受非母语发言人的速度明显快于母语发言人。值得一提的是，该实验人数相对偏少（$n=10$），而且实验对象只限学生译员。

Sabatini（2000）要求被测试人员完成 3 项任务：听力理解、影子跟读与翻译，刺激材料来源于 2 篇口音重发言人朗读的文本（印度口音和美国口音）。不出所料，口音重的段落出现了省译与理解性错误。本次实验规模偏小（$n=10$），实验对象为学生译员。

Basel(2009)在她的实验中发现,听、译英语为外语发言人的发言信息丢失远远高于母语发言人的发言。值得注意的是,相对于初涉译坛的新手,职业译员在应对非标准英语发言时显得更从容自信。与非母语发言人共享同一母语的译员在应对语法与词汇方面的困难时更能应付自如。熟知发言人的母语知识有助于理解,这在二语习得中已有广泛的研究(Bent,Bradlow 2003),尽管不能一概而论。与所有借助译员进行的实证研究一样,Basel(2002)的实验对象人数偏少(12名新手译员,6名职业译员),因此研究结果值得商榷。

Taylor(1989)的研究结果与上述结论截然相反。他在研究中发现,在同一篇分别由意大利籍与英语为母语者朗读的文本中,他的学生译员对前者的发挥反而超过后者。对这一结果他解释道,意大利籍人士朗读的速度要慢于英语为母语者的速度,朗读者与学生译员的母语都是意大利语,如前所述,听辨同一语言能有效降低理解难度。遗憾的是,本次实验属典型的均值抽样,研究者既未说明具体被测试人员的数量又没有详细解释实验设计目的。Proffitt(1997)的结果同样出人意料。她的6个被测试人都是职业译员,有多年从事联合国大会同声传译经验。实验显示,他们听、译口音重的发言时的表现要超过英语为母语者的发言。不仅如此,英语为外语者朗读的文本全是联合国会议文件原始录音,这些材料无论在句子结构、发言人宣读时的语音语调都是一致公认的有相当难度的材料。然而,自动检测结果显示,译员在理解与信息获取的得分要高出一般水平。作者对此的解释是,被测试人员听辨非母语英语的发言时精力异常集中,灵活运用了自上而下的技巧,故此发挥出色。

尽管研究结果不尽相同,但译员对英语为外语者的口音仍谈虎色变(Wooding 2002),对通用语的"泛滥"人人叫苦,个个自危。人们不禁要问,为什么普通人听起来习以为常的外国口音译员竟如此恐慌,如临大敌?要回答这个问题,人们只要将英语作为外语的研究与译员的实际工作环境相比较便一目了然。英语作为外语的研究侧重的是小组讨论、业务洽谈,或商务推介这类交际事件,所有这些都是在面对面的情况下进行的,交谈气氛宽松。而译员所处的工作环境是一个相对封闭的、几乎没有任何互动、一个完全由发言人从头至尾唱独角戏的场景。在这种场合下,英语为外语所倡导的讨论式发言无疑是天方夜谭。这种情况下,译员无法利用前文所提的"勉强凑合"原则,因为面对源源不断的发言,他不可能沉默不语。

另一个给听、译英语为外语的发言带来的挑战是译员缺乏可以借以预测、推断的必要线索,而这些线索在某种意义上是译员应对同声传译的杀手锏(Pöchhacker 2004)。英语为外语发言人时常情不自禁地发明习语与即兴比喻(Pitzl 2009),这使译员措手不及。上述这些事实说明,译员对英语为外语发言人敬而远之并非空穴来风。

译员对外国口音以及通用语所持的消极态度也与他的收入、心理因素有关。Pöchhacker(2004)指出,如若任何语言都具备了通用语的交际功能,译员便显得多余。一些学者将这种成本的消减归功于通用语传播的优势(Van Parijs 2004)。一项针对职业译员对通用语所持的态度的调查显示,时下译员进退维谷,处于两难境地:他不仅要应对额外的压力,而且还要倾其全力提供高质量服务。眼下译员高薪受聘的主要原因是他能胜任高科技、高端学术会议的同声传译工作,而在这些会议中,英语为非母语发言人以及通用语带来的口音司空见惯。更有甚者,时下僧多粥少,译员为了争夺翻译任务不得不费尽苦心。人们时常听到译员无奈的感叹,客户与其花高薪聘用同声传译译员,不如提高与会发言人自身的语言水平。

客户对同声传译日益失去信心也是一个重要原因。具体表现在与会代表宁愿用蹩脚的英语发言而不愿借助译员的翻译,即便会议举办方提供了这项服务(Kurz and Basel 2009)。与此相反,超过85.5%的,凡是听过翻译的欧盟代表认为翻译必不可少,他们对翻译质量表示了较高的认可度。另有10%的不愿说母语而宁愿用英语发言的声称,他们担心译员难以完整再现他们的原意(SCIC 2010)。由此可见,那种担心用户对译员失去信心是毫无根据的。

总而言之,译员所持的消极悲观态度的原因是多种多样的。它不仅与日益紧张的工作压力有关,同时也与同声传译这一职业本身潜在的危机有关。在这种背景下,译员希望用实证来证明他们目前面临的窘境,以此洗刷不白之冤。

■ 实证研究

在通用语给翻译不断增加附加值的情况下,人们有必要重新审视会议翻译唯英语论的观点。这一点会议主办方难辞其咎,他们不遗余力地推崇英语,大力标榜英语的优势。他们的理由是,会议发言以独白居多,其他语言难以取而代之。人们知道,这不过是一种托词。对于与会代表而言,大多数只是将信将疑,但明知如此却又有苦难言。

一部分译员认为,对于欠规范的、英语为外语的发言稿他们有能力在原来的基础上进一步改进完善,比如通过借助“预测推断机制来弥补外国口音重的发言所带来的理解上的困难,使译文比原文更易于理解”(Kurz and Basel 2009)。然而,这种说法的可信度有待进一步证实。如前所述,本书将从听众的角度对英语作为通用语所产生的影响进行分析探讨。本书的目的是将外国口音发言和同声传译译员的译文质量进行比较,通过此举来验证外国口音与译员译文对听众理解的影响。

■ 实验对象与材料

参加本次实验的听众由58名德国籍专家组成,他们的英语水平与德语相差无几。实验是一个模拟的大会发言,被测试人按要求听一篇与他们本专业有关的发言稿,并根据内容回答问题。被测试人分成两组:第一组意大利籍,负责倾听发言,第二组专听译出语德语。被测试人员是维也纳大学商学院学生,根据平时学习成绩及英语水平分成小组。发言人是意大利人,是该校商学院负责教授商务学的一名教授,英语为工作语言。会上,他即兴做了一次题为创新营销策略的演讲。发言人的演讲与适度性由46名口译与通用语专家单独做出考核评价。

译员已事先知道发言内容,整个翻译是无稿同声传译,并不是提前准备好的可逐字逐句照念的同声传译稿,发言人的母语为意大利语。模拟会议是维也纳大学翻译中心的一间同声传译室,与正式的会议设备大同小异。发言人的发言屏幕上清晰可见。被测试人通过耳机接听大会发言,第一组听的是源语,第二组听到的是事先录制的译文。为了制造假象营造真实效果,专门邀请一名译员端坐在同声传译间里佯装翻译。

实验要求被测试人根据发言内容回答7个理解性问题,8道多项选择题,3道自选题。所有问题及答案包括错误选择都一一记录在案。实验人员将原文与译文进行了比对,以此来检验被测试人的分析能力与判断能力,本次实验暂不考虑他们的记忆力。用于本次试验的仪器在专家指导下进行了认知面试预测试,满分为19分。

■ 结果

通过对两组平均分的比较人们发现：听外国口音的第一组平均分为 8.07，而听翻译的第二组平均分则达到了 11.98。T 检验显示该结果在 5% 的水平，($t=-4,006$, $df=56$, $p=0,000$)，表明该统计结果显著。这一结果可以解读为：听翻译录音组对内容的了解要超过倾听外国口音的发言组，即便是在被测试人的英语水平与专业知识均属一流的情况下。这证实了上述提到的观点，好的译文能弥补外国口音带来的理解上的困难，能使发言更易于理解。

值得一提的是，本次研究结果有一定局限性，实验只针对个别外国口音。人们应具体情况具体分析，切忌生搬硬套。不过，本次试验所显示的结果清楚明了，这一结果在另外二项不同专家组的小规模实验中也得到了求证，分别为($n=50$)与($n=31$)。

■ 结语

当下，英语已日益成为不同语言之间交流不可或缺的工具，特别是在重大场合下它的优势尤为突出，而且这种趋势有增无减。对于译员而言其意义不言而喻，它意味着译员的工作环境压力加大、用武之地受限、收入受到影响。但有一点是肯定的，通用语以及用于克服语言障碍的翻译两者并非水火不相容。通用语与翻译的效度主要取决于跨文化交际环境。倘若交际是以对话为核心，无疑通用语可以满足基本的交际诉求。而在独白、单向交流等特殊情况下，正如本书实验所显示的，同声传译不失为最有效的媒介。然而，值得强调的是，只有具备了高质量的传译技能与专业知识才能真正做到以不变应万变。为了确保即便是在外国口音重的不利情况下仍能保证高质量传译，译员必须更新知识，戒骄戒躁，努力适应，以饱满的热情包容并欣赏各种不同口音（Kurz and Basel 2009，Proffitt 1997）。在此，有必要特别提醒并告诫学生译员，必须以积极的心态投身到这一不变的现实中。诚然，有译员会抱怨这一新形势带来的挑战，渴望重回昔日的年代。但对通用语持积极态度的译员不但不会消沉，反而会大显身手，变不利为有利。因为他们可以向世人表明，面对如此纷繁复杂的通用语环境，身处高科技日新月异与知识爆炸的时代，他们仍然是一支可信的、灵活的、能打硬仗的生力军。

第二节　通用语对同声传译译语质量的影响

时下，通用语对译界的影响日益加剧，而人们对通用语所持的态度则褒贬不一，众说纷纭。针对这一问题，本章拟以通用语为背景，从源语与目的语对等角度来探讨口译质量问题。本书的实证研究将借助理解测试法，即一种普通且行之有效的方法来探索同声传译质量，也就是译语质量与源语效应是否对等；译语与源语在目的语听众眼里其效果是否真正达到一致。具体而言，本章将通过一篇长约 15 分钟的英语为非母语（以下简称非母语）发言人的发言与目的语为德语的同声传译效果进行比较。本实验共涉及三项实证研究，实验聘请了一名通晓英语的意大利发言人，另有 139 名奥地利大学在校生听众参与此次实验。结果显示，聆听译语听众的认知终端效果要远远超过倾听非母语发言人发言的听众。

■ 引言

质量研究是口译研究的重中之重,对于质量的研究人们无论在理论上还是在实践中都做出了大胆的尝试。然而,鲜有学者意识到迄今为止仍有现实意义的源语与译语等效这一概念。为此,本书将在以下实证来验证这一概念,使其彰显应有的价值。本书将通过英语为外语的发言、目的与为德语的现场同声传译效果来探究备受争议的英语为通用语这一热门话题。与此同时,本书还将澄清业界对通用语的偏见以及所谓通用语取代口译的魔咒。严格地讲,将源语与目的语的等效与通用语作为载体一起研究,这在译界并不多见,所以缺乏应有的资料乃是情理之中的事。不过,Reithofer(2011:125)等几位学者是个例外,他们研究了译语对听众的影响,探讨了二语习得与阅读理解之间的关系,这些早期研究功不可没。

正是在这一背景下,本书意欲求证通用语发言与译语输出是否为目的语听众提供了等效的认知终端效果。换言之,本研究结果是否支撑了其相反观点:(1)随着通用语发言人出台亮相,译员翻译便显得可有可无,甚至多余;(2)会议通用语发言会提高交际效果。

为了揭示英语作为通用语的交际以及其译语输出效果,本书将通过测试听众对源语与目的语的理解来探究其认知终端问题。本书所用的"效果"一词是指目的语听众的态度、知识或行为的改变(Beck 2007:191)。而本书所指的交际效果是指听众知识层面的改变。首先,本书以下将梳理口译质量的相关理论,尤其是侧重源语与目的语等效理论;其次,本书将对英语作为通用语的广泛使用以及它对译界产生的影响进行探究,最后提出自己的研究方法与结论。

除了交际效果这一主题外,本书还将探讨在多大程度上听众的专业知识、性别,以及对口音的熟悉度等因素有可能影响其对发言或译语输出的理解。

■ 质量作为等效

尽管质量是口译研究的热门话题,然而时下人们对它仍然缺乏一个系统的、言简意赅的界定。无论如何,有一点是毋庸置疑的,质量的界定离不开具体的社会因素与文化背景。尽管人们目前缺乏一个全方位的通适性界定,人们对口译质量研究所做出的努力却从未间断过。在所有这些尝试中,以下两种方法仍有现实意义:

a. 从用户、译员、同行、主办方角度分析质量(Moser 1995;Zwischenberger 2011);

b. 借助现场同声传译听取各方意见,从产品的评价到复杂的案例来分析其质量(Gile 1990;Vuorikoski 2004);

Collados Ais(1998)是首位研究口译评价与口译质量的学者。她的方法别开生面,赢得了广大学者的青睐,如 Garzone(2003)、Cheung(2003)以及她的格拉纳达大学团队的成员(Collados Ais et al 2007)。除了上述这两种方法外,人们不应忽略口译的客观性,即它的"适用性"问题,这也是质量考核的内容之一(Zollondz 2006:158)。诚然,衡量口译是否达到其预期目标关键取决于人们对目标的界定。Jean Herbert(1952:23)是译界前辈,他对质量的界定是这样的:"译员需时刻牢记他工作的特殊性,合格的译员应不折不扣地忠实传达发言人的意图,代表发言人感染听众、愉悦听众"。

持这一观点的学者不在少数,如 Seleskovitch(1988)便是其中之一。不过,这当中要数 Dejean Le Feal(1990:155)的观点最为激进。他认为源语与目的语应具有"同等效果""同等认知内涵"。尤其是最近一个时期以来,同声传译译语应与源语同样具有感染力的观点已深入人心,成为广大学者的共识(Mack 2002:116;Vuorikoski 2004:71)。

对于同声传译质量的评价,Vermere(1978:101)曾指出,一场成功的同声传译应得到与会听众的交口称赞、令听众回味无穷,而不是愤然离场、怨声载道。Kalina(2005:772)对此的观点与众不同,她认为,衡量交际成功与否,迄今为止人们仍缺乏统一的标准。如果源语与目的语效果的对等是人们衡量的尺度,那人们应该关注一场口译是否真正取得了这一效果。遗憾的是在现实同声传译中,人们仍缺乏明确的标准来评判译员是否真正达到了这一交际目的。诚然,多数会议会预留少许时间供与会听众讨论互动,这从另一个侧面检验了交际的成功与否(Dejean Le Feal 1990:156),不过,这类互动的不足之处是时间短,讨论的问题极其有限。

Pochhacker(2001:421)也认为,质量评价应建立在以认知为终端效果的基础上。他指出,"质量问题不应局限于语言层面,而必须考虑其交际效果以及其特殊环境或背景对互动产生的影响"。Dejean Le Feal(1990:156)建议对源语与目的语听众的理解进行分析比较,Kalina(2005:170)对此深表赞同。Kalina(2005:774)认为,人们在评价译语效果时不应将听众与其文化背景割裂开来,她反对源语与目的语绝对意义上的对等这种观点,就如同笔译不可能完全对等一样(Nord 1999:141)。译界长期以来对这一问题争论不休,众说纷纭(Prune 2002:33)。而在口译研究尤其是会议口译中,等效一说却从未受到过质疑。源语与目的语内容的一致性,可以理解为源语与目的语听众相同的认知内容得到了激活,这一直是衡量译员译语质量的试金石。据 AIIC(国际翻译者协会)的一项针对译员的最新调查显示,源语与目的语等效原则是一个会议译员必须恪守的基本原则(Zwischhenberger 2011:277)。

虽然有些口译研究者将目的语定格为独立的文本,称其本身具有可理解、易吸收的某种功能(Pochhacker 1994b),但多数评价模型仍情不自禁地沿用目标对等这一概念(Pochhacker 2004:52)。严格说来,即便是最新的模型,人们在分析考虑上下文、环境等因素时,仍不可能做到将源语与目的语人为地割裂开来。

除了对等这一概念本身的复杂性外,人们最关心的问题莫过于如何衡量源语与目的语对听众交际的影响。无独有偶,这方面的实证研究同样非常欠缺。而 David Gerver 却是个例外,他具有先见之明,是一位最早从事译语质量等效理论研究的学者,他率先使用阅读理解测试的做法来检验交际效果。不过,他的研究却忽略了源语交际效果这一问题。Gerver(1972,1976)研究比较了同一文本的交传与同声传译两种不同的效果。他将听众分为两组,一组聆听同声传译另一组听交传,同时要求被测试人对发言内容的理解回答相关问题。尽管它采用的方法在今天看来仍有不尽如人意之处,但仍可被称为当之无愧的先驱。

Shlesinger(1994)是另一位研究译语认知终端效果的学者,她用同一同声传译译语但语调不同的两个版本比较了听众的理解水平。她实验的目的意在求证她称之为"翻译语调"是否影响听众的理解水平这一假说。为此,她将一份原始译文与同一译文但不含典型口译风格语调的朗读版本播放给听众,同时要求听众就发言内容回答相关问题。Shlesinger 发现,聆听朗读版的听众得分明显高出一筹,尽管篇章短,被测试人人数有限,但实验使人耳目一新,为进一步研究提供了新视角。

几年前,Grubl(2010)用同样的方法对硕士研究生进行了测试,此前他曾用这一方法验证了学生译员的音质对听众理解产生的影响。他将此方法作为研究性问题之二进行检验,目的是为了探明译语与源语效果是否一致。他将97位被测试人分为3组,其中2组聆听翻译(每组听不同的版本),另一组听现场发言。任务完成后,他要求3组被测试人就发言内容回答相关问题。结果显示,聆听现场发言的一组得分高于聆听翻译的2组。作者对这一结果后来做了解释,他承认研究方法有待完善,如问卷调查中某些概念解释不到位,但他研究比较了译语与源语资料,这为研究听众的交际效果铺平了道路。

对译语效果研究最透彻的要算手势语翻译,用理解测试来比较源语与目的语听众对发言终端效果认知的研究不胜枚举(Cokely 1990;Livingston et al. 1994;Llewellyn-Jones 1981;Marschark et al. 2004;Murphy & Fleischer 1997;Napier & Spencer 2008;Steiner 1998)。

■ 英语作为通用语

对源语与目的语听众交际效果的比较即他们的知识改变,在英语作为通用语研究的热潮中已成为人们讨论的热点(Reithofer 2010)。不仅如此,多数学者将通用语视为对译界未来的挑战(Kalina 2005:782)。为此,Dejean Le Feal(1990:155)最早提出,人们应展开听众对通用语的源语或其译语的理解进行研究。这一提法在译界引起了强烈的反响,学者纷纷加入到其探讨之中(Kurz & Basel 2009:193)。这样,用学生译员做实验对象的研究便相继出现。Altman(1990:26)与Zwischernberger(2011:263)均一致认为,口译并非可有可无,它不仅有助于增强非母语发言的交际效果,而且还有助于更正非母语发言人源语的错误。

为非母语发言人担任翻译无不使译员战战兢兢、如履薄冰(Baigorri Jalon 2011;Gile 1995:173)。这在学生译员的实验中得到了应验,学生译员对非母语发言人谈虎色变,常为之惊恐万分(Cooper et al. 1982;Macjintosh 2002;Neff 2008;Zwischernberger 2011:305)。同样,Pochhacker(1994)把非母语发言人的发言视为译语输出欠佳的罪魁祸首。虽然有些研究支持了这一观点(Kurz 2008;Kurz & Basel 2009),但也有一些研究却得出了相反的结果,称有时译员对非母语发言的译语效果反而要优于母语发言人的译语效果(Proffitt 1997;Taylor 1989)。

将英语作为通用语交际加以研究在通用语的研究中功不可没,这些研究有一定的说服力,有些已成为经典(Kaur 2010;Seidlhofer 2001:137)。无怪乎有学者对此津津乐道、大为赞赏,认为通用语的优势在于"在克服语言障碍上表现出了良好的合作态度"。然而,会议口译的特殊性与日常交际不尽相同,与致力于英语作为通用语交际互动学者的研究更是风马牛不相及。毫不夸张地说,用英语作为通用语所研究的交际策略对于口译现场无异于纸上谈兵(Reidlhofer 2010:149)。

译员对非母语发言人所持的消极态度与时下的经济和社会两大因素密不可分:不少译员把英语作为通用语的趋势视为其职场的潜在威胁,更有甚者,有译员甚至公开呼吁取消非母语发言人的发言资格(Van Parijs 2004:118)。在一次调查中人们发现,学生译员竟然喊出了取缔通用语的口号。另外,该行业僧多粥少的尴尬局面也难辞其咎

（Albl-Mikasa 2010）。将英语作为会议工作语言，难免使译员担心其生存与发展，这一现象改变了译界市场格局：随着全球英语在科技、商贸以及政治领域的普及（Reidlhofer 2010：145），越来越多的会议主办方理所当然地认为，与会人员已无语言障碍，可以随心所欲自由交流，加之他们精通本行业的专业知识，译员自然成了聋子的耳朵，仅仅是摆设。由此可见，人们难免面临以下两方面的尴尬：

（1）一方面，译员认为他们的作用责无旁贷，尤其是直面英语为非母语的发言人；

（2）另一方面，会议主办方宁可会议用英语交流，因为这样一来他们无需高价额外聘请译员。

本书就这一矛盾与前面提到的等效原则在以下展开讨论。

■ 实证研究

基本概念

本研究的主要目的旨在揭示并解决上述提到的两个矛盾冲突，研究的理论依据是建立在源语与目的语等效原则的基础上。为此，研究人员将英语为非母语发言的交际效果与德语发言的交际效果相比较，实验是在无翻译条件下用模拟通用语发言现场的样品听众作被测试人。实验将专家听众分成 2 组：一组聆听非母语发言人有关市场营销的发言，另一组倾听德语译出语。实验完成后要求两组分别回答与发言内容有关的问卷调查，研究人员将问卷调查得分进行了比较。

鉴于多数实证研究忽略了交际现场的特殊性，本书将别开生面，营造一个模拟的会议现场以供分析比较。不可否认，这样做有一定难度，其挑战性显而易见：

- 首先需要聘请一位地道的非母语发言人；
- 其次需聘请一位经验丰富的译员；
- 接下来必须考虑组织数量可观的听众队伍；
- 另外是问卷调查的设计，如何设计出能客观反映源语与目的语的交际效果，而不是仅局限于考量被测试人员的背景知识与记忆力的优劣；
- 营造一个仿真的会议现场。

所有这些因素都必须统筹考虑，逐一实施，本书将在以下章节详细叙述。

■ 发言人

Jenkins（2000：9）与 Prune（2003）曾先后指出，区分"母语发言人"与"非母语发言人"看似无关紧要，其实意义重大，因为许多语言学家和翻译研究者对两者的概念各执己见。本书作者所说的"母语发言人"专指其"第一语言"（L1）。不过，本作者接受通用语学者"母语发言人"（"NS"）与"非母语发言人"（"NNS"）这两个约定俗成的术语。后者比较务实，涵盖面广。人们知道，世上没有百分之百的"标准"，只有相对的"标准"，没有绝对的"标准"。因此发言人或多或少偏离"标准"并不足为奇，应视为正常。"非母语发言人"一词在此仅用作非描述性尺度，其目的是为了与耳熟能详的术语保持一致（Kachru 1982）。

严格地说，非母语发言人和第一语言发言人是问题的症结所在（Bent & Bradlow 2003）。由于本书听众及发言人的第一语言是德语，因此，特意挑选意大利语作为本实验的第一语言。鉴于发言主题是以经贸为主，实验人员专门从国际知名的米兰博科尼经贸大学聘请一名发言人参加此项实验,因为该大学主干课程均用英语授课。

发言内容力求与现场会议发言内容难度相当,为客观起见,另外还特意录制了该经贸大学教授的几场讲座的实况。研究人员事先听审了录音,尔后分析讨论了讲座的录音。应聘的发言人对英语授课驾轻就熟,不仅授课水平一流,而且还擅长公众演说。发言人此前曾经有过在两所说英语国家大学访学的经历,其英语的娴熟程度毋庸置疑。

发言人即兴演讲了 15 分 24 秒,题目是"后现代派与营销"。抢先说、重复、冗余、反问等是同声传译即兴演说的一大特点(Flowerdew and Miller 1997:33)。将后现代主义与营销相结合在普通的营销概念中是一大创举,因此该发言内容新颖,体现了高度的独创思维。这一点在随后的 9 名经贸专家组的评审中得到了证实,评审人员用 7 分制对发言内容进行评判(从内容十分熟悉的 1 分到完全陌生的 7 分不等)。实验得分为 5 分(最低分 3 分,最高分 7 分),中间数预示着专家肯定发言的新意程度。专家对此项的评价耐人寻味:称他们对发言人从心理与社会角度探讨营销并不足为奇,但是从后现代主义角度探究营销却令他们有耳目一新的感觉。这番评价意味深长,它表明了参与此次实验的被测试人不太可能对该内容了如指掌,因此可以排除主观因素,换言之,被测试人凭借已有的知识而不是根据发言内容回答的嫌疑可以排除。

发言人的口音由在线的多名专家进行评价。研究人员启用了在线 Lime Survey 软件,将个性化指令发送给每一位专家进行评估。这样做的优势是专家可以直接以匿名的方式参加评审:评价发言人口音前,评审人员观看了长约 2 分 34 秒的该非母语发言人的录像片段。

来自两个不同背景的 46 位专家参加了本次实验:一组是经验丰富的职业译员与兼职译员,目前均在欧盟各大机构从事翻译工作,熟悉并习惯应对母语为非英语的发言人;另一组是来自维也纳大学英语系的专门从事通用语研究的语言学家。英语为母语与英语为非母语两组人数分别为 8 比 38;具体人员构成是德语($n=16$)、罗马尼亚语($n=8$)、意大利语($n=5$)、法语($n=4$)、西班牙语($n=4$)以及拉脱维亚语($n=1$)。按照 Munro et al.(2006:114)的观点,一个由英语为母语与英语为非母语构成的实验对象会使口音评估更客观、更具代表性。这与此前其他许多研究形式大相径庭。

就方法论而言,研究带意大利口音的非母语发言人适合等距量表评价的口音,因为听众可以根据等距来判断这一口音。(本研究将其他量表一视为顺序量表:它们无法满足等距量表基本要求,即量表分数之间的差距相等,无论量表是用来计算重量还是时间)。

同样,本实验发言人口音将以 7 分等距量表计(从不带外国口音的 1 分到外国口音很重的 7 分不等)。这种计算的中间值为 6 分,平均值为 5.48 分,允许 1.11 的偏差。评分范围从最低分 2 分(限选一次)到最高分 7 分任选;6 分为最常用分(41.3% 被测试人),其次是 5 分(26.1%)。这些分值表明,发言人的口音超过平均值。需要指出的是,本实验的听众经验丰富,因而他们的评价相对宽松(Southwood & Flege 1999:347)。

多数被测试人(93.5%)判定发言人母语为意大利语,他的口音属于典型的英语为非母语口音特征。不过在此值得一提的是,典型这一概念是相对的,正如 Wilcox(1978:125)指出"个人口音不具代表性,不能以点代面,代表一个地区的口音"。

11 位语言学家一致认为,尽管发言人带有浓郁的外国口音,但他的发言清晰,无任何听力障碍。这一评价反映了评审员尊重客观事实,同时还澄清了一个长期以来人们认为口音参数不应用于对听力理解评价的误区（Munro & Derwing 1999：305）。不仅如此，8名评审员对发言人英语的娴熟程度给予了高度的评价。与此相反的是，译员并不像语言学家对发言人如此慷慨包容。他们不仅评价严厉，给分较低，而且还牢骚满腹。这一点印证了多数译员对英语为非母语发言人所持的消极态度。

上述结果表明，虽然发言人口音浓厚，但他的发音清晰而且对英语运用自如。本研究认为，他不愧是意大利英语的典型代表。意大利学者的共同特点是英语娴熟，对于各门课程均能自如地用英语授课。

■ 译员

本实验遴选译员的标准是，译员的语言组合是英语与意大利语者将优先考虑。Kurz和Basel（2009）在其研究案例中发现，与发言人共享同一母语的译员一般来说译语效果比较理想。不过，从事听力理解研究的学者对此持相反的观点（Reithofer 2011b：91）。当然，人们不排除用不同译员做同样的实验得出不同结果的可能。

本实验译员的第二语言为英语。迄今为止，她已经具备了三年以上的会议口译经验。不仅如此，她还有为外国口音重的发言人担任翻译的经历，其中包括意大利英语。可以说，她对类似的现场会议并不陌生，在实验的前几天，她就顺利地完成了一项翻译任务。本实验在同声传译间进行，译员透过玻璃窗对屏幕上发言人演示的文档一览无余。研究人员录制了她同声传译的全过程，意在为研究提供第一手资料。实验的目的旨在探明，用于听力理解的测试部分在同声传译的译语输出中是否翻译到位。这样，译语免不了涵盖英语为非母语或德语特色的表达，无论从文本还是从测试角度，这对两组听众词汇的选择都是一次检验，他们只需轻松辨认信息而无需极力回忆信息（Berne 1993：24；Buck & Tatsuoka 1998：123）。人们在考虑交际效果时，应尽量考虑测试的客观性，避免死记硬背。本实验的问卷设计既考虑到多项选择又兼顾"半开放式"问题。而在类似的其他实验中（Berne 1993：27；Napier & Spencer 2008；Shlesinger 1994）将两种形式合二为一是为了达到适度平衡，即多项选择与回答问题两者兼而有之。

问卷A部分的11道题中有8道属于多项选择题，其中有2道题不止一种正确答案。研究人员明确规定，被测试人对这2道题不可不懂装懂，切忌猜题。为了杜绝猜题，由于猜题往往导致结果欠真实（Wu 1998：38），被测试人事先得知凡猜题者，试卷一律作废。实验要求听众务必在规定的时间内交卷，否则被判无效。

■ 问卷调查

本实验的问卷调查包含两部分：第一部分为听力理解选择题，第二部分是对源语与目的语的主观判断，除此之外，还要求被测试人填写基本信息。值得一提的是，现场同声传译一般不会要求译员听完发言后再进行听力理解测试。本实验之所以这么做，是为了探明发言人对听众产生的交际效果，即听源语与听译语究竟有何种区别。

本实验的前提是，与会听众的目的是获得更多、更新的资讯。因此人们有理由相信，与会人员无一不想在自己感兴趣的领域得到新的启示，获得新的资讯。在听力理解测试中，测试结果不排除受被测试人理解力、背景知识或记忆力的制约（Buck 1997：66）。鉴于本实验的被测试人均受过高等教育，因此除了个人因素外，他们的阅读能力应相差无几。对于背景知识问题，研究人员已早有规定，测试交际效果的11道题全部来自发言内容,测试尽量排除涉及被测试人原有的知识或逻辑思维。由于发言是围绕一个颇有新意的营销概念,11 名被测试人不太可能事先具备这方面的知识。

记忆是测试中最难控制的变量。本实验是根据被测试人平均成绩积点(以下简称'积点'),即在两组中对高积点进行排序,再通过比对做到局部控制。需要说明的是,积点本身并不是判断记忆力的唯一指标。不过,通过被测试人的人数与随机抽样这两个环节,人们大体上能确定两组被测试人记忆力优劣的平均分布。

如前所述,A 组聆听英语为非母语源语发言,B 组听译出语——德语。问卷调查分两种版本:A 组用的是英语版,B 组用德语版。值得一提的是,德语版的问卷调查并不是英语版的简单复制。不过两个版本的共同点都是测试被测试人的词汇量,试题一题一分,错一题扣一分。另外,为防止个别被测试人投机取巧如专选第一个答案,研究人员对正误选项的分布事先已做了周密考虑(Foddy 1993:131)。

试题涵盖 3 个半开放式问题。这些问题无任何提示,需要被测试人独立完成(Foddy 1993:127)。与全开放式问题不同,这些问题出题巧妙,要求回答开门见山单刀直入,如发言人提到了客户的 3 个不同身份,是哪 3 个身份,试举例说明。与封闭式问题相比,人们很难仅凭猜测就能顺利回答半开放式问题(Rost 2004:60)。实验对 A 组没有硬性规定,他们即可用德语答题也可用英语答卷。为了证实半公开问题对记忆的压力从而使结果失去真实性,研究人员在预实验已经对难度系数进行了计算,系数可行后才应用到本实验。结果显示,开放式问题难易适度,即位于 0.2 和 0.8 之间,0 为最难,1 为最简单(Bortz & Doring 2006:218)。

另外,两组平均分的计算不含半公开式问题的平均分,这是因为两组的差没有变化,因此半公开式问题的平均分可有可无。值得一提的是,测试结果与问题形式无关联。

被测试人完成 A 部分的听力理解测试后,继续回答 B 部分提出的问题,即你对源语与目的语理解情况的评价。同时还规定被测试人必须填写年龄、性别、工作经历、内容熟悉程度等信息。为了检验问卷的适度性与题型的科学性,试题设计事先征求了部分经贸专家的意见,并根据意见做了相应的调整。

■ 预实验

在此之前,研究人员已经进行一项由 50 名学生组成的预实验,实验在维也纳大学翻译中心进行,被测试人均为外行,不懂营销。实验主要针对两个变量的比较:第一语言与他们的工作语言。通过随机将他们分为两个实验组(每组各 25 人):A 组聆听英语为非母语源语发言,B 组听译出语——德语。测试完毕,要求两组回答问卷调查。

虽然预实验的目的是为了证实实验设计的可行性,但结果出人所料:听力理解部分最高分为 19 分,聆听英语为非母语发言组的平均分为 8.3 分,而听翻译一组的得分却达到 12.58 分。两组 4 分之差的区别表明 $t-$test 的统计结果显著($t=-4.238$;$df=48$;$p=0.000$),换言之,虽然是外行但由于语言娴熟,听翻译一组的理解要明显超过聆听英语为非母语的发言组。

■ 主实验

预实验后人们关心的问题是,两组的明显差异能否在专家组产生同样的效果,因为他们的专业知识可以弥补聆听英语为非母语发言的不足。

■ 被测试人员

要聘请多达 60 名经贸方面专家参与本次实验（每组 30 名）绝非易事。人们不仅要考虑到他们的专长、工作经历、学历等因素，而且还要兼顾他们的工作时间。基于这一原因，研究人员决定启用经贸大学商学院的学生为本次实验的被测试对象。遴选条件规定：被测试人不但入学成绩优良，在校期间成绩优秀，而且毕业能顺利就业。以往的情况表明，该校一半以上的毕业生一毕业基本上能找到工作，只有少部分毕业三个月后才找到工作（Hoyer & Ziegler 2002：56），从某种程度上讲，他们基本具备了半个专家的水平。

另一个值得考虑的问题是发言内容，即听大学教授的讲座。这一点在校生要比职业营销员更具优势，不失为被测试人的最佳选择。因为营销员不可能像学生一样经常参加学术性讲座。

与会人员是来自奥地利应用科技大学经贸专业的学生。他们均具备良好的英语基础，所有基础课程全用英语授课，部分学生的课程是用双语教学（德语与英语）。这在问卷调查 B 部分中已有所介绍，A 组（专听英语为非母语发言组）与会人员按照评分标准从相当好的 1 分到非常差的 7 分自我评估英语水平，结果为 3 分，无一人选择最低分 7 分。

B 部分的另一项内容规定被测试人对发言内容的熟知度打分，评分标准仍然是在非常熟悉的 1 分到完全陌生的 7 分范围选择。这次经贸专业学生得分为 4 分，而预实验中的外行得分为 6 分。两分之差是被测试人作为半个专家入选本次试验的另一个原因。同样，研究人员根据被测试人的绩点以及全学年的成绩排名进行筛选。与预实验操作相同，随机将他们分配到两个实验组：A 组 27 名，B 组 31 名。他们平均年龄为 21.6 岁，年龄段在 19 到 27 岁之间不等。26 名女性（44.8%），32 名男性（55.2%）。

■ 测试程序

模拟同声传译会议在维也纳大学翻译研究中心的同声传译间里进行，使用的设备与现场同声传译设备无异，目的是为了确保聆听源语与目的语的听众同样能享受高质量的音响效果。研究人员发给被测试人人手一份试卷，外加一份耳机使用与频道选择的说明（英语源语为 A 组，德语目的语为 B 组）。实验规定被测试人未接到指令前不得随意翻阅试题，但允许被测试人在实验期间观看屏幕上的发言人，要求各组按规定选择聆听各自的频道。为了取得现场效果，同声传译间里特意安排了一名同声传译译员佯装翻译。被测试人的试卷随着发言的结束而被收回。

■ 二次实验

本次被测试人遴选的程序与前文被测试人选拔的程序大同小异：选拔不仅依据他们的入学成绩，同时还考虑到了他们在校期间的积点及英语水平。测试环境与上述实验基本相同，但本次试验没有固定的同声传译间。不过，程序并没有简化，尽管本次实验的学生刚听完一场讲座，很可能身心有疲劳之感。4 名被测试人直言不讳地提到了这一点，加之实验已临近晚餐时间，他们感到疲乏难以集中精力。另一点值得注意的是，被测试人对实验设计轻车熟路。上述两个因素表明，本次实验的学生与前文的学生情况有所不同。因此，在 125 名报名的学生中实际参加者只有 31 人。这些人当中 9 名为全日制学生，22 名为在职学生。

尽管实验人数少，研究人员仍将他们分成了人数相当的两个组：A 组（15 名）聆听源语发言，B 组（16 名）听译语。他们的平均年龄为 24.9 岁（年龄段在 22 至 33 岁之间），男女比例为 13∶18（41.9% 比 58.1%）。

学生自测英语听力水平要略微优于此前的学生，在 1（非常好）至 7（非常差）的区间里，他们的得分为 3 分，众数为 2 分。

■ 结果

本次实验的研究性问题旨在探索译语与源语交际效果是否对等。为此，本书意欲求证的问题是：

- 当发言人的英语为非母语时，译员的作用是否更大？
- 听众能否像听母语一样听懂英语为非母语者的发言，而无需译员的任何帮助？

这些问题将通过 A 组（聆听源语）与 B 组（聆听译语）的听力理解测试结果来得到验证。

■ 主实验

人们在比较测试得分之前，有必要先审视被测试人的主观评价。评价采用 7 分制，A 组自主评价要大大低于（中量值与众数为 5）B 组（中量值与众数分别为 3）。

听力测试得分与主观评价分一致：A 组平均分为 8.07，总分为 19 分，而 B 组得分为 11.98 分。$t-test$ 显示，两者的差异从统计角度而言有意义（$t=-4.066$；$f=56$；$p=0.000$）。

两组的差别同时也反映在多项选择与半开放式问题的回答上。可见，问题提问的形式对结果并没有产生任何影响。此外，B 组发挥优于 A 组不仅表现在问卷调查上，而且也反映在多项选择的单项分数上。

■ 二次实验

就两组的差别来看，二次实验的结果大同小异，A 组的平均分为 5.69，而 B 组的得分为 9.4 分。统计结果意义明显（$t=-3.267$；$df=29$；$p=0.03$），可见差别无论在问卷调查问题的总体回答上，还是在两种问题的形式上都显著。

与主实验的分数相比二次实验的分数较低，这印证了上述被测试人员抱怨的疲倦，精力难以集中有关，因此导致发挥欠佳。

■ 主观评价

要做到评价客观公正，从关联性考虑，人们必须将听众主观评价与其客观得分相结合进行分析。因为专家组听众坦言，他们聆听源语发言与听译语并无明显区别，证明这一说法的可靠性是让听众自己作出客观评价。

在主实验和二次试验中，B 组自测分要高于 A 组，这客观反映了实际得分。不过，根据 FH1 斯皮尔曼的相关系数，这个分数只处于中间位置（0.5），统计上有意义。而它在二次实验与预实验的相关性不大(0.4),无意义。可见,被测试人并没有如实地评价其听力理解水平。至于某些听众所谓没有翻译同样能听懂发言这一说法是否成立,从本实验的结果以及两组理解得分便不言自明。

■ 口音影响

实验同时验证了听众对发言人口音的评价与其主客观理解得分之间的关系(评价采用 7 分制,从听不出外国口音的 1 分到外国口音很浓的 7 分不等)。这是一种新的尝试,此前任何实验鲜有涉及。换言之,尽管此前被测试人对源语一知半解,但他们从未将它与发言人口音联系。而本实验有力地证实了听众有能力区分口音与聆听效率之间的关系(Munro & Derwing 1999:305)。

■ 工作经历

有趣的是,本实验同时还探讨了外国口音与工作经历之间的关系。这一点,在二次试验的全职和在职学生的得分中得到了验证。将工作经历作为比较的依据是,多数在职学生均在商业界工作,尤其是在不久前的一次调查中人们发现,87.1%的应用科技大学的在职学生在此行业内谋职(Hoyer & Ziegler 2002:389)。无独有偶,74%应用科技大学的在职研究生学业结束后还身居要职。这进一步说明,在职学生的专长达到了业界的要求,技能与职业人士相当。

比较发现,虽然在职学生反映对发言中的议题比较陌生,但他们所在的 A 组取得了高分(聆听非母语发言)。这种差异在统计上并无意义。

■ 年龄与性别

被测试人的年龄与理解测试结果无关。不过值得注意的是,他们年龄相当,无较大悬殊。至于性别,在主实验与二次实验当中,女性比男性多 1 分。具体而言,A 组与 B 组有明显差别:在聆听英语为非母语发言时,男性理解测试分略高,而在倾听德语译语时女性则表现突出,比男性高出 1 分。值得指出的是,性别与理解测试得分相关性微弱。

主实验采用了曼惠特尼 U 检验,结果发现,B 组理解测试的性别差异结果并无统计意义,因此,无进一步推断总体结果的必要。

对于性别差异可能影响理解的观点,Moser(1995:B-22)与 Zwischenberger(2011:316)在其研究中早有详述。他们认为,女性译员具备的某些天赋的确令男性译员自叹不如,表现了较高的预期,如口音与语调这些外在品质。它对于女性听众的感染力尤其不可低估,对女性听众产生的交际效果要超过男性听众。不过要证实这一点,人们需要进一步的研究。

■ 通用语与理解

背景知识或相关的专业知识对于理解英语为非母语的发言至关重要,对此本书曾不遗余力地反复重申。然而前文预实验研究结果显示,外行对于英语为非母语的发言的理解要胜过专业人士。这一结果只能暗示,仅仅具备某一行业或单一的专业知识并不具备绝对优势,并不能想当然地听懂英语非母语的发言。同样,听众英语水平自评结果对于听力理解测试的影响也是微乎其微,英语听力技巧自测与 A 组测试得分的相关性是在低中档区间。另外,双语听众对德语课讲座测试得分(0.6 分)的差异并无任何意义。

事实证明,听众若能与非母语发言人共享同一母语,他听懂其发言的概率要明显高于与其不共享同一母语的听众。通过上述几项实验人们不难发现,一个英语娴熟的被测试人,他的发挥要明显超过英语欠娴熟的被测试人,两次实验的差异均有统计意义。研究同时表明,非母语发言人对于非母语听众效果更好、更理想。

■ 结论

本书所描述的研究是一次实证研究,它对译界长期以来所提倡的源语与目的语等效概念是一次全方位的检验。当然,人们有理由怀疑并挑战等效概念,但其相关性人们不可熟视无睹。时下通用语正势如破竹席卷全球,日益影响业界的生存与发展。虽然人们怀疑,今后使用通用语发言的态势却不可逆。本书研究显示,这种趋势不太可能取代译员的作用;相反正如实验所显示,即便听众与发言人熟悉同一领域,享有同一背景知识,在英语为非母语交际的状态下,翻译的附加值仍然明显。在连续 3 次涉及 139 人的实验中人们发现,聆听翻译组的听众的得分要明显高于直接倾听非母语发言人的发言。

在将本研究结果推广前,建议人们用同样方法针对不同的发言人与听众进行更深入的研究。正如不少学者建议的那样,人们不应将实验锁定学生人群,应将实验该扩大到新手译员中(Kurz & Basel 2009:209;Proffitt 1997:24;Reithofer 2011b:273)。另外需要指出的是,翻译质量与附加值只有在译员具备扎实功底、充分准备的基础上才能得到保证。

译员切忌掉以轻心,而是要严阵以待,勇于接受新事物。严格地讲,通用语交际的优势同样不可取代,尤其在非正式、自由交流与互动场合下。因为重复、解释、澄清甚至大声叫喊的场合下它更实用(Kaur 2010)。不过对于独白式交际,翻译对信息的传递似乎更准确到位。这说明,通用语与翻译应相互包容,而不是相互排斥,这样两者的结合才能相得益彰、互为补充(Reithofer 2011b:255)。

最后需要指出的是,采用理解测试来检验译语效果不失为一种行之有效的方法。人们不妨采用其他源语做实验,这将为同声传译质量研究提供新视角。

总而言之,交际效果与听众的认知终端需要人们高度关注:翻译中意义完整、连贯,源语与目的语之间的等效是译员恪守的基本原则,也是听众正当的要求。当然,质量仍需进一步分析研究,仍需在实践中进一步验证。

第二章 通用语与口译教学

第一节 口 译 教 学

■ 引言

作为通用语,英语的普及为 21 世纪译员的发展创造了前所未有的机遇。David Crystal(2012)的统计显示,当下英语母语者与非母语英语者之比为 1∶4。为此,Neff (2007)为国际口译者协会做了一次调查,结果显示,大型国际会议上的发言多半是以英语为主。因此,活跃在国际会议上的非母语英语发言人对译员而言已司空见惯、习以为常。译员们亲眼见证了"一个从双语到多语的转型"(Feldweg,1996:89),换言之,他们目睹的是从交替传译到同声传译的过渡,它改变了 20 世纪交传独占鳌头的格局,为译员的职业发展指明了方向(Feldweg,1996)。时下,译员又将经历从多语会议到"英语为通用语会议"为主的双语转型,这种交际是以非母语英语与地方语种的组合为特征。由于越来越多的与会人员青睐非母语英语,自然而然其他语种便束之高阁。在一次涉及 32 名职业译员的问卷调查中,被调查对象一致认为,这一态势不仅在宏观上严重威胁到译员的生存与发展,在微观上译员也受到很大冲击,比如,他不得不在听辨理解、译语输出、精力集中等方面投入更多的精力(Albl-Mikasa,2010)。

这便是为什么译员对这种"世界通用语"或"蹩脚英语"怨声载道的原因所在。使用这些概念来描述当下的情形,并不意味着人们对诸如"英语全球化""全球英语""英语作为通用语"等概念一无所知,这里人们关注的是概念背后对译员所产生的深层影响(AIIC,2012;Reithofer,2010)。值得一提的是,译员不会将全球英语简单地视为某种标签,因为标签是一套约定俗成、化繁为简的简单交际,而英语是作为通用语在全球背景下的具体使用(Seidlhofer,2011)。在过去的 20 多年里,英语作为通用语这一新兴理论所关注的正是这种具体的使用(Jenkins,Cogo,& Dewey,2011),国际会议上译员耳熟能详的正是英语作为通用语的源语。虽然,译员在理论上对通用语在交际中的使用所知不多,但他对英语作为通用语这一趋势的担忧并不是空穴来风,这种担忧只是近来才受到人们的关注(Albl-Mikasa,2010,2012a,2013a;Reithofer,2010,2011)。英语作为通用语对口笔译的影响在此前的研究中鲜有涉及(Cook,2012;Mauranen,2012),多数研究侧重的是案例分析,即非母语英语口音对质量的影响(Cheung,2003;Kurz,2008;McAllister,2000;Sabatini,2000),译员与源语发言人分享同源语在译出语输出时的优势(Basel,2002;Kurz & Basel,2009;Taylor,1989)。

最新的研究显示,英语作为通用语对译员的影响主要体现在以下几个方面:

1. 市场发展(Albl-Mikasa,2010):人们对译员提供高质量的口译服务提出了更高的要求,这是因为(a)竞争日趋激烈,除了同声传译间的数量在不断减少外,译员更多的是应对高端技术的翻译工作,普通的交际场合不再需要聘用译员,因为交际双方可以自行用英语交流,(b)译员需捍卫自己的尊严,用实力证明语言优势非他莫属。他与非职业译员不能同日而语,因为他训练有素,翻译时游刃有余。然而人们也必须看到译员所面临的尴尬,他的工作如履薄冰,尽管主观上他想提供高质量的服务,而客观上却事与愿违,如听辨非母语英语发言、分析不规范的语法结构、破译特殊的词汇短语、熟悉陌生的口音、适应各种英语水平参差不齐的发言均需要额外的认知能力。

2. 双语翻译条件(Reithofer,2010):与无需翻译的通用语情况相比,译员的工作性质犹如独白演员,因为他缺乏互动的机制、意思不清时他无从请教、语用不当时他束手无策。因此人们可以说,译员缺乏那种常见的、有助于促进交际顺利进行的机制。

3. 处理与精力集中(Albl-Mikasa,已付梓):尽管非母语英语发言在国际会议上是大势所趋,但它对译员精力分配带来的挑战却不容小觑。正如 Gile(2009)在其精力分配模型中指出,精力分配在正常情况下尚且相互冲突,导致精力不济,更何况是在一个非正常的环境下,如口音重(其中也包括母语英语者)、复杂句型、专业术语以及语句比重大的发言稿;另外,语速快、设备音质差,以及与同声传译间相关的其他问题都会影响译员的正常发挥。可以说,"通用语"本身增加了额外的负担,影响了译员的自动化处理能力。一项涉及非英语母语发言人与学生译员的案例研究显示,激活与提取——源语与目的语之间的自然链接、习惯性的转换机制以及现成的对等词句的提取都会受到不同程度的影响,因为译员接听的非母语源语与他大脑中的信息相距甚远,导致源语与存储在大脑的信息不相匹配、不对称、风马牛不相及(van Dijk & Kintsch,1983)。

其实,译员在为非母语英语者担任翻译任务时并非没有意识到,通用英语有它的独特之处:它是"一种新型英语、混合语、多元英语"(House,2012)。它常以一种突如其来、意想不到的特殊结构直面译员。正如 Seidlhofer 与 House 所指出的,对通用语的研究结果显示,这种语言结构不折不扣地反映了它在交际过程中具有混杂、动态、灵活等特点。借助通用语的人们的交际是商榷式的、即兴的。借助这一平台,人们可以创造语言,说话双方可以畅所欲言(Seidlhofer,2011)。绝大多数通用语发言人本身通晓双语甚至多语,这就意味着语言之间的转换以及语码混杂现象不足为奇(House,2012)。

虽然通用语具备"灵活多样、适应性强(Dewey,2012)"、富有创意、易于发挥等优势;尽管它具备了交际策略所需的合作功能这一特点(House,2012),然而,正是这种词句表达的标新立异、别开生面才给翻译增加了额外的困难。五花八门的源语常常令译员束手无策。结果,这种特殊的形式和别样的变体违背了约定俗成的常规(Albl-Mikasa,2010),干扰了人们惯常的逻辑思维方式。无中介的通用语交际环境,本来是交际双方的一大优势,而在需要中介的交际场合下却反而成了译员的累赘。这并不是说译员已经变得多余,相反,那些意欲取代通用语的想法无异于异想天开,但作为译员以及从事译员培养的教育工作者必须做到未雨绸缪、防患于未然。

如前所述,通用语教材的编撰迄今为止只局限于无中介的交际情景,更具体地说,只局限于第二语言的课堂教学。由此看来,只有教育工作者率先做到了与时俱进、顺应历史潮流,才能培养合格的、名副其实的译员。

鉴于通用语的多样性和多元化特点,加之传统的标准英语在人们心目中早已根深蒂固(Dewey,2012),要想扭转这一局面,人们必须转型,将学习的重心转移到跨文化交际上来:提升译员的语用能力、培养学生的应变力、倡导包容之心(Jenkins et al.,2011)。对译员的培养要围绕通用语这一新的形势展开,要研究新对策、探索新思路来应对通用语所带来的冲击。

Albl-Mikasa(2012b)对 10 名德国职业译员进行了摸底访谈,访谈历时一年的时间,汇集的语料库多达 9 万字之多。他在译员经验总结的基础上,提出了一个译员习得通用语技能的模型。本书将对该语料库进行分析,为译员更好地应对通用语带来的挑战,推动教学改革提供理论支撑。

被调查对象为 4 名女性,6 名男性,他们是从 32 名报名者中遴选出来的,问卷调查于 2010 年正式启动,历时一年。被调查对象全部是兼职译员:3 名欧盟译员,余者效力于各大机构。2 名译员具有 30 年以上的口译经验,另外 2 名翻译生涯长达 20 年之久,其余 6 名译员的口译经验也均超过 15 年。这 10 名译员中有 9 名英语为第二语言或第三语言,只有 1 名译员的母语是英语,德语是第三语言。10 名译员中有 8 名是国际口译协会成员。每次访谈的时间均在 60 到 70 分钟之间,录制的文本材料字数多达11000 字。

■ 通用语与教学

针对英语在欧洲乃至全球的日益影响,Kohn(2011)从理论与实践的高度呼吁人们必须加强外语课堂的教学改革。为此,他从社会构建主义角度提出了三方面建议:(a)提高学生对通用语的认识水平,(b)培养学生对非母语英语口音的鉴别力,(c)加强学生译语输出能力的训练力度。他建议在教学实践过程中,口译教学大纲的制定要有针对性,做到有的放矢:(a)要使学生充分认识到通用语的发展是历史的必然这一道理,对它在译界产生的影响要有足够的思想准备,译员要以饱满的热情迎接这一史无前例的挑战;(b)译员必须苦练内功,夯实基础,真正掌握非母语英语;(c)译员需戒骄戒躁,力争质量更上一层楼。

一般而言,译员的听辨理解、转换、输出等整个处理过程或多或少地要受到非母语英语口音的干扰。英语为 C 语言的译员在理解阶段务必高度集中,听辨时需一丝不苟。当然,他的优势是输出时花的精力相对要少。特别值得注意的是英语为 B 语言的译员,尤其是兼职译员,他们是通用语影响最大的群体。他们不仅要应对通用语特有的听辨理解上的挑战,同时在输出时还要投入更多的额外精力(Albl-Mikasa,2010)。当然,对于英语为母语的译员来说,这类问题要少得多。可见,人们的训练要有针对性。这里人们不妨建议,刚开始时最好从母语英语与非母语英语的区别入手,在对此有充分认识的基础上再加强译员在听辨理解、转换、输出等技能方面的训练,最终提高译员的应变力。

■ 听辨理解

对于译员来说,非母语英语发言人千姿百态的口音其实是一个老生常谈的问题就拿苏格兰口音为例,要想听懂这种口音,译员需煞费苦心。这里说的口音也包括那些个人特有的表达方式,如说话含糊不清,说起来像连珠炮似的的人。有一名译员曾经为一位发音不准、口齿不清的德国人做翻译。发言人用了一个词,这个词使他焦头烂额,苦不堪言,最后才终于明白发言人的意思。原来这位发言人把"Kompatibilitat"〔compatibility〕读成了"Kontabitat"。

严格地说,译员如能与发言人分享同一语言则会占一定优势,反之,他很难弄明白发言人的意思,更谈不上猜透他的心思。一名德国译员曾经坦言,他是德国人,他知道德国人的所思所想,即便发言人说错了某个词他也能猜个八九不离十。而听不分享同一语言的非母语发言人时情况就截然不同。一次一名法国人对该译员说英语,他反复用到"merrily"这个词,一连说了好几遍,译员的感觉是他吃的或者玩得开心愉快,出乎意料的是发言人所说的"merrily"原来是指"merely"一词。后来译员才明白,发言人想说原本想多待几天,由于气候不适,他度日如年,只待了一天。

还有这么一个例子,它使译员大为尴尬,伤透了脑筋。发言中,这名非母语英语发言人谈到了"beer trap"一词,其实他真正的意思是指"bear trap"。他不但发音不到位,而且意思完全变了。人们知道,"bear trap"是一个专业术语,常指股票市场上的做空者,即当熊市出现反转时,做空投资者所面临的困境(熊市陷阱在投资者预期市场下跌抛空股票后,市场突然上涨迫使其以高价补回做空仓位。)译员百思不得其解,场面十分尴尬。事后译员才恍然大悟,感到啼笑皆非。这个例子说明,在听辨阶段非母语英语发言人给译员带来的难度要远远大于母语发言人,因为发音不到位不仅导致概念性错误,还会导致词汇、语法等相关的错误。

在条件允许的情况下,建议让学生译员亲临现场,观摩实战,这样他才有可能在将来的实际工作中做到遇事不惊,从容应对。学校应积极为他们创造条件,使他们熟悉各种不同口音。具体做法可以通过邀请来自不同地域、发音独特的英语为母语和非母语者举办讲座,使他们尽可能多地接触不同口音的英语。这样,久而久之学生译员便能习以为常,他的译语质量才能得到保证从而避免误译、错译等情况发生。

说到这里,人们不得不提及教材建设的问题,也就是通过何种手段录制如此多的、有代表性的口音等问题。时下,由于缺乏应有的语料库,译员对有些口音和习惯表达不是感到一知半解,就是一头雾水。即便是同一种语言,人们可以通过官方渠道收集到官方语为英语的印度英语或其他顶语。但遗憾的是,面对海量的世界各地其他的口音人们只好望洋兴叹。正如被调查的译员指出,部分原因是由于人力和物力的缺乏。无奈之下,人们只能向学生译员提供一些典型的、具有代表性的口音,如非洲、东欧、印度英语等变体。无论如何,有条件的院校应向高年级学生译员举办专题讲座,开设一门英语变体课程,对于典型的变体分章节重点介绍。时下,互联网为人们学习开辟了新的天地,因此想了解各种不同的口音,互联网不失为一种既快捷又经济的渠道,如 TED(网易公开课)。

目标设计应讲究循序渐进的原则。教材选择要适度,要注重因材施教。实践证明,译员往往会因为发言人的某个句子读音不准,或该句子难以理解而产生情绪波动,甚至弄得焦头烂额,导致最后干脆放弃该句。建议选材应根据学生的实际情况,这样才能使学生树立信心,克服困难。

在教学法方面,教育工作者应大胆创新,勇于探索。有条件的院校,可直接从本校留学生当中遴选那些语言特点鲜明,符合教学需要的留学生亲临课堂,参与课堂讨论。还可以邀请留学生就某个专题进行演讲,学生译员可围绕演讲进行翻译(交替传译或同声传译)。研究显示,译员参与发言人讨论有助于他了解发言人个性特征、熟悉其口音、表达方式与风格。还可以邀请一名非母语发言人就某个专题举办讲座,教师可根据演讲内容考问学生,或学生直接以提问的方式与发言人互动。这种形式的优势在于:(a)通过提问,不仅检验了学生对发言内容了解的程度;(b)更重要的是它有助于学生译员区分正式语与非正式语,并根据不同的场合合理使用;(c)它还可以考察发言人的演讲是否井井有条、严谨规范。缺乏条理、逻辑思维混乱的演讲势必影响译员的译出语,导致其语域、风格、词汇等方面不得体,欠规范。上述这些方法有助于加强学生译员对口译的进一步认识,为今后的发展奠定基础。

理论与实践不可分割,理论指导实践,反过来又为实践服务。严格地说,通用语在某种程度上反映了某一特定语言的知识结构与表层含义。值得一提的是,尽管不同的译员对某一特定的语言的反应和感受不尽相同,但他们的经验值得借鉴,对学生译员有警示作用,能防患于未然。人们知道,由于 h 在法语、西班牙语中不发音,因此法国人、西班牙人说英语时会无意识地将 h 音忽略不计。西班牙人、意大利人发言时好寒暄,译员在组织输出一句完整的英语句子之前,常常需要耐心听他们寒暄很久方能进入正题。德国人说英语时常以叙事的形式开头("it is like this that it is snowing")。东欧人似乎天生与英语冠词无缘,常常将冠词省略("I thank chairman," "I give you chair")。这些例子对于理解无大碍,因为它不言自明;尽管通用语语料库在这方面已有详细的记载,仍建议人们将其归纳总结,以此作为典型的相关语言的类型特征与语法错误来训练学生。这些素材可以与非母语英语者的原型实例训练相结合。曾有译员抱怨说,亚洲人的发音对于西方人来说如同听天书,不知所云,只能根据上下文的意思猜测。这些经验之谈对于学生译员有一定的启发,它有助于译员提前准备,以免措手不及。

■ 转换

接受采访的译员一致认为,策略在转换过程中必须重新定位。实践证明,为非母语英语发言人担任翻译任务时需要打破常规,不能循规蹈矩。它要求译员拿出看家本领,如压缩技巧。这一技巧要求译员在不改变原意的情况下,删去多余的信息,确保译出语言简意赅,其目的是为听辨理解挤出时间,减少对视觉输入的依赖。因为,要想做到预测行之有效,译员必须有时间来分析斟酌译出语。一名译员指出:为了确保推测高效,译员应充分利用视觉输入。他的杀手锏是,在万不得已的情况下,他便会根据发言人的口型,直接朗读演示文稿中的某个句子,这样做一则可以避免发言人已经说了好几个句子,而译员一语不发之嫌,二则不至于引起听众的不满情绪。

有译员曾经这样感慨:译员的尴尬如影相随,在所难免,不懂或似懂非懂的情况时有发生;万一碰到发言人说的某个词句闻所未闻,可以采用回避战术:如果事实证明我不能自圆其说,我要么避而不谈,要么拐弯抹角尽量绕过去。一旦后来真相大白,再尽量去挽回、补救。译员对此的建议是,保持清醒的头脑,平时严格训练。人们不应为此过分烦恼,因为烦恼会扰乱我们的思绪,影响输出质量。教育工作者应提醒学生上述这种情形在所难免,初涉译坛的译员难免受之影响,重要的是学会沉着冷静,从容应对。建议训练译员时不妨尝试以下措施:

● 回避。一旦碰到模棱两可的词句,可将它暂时存储在短时记忆中忽略不计,随着发言的继续,等意思逐渐清晰明朗后,再推测它的意思,考虑是否加以纠正。

● 沉着冷静，坦然自若，遇事不惊。译员要始终保持清醒的头脑，切忌情绪波动，因为它有碍分析，扰乱思绪。要充分认识到，这类情况并非个案，其实每个译员都难免碰到，这种情况并不可怕，译员可通过即兴发挥加以弥补。

● 替换。一旦最坏的情况发生，最好的补救法是紧跟演示文稿，因为演示文稿一般是提前经过精心准备的。万不得已时译员可以直接照念，这样既可以避免冷场，又可以避免译员形同虚设的尴尬局面。

学生译员有必要事先掌握一定的理论知识，以便在实际工作中运用并检验这些知识，做到活学活用。Albl-Mikasa（2013）指出，大量的实证研究显示人们可以充分利用"非母语语言优势"，即利用非母语发言人的母语作为工作语言来发挥其支撑作用，如根据不同的非母语口音制定相应的教学大纲与评价机制。在实际操作过程中，教师不妨大胆尝试各种不同的非母语源语文本来训练学生。这样，学生才能对各种非母语口音做到胸有成竹，在实际工作中应对自如。这也是理论联系实际的具体表现。Gile（2009）的精力分配模型不失为一个实用模型，它对于初学者在应对通用语时的精力分配大有裨益。特殊的通用语环境，需要译员投入更多的、额外的注意力。通用语还对 Gile 的总处理能力带来严重负担（2009，p. 170）。学生译员一旦具备了理论认识，加之用一定的应对策略武装自己，便能在特殊的通用语语境下做到精力合理分配，保证译语质量。

■ 输出

面对非母语的听众，译员在译语输出方面应尽量做到浅显易懂，言简意赅。人们知道，译员的职责是提供服务，促成交际的顺利进行。面对非母语听众时，译员尤其要避免滥用生僻、晦涩难懂的成语。新加盟的欧盟成员国一般都倾向使用英语，一头雾水、不知所云的情况时有发生。合格的译员应该是一名善于随机应变，能根据不同的听众调整输出语的人（Albl-Mikasa，2010）。

对于译员来说，听众的母语是源语将是通用语发展的必然趋势。曾经有两名译员就经历了这样的场面：发言人分别为匈牙利、捷克、波兰以及马其顿人，他们用十分蹩脚的德语在会上发言，他们自我感觉良好，发言滔滔不绝。然而，他们的发言不但没有迎合德语听众，反而使听众不约而同地戴上耳机转而聆听英语频道。像这样原本可以聆听源语的听众不得不求助于翻译的案例时有发生。可见，译员要学会随机应变，要做好随时愿意付出额外精力的思想准备。

如前所述，理论有助于指导实践，如能具备一定的理论基础，学生的译语输出则更高效。虽然 Kalina（2000）针对译语输出提出了某些策略，如重组、释译、增减、韵律与非口头特征等，但仍远远不够。建议教育、理论工作者根据交际论原则，有针对性地制定适合通用语口译特点的战略战术，如在词汇方面降低难度，在句式上简化结构等等。另外值得注意的是语域的调整问题。译员对母语发言人自然情有独钟，尤其是对其"高语域"特点倍加欣赏。但当对象是非母语发言人时，译员必须"降低标准，调整语域"（Albl-Mikasa，2010，p. 135）。如前所述，非母语发言人（除非他朗读事先充分准备的发言稿）很难在源语文本中保持适度的语域，尤其是在同声传译的问答环节中，这使译员不得不在目标语输出中调整语域。实践表明，译员必须在通用语交际环境下学会随机应变，灵活主动地调整语域，不可墨守成规。要想做到这一点，人们在课程设计时就应该充分考虑，并且将这一机制贯穿于译员训练之中。

■ 提高意识

随着非母语听众数量的不断上升,学生译员务必清醒地认识到,通用语对其翻译工作带来的挑战将是前所未有的。有鉴于此,人们有必要了解通用语的发展趋势及其对日后工作产生的影响。

良好的意识有助于译员树立积极的心态。通用语的最大特点是它的变数,这种变数不可预知,不可猜测,常常令人有突如其来的感觉。倘若译员明白压力是不以人们的意志为转移的产物,变压力为动力,人们不但不会回避它,反而会以积极的心态迎接它,挑战它。这样译员便具备了"包容"心态。作为交际的一部分,这种态度也包括"恻隐之心"。一名译员讲述了自己难得的交传机会:在一次驶往柏林的列车旅途中,译员有幸担任了临时翻译。领队是一位俄国女郎,她滔滔不绝地介绍什么,可她的听众却睁大眼睛,毫无反应。一旁的译员连忙上前搭救,将德语译成英语。不难看出,讲德语的领队,与听英语的听众之间,需要一座翻译的桥梁。

要想营造这样的环境需要人们发挥想象,前提是避免出洋相。对于学生而言这不失为一个练习的机会。值得玩味的是,微观上译员所表现出的同情心或敏感性不仅有利于听力理解,而且也有利于输出时语域的调整。正如一个译员指出的:并非所有的通用语都令人不寒而栗。从语法角度而言,它可以被勉强接受,只不过有些呆板,缺乏生气而已。译员所要考虑的是在多大程度上他能打破这种沉闷的局面,使气氛活跃起来,即能做到忠实原文,又不曲解发言人本意。在适应听众方面,人们不应过分低估听众的能力,因为这样做并不明智,它会造成难以名状的气氛,而听众自己还蒙在鼓里。

译语输出时要讲究分寸,切忌主观臆断。在充分理解字里行间意思的基础上,做到既不高估也不低估听众的水平,尤其是学生译员在这方面应加强训练。值得一提的是,通用语需要人们有包容的态度,这是一个棘手的问题,发言人会把它当做标签使用,而母语发言人有可能蒙在鼓里不知"那是何意?"学生应该意识到英语全球化或通用语现象已是不争的事实,所以宜早作准备,以免打无准备之仗。虽然对于难以接受、不易控制的局面人们需要包容、宽让、同情的心态,但同时要教育学生不能放弃原则,不可违背职业道德。正如有译员所说,有时他们百般无奈,只能直言不讳地告诉听众,译语表达不到位并非出自译员,而是发言人本身逻辑思维混乱所致。可见,人们有必要为学生撑腰、鸣不平、主持公道。当话筒无声,耳机无音时,译员应理直气壮地告诉听众这不是他的过错。

■ 通用语教学与口译研究

鉴于非母语发言人的人数呈上升态势,考虑到它对译界的影响日益深入,人们有必要重新审视时下的教学大纲以及对译员的培养方案。实践证明,在日常教学活动中将通用语贯穿教学大纲势在必行。那种以往用标准、优美动听的源语(英美国家政府首脑的发言)训练学生译员的传统做派虽然值得称道,但当99%的发言人为非母语发言人时,人们的做法未免背道而驰,逆潮流而动。这是一个既现实而又严峻的事实,人们应对现有的教学方案和培养目标进行反思。有鉴于此,译员的训练应以通用语为核心,针对非母语发言人制定教学方案。

从译员的经验总结人们发现,现行的教学大纲需要改革,亟待进一步完善。在保持和发扬传统做法的同时,人们需要增加亚洲、非洲、欧洲等各地不同的口音。当然,人们不必面面俱到,但对一些基本的抽象概念要有所侧重,因为抽象概念是教与学不可分割的部分。目前重中之重是帮助学生夯实基础,通过不同口音的训练提升其解码技能,培养其辨别力;让学生通过在母语与非母语者之间的快速转换熟悉不同的口音,最终做到在两者之间驾轻就熟。为此,建议在翻译硕士的培养方案中制定出具体的通用语课程。课程的设置、课时量的多寡、教学的具体内容等要取决于实证研究的结果,将通用语和传统的标准化口音教学有机结合。

实践部分应涵盖通用语常识,包括全球时事政治,如通用语与全球化、通用语与多元英语、通用语与语用等,以及语言必修科目。从业者和学生译员应当具备语言类型学,非母语发言典型特征的基本知识。理论课应涵盖语言分类与分类原则,以便指导实践,确保学生译员了解并熟悉各种变体。大量的被动词汇有助于解密非母语英语,熟习不同的口音同样有助于破解非母语英语的发音问题。事实证明,通晓多语言的译员要比只懂一门语言的译员优势更明显,即使后者与通用语打交道经验丰富。

人们不禁要问,传统意义上的标准英语是否从此便可以降低标准,答案是否定的。译员一致认为,能登大雅之堂者必然是标准英语,因此译员追求的终极目标仍然应是操一口纯正地道的标准英语。一名合格译员的标准应是不仅通晓非母语英语的发音以及口音特点,而且在高标准严要求的基础上,自己能操一口标准、流利的英语。其实这一标准并不算高,它是一个译员必须具备的解读各种非母语英语表面含义最起码的技能,它犹如一个译员具备大量的词汇一样,有了这些词汇他便可以在各种场合驾轻就熟。事实再次证明,只有具备高水平英语的译员方能在非母语交际场合中做到切换自如,游刃有余。

从译员对通用语的反馈中人们发现,无论是在需要中介还是无需中介的交际场合,人们在制定针对通用语而设计的教学方案时,切忌走极端。那种认为通用语可以代替标准英语,人们从此可以不受标准英语语法规则约束的想法不仅幼稚,而且荒唐可笑。在课程设置上,人们不能凭借个人的一厢情愿决定是否开设标准英语与非标准英语课程。正如 Kohn(2011)指出,标准英语与非标准英语的开设应该相得益彰,相互兼容。社会构建主义者认为,按照心理认知的解释,标准一词的解释因人而异,仁者见仁智者见智。但初学者不能因此将标准与非标准英语混为一谈。无论是学生译员,还是通用语研究者都必须求真务实,客观公正地看待通用语,如非母语英语发言人的源语文本的特点、它对精力分配产生的影响、对待不同的非母语听众需要采取何种不同的措施、影响通用语场合的因素有哪些、它对译出语产生何种影响等等。

通用语教学涉及各种变数,将通用语教学融入译员训练大纲是一项划时代工程。人们应把那些在实际训练过程中被证明是行之有效的方法、措施、材料进行归类,加以总结,并将其上升为理论。针对通用语所编写的教材应该做到科学化、系统化并能作为资源共享。人们可以在通用语语料库如 VOICE、TELF、ELFA 等基础上进行筛选、整合,这样可以大大提高译员的工作效率,提升翻译质量。与此同时,人们还应该分析通用语源语文本,从中找出问题和解决问题,确保通用语教学切实可行。

第二节 外国口音对同声传译质量的影响

■ 引言

英语是当今最普及的通用语,因此,无论是英语作为母语还是英语作为外语者无不将它作为跨文化交际的手段。对于跨文化媒介的译员而言,它的重要性自然不言而喻,适应这一形势,熟悉并通晓各种口音责无旁贷。

其实,口音有碍听辨早已在译界引起热议。2002 国际翻译者协会(AIIC)的一项研究显示,被采访的 62% 译员视"口音"为主要的压力。Cooper 等(1982)对职业译员的工作压力做了全面调查。800 多份问卷得出了惊人的结果:在工作主要压力一项中,65%的译员认为口音压力最大,该比重仅次于内容陌生一项所占的 78%。

Mackintosh(2002)对 AIIC 译员的工作环境进行了调查。600 份的调查问卷显示,口音是译员谈虎色变的主要原因,依次分别是语速过快以及呆板朗读发言稿。

Neff(2008)对 2005 至 2006 影响 AIIC 译员发挥的主要因素进行了分析总结,结果大致相同。这些因素首推快速发言,该项占 70% 以上,其次是口音,超过 50%。此外,Gile(1995)对翻译硕士的调查结果也大同小异。除了以上压力因素外,语音语调与术语的合理运用是影响译员译出语质量的主要原因。

Kurz(2008)把被测试人员分成两组,每组分别翻译一篇由 L1 和 L2 朗读的发言稿。结果显示,听、译 L2 的发言信息丢失要远远超过 L1 发言人的发言。后续的追踪调查还显示,L2 发言人的语速明显要快于 L1 发言人,虽然有时也有例外。

尽管业界认识到口音的重要性,但鲜有学者从同声传译角度对它的听辨影响进行深层研究。在这些屈指可数的研究中,人们发现译员所谓"非母语英语口音"的含义远远超出了单纯的音素变化,它已延伸到韵律与词句变化之中(Pöchhacker,2004)。音素与韵律是直接影响同声传译译员听辨效果的罪魁祸首。

音素与韵律在口译文本信息构成中起着各自不同的作用。音素也叫"切分"常用来"区分不同语言词的发音特点"(Ladefoged,2001)。由于作为有意义单位的音素直接与音的切分有关(如"dig"与"dog"属两个不同的词),音素变化难免导致词汇层面的误解。韵律或"超切分"是用来区分音节的强弱(Ladefoged,2001),它涵盖语调、重音与节奏。Huber(1988)指出,"韵律是用来构建说话人发出的声音连续体,常用来强调发言人的语气"。因此,韵律一旦发生变化,它将难以再现源语隐含的句法结构和语义功能,影响译员听辨导致错译误译。

虽然音素与韵律对口音均产生影响,但二者之间究竟孰是孰非目前学界仍有分歧(Anderson-Hsieh et al.,1992)。如此看来,人们只有通过实证研究才能明辨是非。人们知道,由于译员身处隔音的同声传译室,不能直面发言人,缺乏有助于理解的非口头提示(如肢体语言)(Chau & Chan,1988),口音将直接干扰译员的听辨理解。不仅如此,在跨语言、多任务处理上译员与与会者的专注度各有不同(Jones,1998;Liu,1993)。Lambert(1988)的实证研究显示,单纯听讲有别于边听边译,前者更能集中精力,更有助于理解。换言之,多任务处理干扰理解。面对这种干扰,译员别无选择,只能对源源不断的信息进行筛选。同时,他还必须对蓄势待发的语句做出合理的判断(Liu,1993)。可见,二语习得对口音的研究同样有助于人们研究同声传译中的听辨理解。

首先,对学生译员而言,了解 EFL 与 ESL 口音发言人的特点会使学习更有针对性,更高效。其次,研究 EFL 与 ESL 口音特点有助于教材建设。口译教材若能涵盖不同口音及发音特点,将对学生译员全面了解口音的机理大有裨益。同样,对于从事口译教学的教育工作者而言,深入了解不同的口音有助于译员学习的效度,避免在实际传译中犯不必要的听辨理解方面的错误。

本书结合二语习得与翻译理论进行实证研究,旨在探究非母语英语口音的音素与韵律对同声传译译员听辨理解与传译质量的影响。具体而言,本书力求探讨如下四个问题:

同声传译中,非母语英语口音韵律是如何影响目的语为中文的听辨理解?

音素与韵律两者究竟谁对听辨理解的影响更为显著?

通过问卷调查,哪些因素直接影响了口音听辨?

■ 文献综述

鉴于当今世界口音千差万别,本书着重选择 ESL/EFL(英语为第二外语与英语为外语)发言人的音素与韵律特征加以研究。本研究的实验对象是学生译员,采用的口音是北美英语,因此本书所指的母语口音主要指北美英语。

■ 英语为非母语音素

英语为非母语音素的差异与发言人的语言背景息息相关(Brown,2000;H. Wang & Heuven,2004)。音素变化主要是由于 ESL/EFL 发言人越俎代庖,用其母语中不存在的音素取而代之(Rau & Chang,2005;H. Wang & Heuven,2004)。人们知道,英语含有某些特有的音素,这些音素在其他语言中并不存在,这无疑给英语为非母语发言人的语音带来干扰。

■ 辅音

英语语音体系中最令人生畏的音素要数摩擦音[θ]与[e],这两个音在其他语音中实属罕见。虽然其他语音中也有诸如[t]、[s]、[f]这些常见的摩擦音,但并没有与之相对应的浊辅音[d]、[z]、[v](Lee & Cho,2002;Lombardi,2003)。英语语音中另一个令人纠结的音是美国英语中的无摩擦[r]音,该音素并不多见,在全球语言中所占的比例不超过 5%(Locke & Pearson,1992)。正确区分英语中的[r]和边音[l]是长期以来母语为日语、韩语与汉语英语学习者的一个老大难问题。该音素发音独特,要求舌身中部凹下,气流从舌尖上部和两侧流出(Hallé,Best,& Levitt,1999;Ingram & Park,1998),人们需要通过专门训练才能掌握它的发音要领。

其次是辅音连缀。从本质上讲,辅音连缀有悖元音、辅音这一规律。元音加辅音这种结构是人类语言公认的、最通用且最易掌握的音节(Wode,1992)。对于母语音节不像英语如此复杂的 ESL/EFL 群体而言,将英语中的连缀变成母语的音节其难度显而易见。根据 Celce-Murcia,Brinton 与 Goodwin(1996)等人的研究发现,亚洲人多数常把英

语中的 *cold* 一词发作/kəu/而不是/kəuld/。亚洲人还习惯采取简化手法,倾向在两个辅音之间插入一个元音。这种现象在 ESL/EFL 人群中间非常普遍,因为他们的母语遵循严格的辅音加元音结构,如日语就是一例。

■ 元音

Celce-Murcia et al.(1996)研究发现,北美英语中有 14 个明显的重读元音,这些元音又有松元音与紧元音之分,最突出的如[i:]/[ɪ],[eɪ]/[ɛ],以及 [u:]/[ʊ]。松紧之分常令 ESL/EFL 学习者模棱两可,就拿[i:]/[ɪ]这一对而言,ESL/EFL 学习者常取它们之间的中间发音位置,发成[i:],而英语为母语者则发[ɪ]音。其次是[eɪ]/[ɛ]这一对,ESL/EFL 学习者习惯省去紧元音滑动环节,而发成[ɛ]。而[u:]/[ʊ]这一对对于 ESL/EFL 学习者正好相反,他们倾向将[ʊ]误读成紧元音[u:](Celce-Murcia et al.,1996)。

除了松紧之分带来的困扰外,前圆低舌音[æ]对于 ESL/EFL 学习者也是一大挑战,这个音在其他语言中难以找到,是英语的专利,具有浓郁的英语色彩(Celce-Murcia et al.,1996)。人们常将[ɑ]和[ɛ]误发成[æ]。一般来说,将[æ]发成[ɑ]的人主要受英国音的影响,而将[æ]误发成[ɛ]者一般是 ESL/EFL 学习者。

另一个常令 ESL/EFL 学习者不解的是北美英语元音中带 *r* 色彩母音或 R 音化元音[ɝ]。它不在上述提到的 14 个元音之列,它的发音特点是双唇微开,略成扁平;舌身平放,舌中部抬起而挺向硬腭,舌位居中,口微开,舌尖轻轻触及齿龈而向后卷,振动声带。语音学将它称之为儿化现象,简言之是个卷舌音。重度卷舌音[ɝ]出现在"bird" and "herd"这类单词中,但在同一个音节元音后的/r/也重读如'*beard*'与 '*here*'。初学者难以把握卷舌音的发音部位,因而习惯用中元音[ɜ]代替[ɝ](Ladefoged,2001)。在"元音＋/r/"的情况下,/r/常被弱读成中元音[ə]并将它取而代之,发成双元音。

■ 非母语韵律问题

语调

语调具有语法及传递情感的双重功能。在日常交际中,语调决定句式的特点,即句子是陈述句还是疑问句,同时它也表明一句话是否结束。另外,语调的改变代表发言人不同的态度如冷淡、热情、讽刺等(Celce-Murcia et al.,1996)。常见 ESL/EFL 学习者的语调错误包括:1) 升降调时无明显变化;2) 音调变化生硬刻板。严格地讲,语调运用不当不仅造成发言人意犹未尽的错觉,而且使人感觉发言人犹豫不决,欲言又止。不仅如此,语调平淡给人感到发言人马虎草率,而过分夸张的语调变化使人觉得做作,不自然(Celce-Murcia et al.,1996)。

■ 重音问题

此处的重音是指词句层面而言,因而人们不妨从节奏、韵律中加以探讨。英语中的重音有三种形式:重音、次重音、弱读。英语中重读与非重读音节变化与词的重音不规则现象比任何一种语言都要复杂得多(Celce-Murcia et al.,1996)。常见 ESL/EFL 的语调错误包括:1) 发英语单词时,重音与非重音模棱两可,该出现重音的地方出现了非重音;2) 重音在音节的位置错置如 *record* 与 *insult* 等词,重音错置的结果是语法功能发生改变(Ladefoged,2001)。

■ 韵律

重音与停顿构成了口语的韵律。英语韵律受其强拍子影响,即一句话的时长不是取决于音节的数量,而是取决(于)其重音的多寡,这表明了音节长度有变数。与母语为英语发言人相反,ESL/EFL发言人不太注重重音的差别,常常忽略重读与非重读音节的长度(Anderson-Hsieh,*et al.*,1992)。英语中的停顿有规律可循,停顿应反映句子结构,根据意群适度停顿。ESL/EFL发言人的特点是停顿频繁,不遵循意群规律。

■ ESL/EFL 与听辨理解:音素与韵律

按照心理语言学的观点,人们只有掌握了一个词的音、形、义及用法方能称得上真正掌握了这个词(Carroll,2008)。一般来说,即便人们的长时记忆中储存了某个词的音,又纵使听觉从记忆里唤醒激活了该词,如若此前存储的语音提示不准确或出现偏差,将难以顺利完成对该词的有效提取。同样,由于ESL/EFL发言人用母语中的音素取代英语音素,由此出现的偏差便可想而知,它直接影响听众对该词的听辨。

如果说音素决定词的辨认,那么韵律则担负信息的传递。听众的理解过程受源语中韵律反映的结构与信息的制约(Ahrens,2005;Anderson-Hsieh,*et al.*,1992)。如上述提到的三个韵律特点所示,语调决定句子的结构(Ahrens,2005;Seeber,2001),重音体现词的意义与句法功能(Celce-Murcia et al.,1996;Ladefoged,2001),而重音与节奏则有助于听辨理解(Shlesinger,1994)。

近年来,各国对ESL/EFL语音教学进行了调整,不仅抓音素训练也强化韵律训练,强调音素与韵律并举(Hardison,2004)。Celce-Murcia et al.(1996)指出,音素不到位固然引起误解,而韵律不当造成的错误则有过之而无不及。语调使用不当的结果往往给人以唐突、粗鲁之感。重音与韵律过分夸张或过分生硬异化都会使听众有一头雾水、不知所云之感。其实,远在强调韵律之前,学者早已意识到韵律在听辨理解中的特殊性,并一致认为韵律在听辨理解中的作用要超过音素。为此,Anderson-Hsieh *et al.*(1992)等人进行了实证研究,将ESL/EFL人的发音与母语者的发音在切分、韵律,以及音节上进行比较。研究发现,虽然切分、韵律、音节都产生一定影响,但韵律对发音的影响则更为明显。

迄今为止,有关ESL/EFL的音素与韵律的研究都围绕TESL教学而展开的。其实,口音问题对从事跨文化交际的发言人的影响丝毫不亚于TESL教学要解决的问题。在英汉互译过程中,虽然多数译员倾向英译中(hau & Chan,1988,pp.93-94),但如果译员缺乏对音素与韵律的认识,加之对相应的术语有陌生感,很难想象他会占多大优势。

■ 同声传译中的口音问题

在寥寥无几的口音实证研究中,Mazzetti(1999)的研究可谓独领风骚。为了探明音素与韵律对听辨理解的影响,她比较了同一篇分别由德国人与外国人朗读的发言稿。5名母语德国人与5名意大利人翻译了这篇带口音的发言稿,另5名为控制组的意大利学生翻译了母语者朗读的发言稿。结果显示,带口音发言稿对意大利籍测试人员产生的影响要远远超过德国测试人员。虽然原文对音素与韵律错误进行了标注,但音素与韵律并不是本次研究的重点。而且,此研究是否同样适用于其他语言组合仍不得而知。不过,研究某种特定群体的口音在语音研究中司空见惯。

此前,Gerver(1971)曾一度对源语中的韵律进行过研究,但实验并不是针对非母语者口音。实验要求 6 名职业译员将 10 段源语从法语译成英语。其中 5 段用标准韵律(语调)朗读,其余 5 段则用平调和无重音朗读,凡是停顿时长超过 250 毫秒均被删除。根据翻译正确的单词百分比 Gerver 发现,单调的源语大幅度降低听译准确率。研究提示人们,韵律(规范得体的语调)有助于译员重组和处理源语信息。

鉴于当下实证研究的匮乏,人们很难判断音素与韵律谁是影响听辨理解的真正罪魁祸首。可见,人们仍需对 ESL/EFL 源语中的音素与韵律进一步研究。值得指出的是,本文的目的旨在验证 Anderson-Hsieh *et al*.(1992)的假说,旨在进一步探究 Mazzetti(1999)提出的音素与韵律影响同声传译译员的听辨理解这一论断。

■ 方法

为了回答上述提出的问题,本书进行了针对性实验,邀请了 37 名翻译硕士口译学生参加本次实验,实验对象的母语为汉语,英语为外语。所有被测试人员全部接受过一年以上的同声传译训练,全部通过了英语专业八级。不过,英语水平个性化差异依然存在,主要因为录取时的取分以及个人在学习期间的刻苦程度有关。因此,根据程度将他们分为四组。所选用的刺激材料是 4 段字数相同的英语文本,由同一名 ESL/EFL 发言人用相同的速度朗读。要求四个小组将本书用同声传译形式译成汉语。翻译完毕后,再发给被测试人人手一份原文,要求他们一边听原文录音一边比较译文。期间还要求被测试人填写一份问卷调查,调查内容包括被测试人的学历、工作单位、实验得分以及误译辨认率。被测试人的得分输入电脑进行量化分析,以此探明音素与韵律对被测试人听辨理解的影响。另外,对被测试人问卷反馈进行了定性分析。

■ 测试材料

源语是一段长度为 583 个单词,涵盖 21 个句子的普通发言稿。考虑到音素与韵律这两个变量,特此提供了四个源语文本以供后续量化分析:

表 2-1 本实验四篇源语文本一览表

	韵律偏差(＋)	韵律偏差(－)
音素偏差(＋)	译文 1(1 组的 9 名被实验人)	译文 2(2 组的 10 名被实验人)
音素偏差(－)	译文 3(3 组的 9 名被实验人)	译文 4(控制组)(4 组 9 名被实验人)

表 2-1 显示,('＋')表示音素与韵律偏差,('－')则表示无偏差。实验部分反映了前面提到的音素与韵律问题,即:

译文 1 和 2 音素偏差:[θ][e]发成了[f];[r]发成[l];辅音连缀中间夹杂了元音;辅音连缀词尾的辅音被省略;松紧不分;[æ]读作[a];北美[□][□]发作[□][ə];北美半元音[r]发作[ə].

译文 1 和译文 3 韵律偏离:降调无明显变化,发言单调贫乏,重音错置,强弱不分,句子成分中的重读、次重读混淆,无明显音节长度变化,停顿不当。

为确保音素与韵律是唯一的变量以及发言速度与发言人音量控制得当,4 篇短文均由同一人以每分钟约 120 单词朗读并录制。朗读者年龄在 25 岁左右,女性,英语为外语,能按规定控制发言速度。为确保实验可靠、保持一致,控制组的发言人模仿了朗读者的同一篇短文。与此同时,实验还包括一份问卷调查,问卷包含三部分内容:1) 说明,2) 被测试人个人信息(如就读学校、性别、年龄、实验小组编号、同声传译学习年限,以及专八考试成绩),3) 被测试人对实验结果的评价。

■ 数据分析

上述提到的 4 个研究性问题中,前 3 个问题根据同声传译实验提供的数据并通过量化分析已得到解答。评委对被测试人问卷的反馈进行了定性分析,分析主要围绕焦点问题以此来回答第四个问题。

■ 量化分析

实验聘用了两名自由职业译员担任评委,这两名译员目前仍活跃在译坛上,具备相应的口译资格证。为了对翻译做出客观公正的评价,本次实验采纳了 Wang(2010, p.57)的评分标准:

表 2-2　英汉翻译真实性评价标准 Wang(2010,p.57)

得分	描述
5	译文与原文别无二致,理解准确无误。
4	译文与原文稍有出入,略有一两处小漏译之处。
3	译文与原文不同,有一处严重错误,有几处小的漏译、误译及省译。
2	译文与原文大相径庭,出现几处严重错误,省译、误译与任意添加现象严重。
1	译文与原文风马牛不相及,译文完全改变了原文意欲表达的意思。

源语中的 21 个句子被分成了 23 单位,开头两句(分别涵盖 48 与 50 单词)分成了 2 各单位(得分点),这两个单位意思完整,其余 19 句均属分句。评委审阅了被测试人的全部译文并给出了相应的得分。评价采用 5 分制,满分为 115 分,最低分为 23 分。评委分别为被测试人译文的准确性评定分数,同时还计算了每个被测试人的平均分。平均分构成了量化分析的独立变量,即双音素方差分析。A 音因素分析表示存在音素偏差('1'代表存在,'2'表示不存在)。而 B 因素表示存在韵律偏差('1'代表存在,'2'表示不存在)。显著性水平(α)设为 0.5。

■ 定性分析

首先,将被测试人的自我评价得分同各组的得分相比较,以此来探明各组受音素/韵律偏差的影响及其音素/韵律对听辨理解的影响。其次,对被测试人的某些具体问题的回答进行了分析总结,找出了听辨理解偏差的原因。最后,再将这些理解偏差与同声传译的内在特征相结合来查找问题的根源。

■ 结果讨论

非母语英语口音音素与韵律对听辨理解的影响

表 2-3 显示了每一组的平均值与边际均值情况(音素或韵律)。交叉评阅相关系数

(r)为.92,表明评委所给出的分数高度一致。所有 37 名被测试人的平均分为 51.20。

表 2-3 组平均值与边际均值情况满分：115；最低分：23

		韵律偏差 +		边际平均值
韵律偏差	＋	36.17(1 组)	53.80(2 组)	45.48
	－	49.95(3 组)	63.50(4 组)	56.72
边际平均值		43.06	58.92	

翻译准确度排名情况分别为：1 组＜3 组＜2 组＜4 组。受口音的影响显而易见：控制组的平均得分明显高于实验组。音素与韵律以及两者互动对翻译质量的影响进行了双因素方差分析,分析结果详见表 2-4。

表 2-4 双因素方差分析结果：* $p<.05$

源语	SS	df	MS	F	Sig.	Effect size
音素偏差	1165.96	1	1165.963	8.412*	.007	.448
韵律偏差	2391.06	1	2391.057	17.251*	.000	.663
互动	59.95	1	59.501	0.429	.517	
错误	4573.82	33	138.601			
更正总数	8113.23	36				

量化分析显示,音素对听辨理解影响显著[$F(1,33)=8.412,p<.01$]。(43.06)的音素偏差明显低于无音素偏差的(58.92)。根据 Cohen(1988)的理论,.448 的效应量已经表明音素偏差影响听辨理解。本次结果回答并有力支撑了问题 1,即非母语英语音素(口音)源语大幅度降低目的语译文的准确性。结果表明,受韵律偏差的影响同样明显[$F(1,33)=17.251,p<.001$]。(45.97)的平均分要明显低于(56.72)无韵律偏差译文。.663 的效应量表明韵律偏差对译文质量影响显著。此结果进一步印证问题 2,即浓厚的非母语英语韵律的源语极大地影响目的语译文的准确性。

两个独立变量相互作用所产生的影响对听辨并不明显。鉴于音素与韵律各自的影响都显著,人们可以借助预计效应量的比较来研究音素与韵律对译员听辨产生的影响。按照 Cohen(1988)的观点,虽然音素与韵律都产生负面影响(.448 与.663),韵律的影响则更明显。因此,通过本实验所得出的数据,人们有理由相信,非母语英语韵律对同声传译听辨的影响要超过音素。本实验印证了 Anderson-Hsieh *et al.*(1992)的观点：虽然音素与韵律均影响听辨理解,但韵律的影响要超过音素。

■ 口音听辨理解

多数被测试人的听辨理解得分介于 20％和 79％之间。值得一提的是,第 1 组与第 3 组无人超过 80％,而第 4 组(控制组)无人低于 20％。该结果与每组翻译准确率的排列基本一致(1 组＜3 组＜2 组＜4 组)。

为了排除音素偏差对词汇辨认影响的可能性,人们只要看看控制组被测试人对复杂句式的处理便一目了然。第四组中有 3 名被测试人对于类似 *eclipse* 一词的名词与动词词性、复合词 *IT packages* 中的 *package* 多义词驾轻就熟。不仅如此,刺激材料中 21 句中有 3 句涵盖了条件句、主谓倒置以及用否定加比较来表现最高级这类句型,这些句型无一难倒该组被测试人。可见,句法结构并不是症结。

人们在分析音素对听辨理解产生影响时发现,词汇错误频率最高莫过于'r'音的儿化现象。令人惊讶的是,凡是以[r]结尾或介于元音和辅音之间带[r]的单词无不与之直接相关。更有甚者,[r]导致的听辨理解错误主要是它的儿化现象,[r]与[l]相混淆的情形并未出现。

要弄清韵律对听辨的影响,最直接的办法莫过于对被测试人的译文进行分析。从本次试验的分析人们发现,单调的语调不仅不能再现句子本来的结构,反而破坏了其意思的完整性,导致被测试人对句子的理解断章取义,盲人摸象的情况时有发生。不仅如此,停顿不当严重干扰译员的合理断句,导致主谓颠倒、层次不明、主、从句混乱,这正好与 Anderson-Hsieh 与 Venkatagiri(1994)所提出的"停顿应保证意群的完整性"观点背道而驰。被测试人对本次实验的总体感觉是,源语不是单调乏味就是缺乏层次无逻辑感。但对于重音错置、强弱不分的情况似乎没有引起被测人足够的重视。为此本文有必要重申,虽然语调、重音、节奏都是韵律的有机组成部分,但三个独立变量在听辨过程中所产生的影响不尽相同。

■ 结语

本书从同声传译角度验证了 Anderson-Hsieh *et al*.(1992)提出的"韵律不当对听辨理解的影响力要超过音素对听辨的影响"。为此,本书进行了实验,要求 37 名口译硕士翻译了一篇篇长为 583 字的、带有明显非母语英语音素与韵律偏差的源语文本。译文准确度的量化分析显示,音素及韵律都有碍听辨理解,但韵律对听辨的影响更严重。对测试人的理解所进行的定性分析表明,虽然/r/音儿化妨碍听辨这已是不争的事实,但生硬的语调及单调的节奏同样有碍句子的听辨理解。研究结果不仅对师生而且对职业译员也大有裨益。倘若人们能在韵律上节省更多的精力,而将有限的精力集中于重组与合理推测上,那译员的输出将更加高效。/r/音儿化现象带来的困扰有助于译员进一步认识英国音与美国音之间的语音差别,从而做出理性的选择。

本书对口音进行了尝试性探索。口音问题纷繁复杂,它既重要同时又时常被人们忽略不计。不仅如此,由于本行业本身从业人员数量的局限性,实验规模也是长期以来从事口译研究学者争论的焦点。然而,尽管本实验规模偏小,但它从一个侧面揭示了音素、韵律的重要性。建议有识之士在今后的实验中,对音素、韵律进行大规模创新实验以便获得更加有效的量化分析。

第三章　同声传译与汉语

第一节　汉语四字句与译出语质量的关系

　　同声传译是一项任务重、压力大、工作记忆处理几乎达到极限的交际活动。它要求听辨输出几乎同步进行，各项任务通力合作，协调一致。研究显示，即便是资深的专业译员在信息输出过程中，面对诸如省略、漏译与不畅这类棘手的问题也同样一筹莫展。究其原因，主要是译员的译语输出建立在与源语信息不完全对等的基础上；译员不仅需要随时调整听、译时差，还要根据源语结构调整译语输出，汉译英时这种情况尤为突出。可见，译员的译语输出很难做到与源语对等，经常在源语早已停止的情况下，译语输出仍在进行，因此目的语与源语不对等而诱发的译语不畅时有发生。本书首次研究英汉组合时发现，四字句和介词短语的翻译是影响译语质量的罪魁祸首。要想解决译语不畅，提升译语质量，人们首先必须充分认识英汉之间的差异，其次有针对性地强化训练。只有这样才能降低译语不畅，使源语与译语趋于同步，最终提高译语输出质量。

■ 前言

　　译语不畅是同声传译的罪魁祸首。同声传译的特点是听辨、输出几乎同步进行，而要使各项任务协调一致，其难度不言而喻。同声传译的另一特点是，译员的译语输出建立在与源语信息不完全对等的基础上；译员不仅需要随时调整听、译时差，还要根据源语结构调整译语输出，这一点在汉译英时尤为突出。可以说，译员的译语输出很难做到与源语对等，经常在源语早已停止的情况下，译语输出仍在进行。可见，目的语与源语不对等引起的译语不畅是同声传译的一大特征。不流畅的译语表现为输出吞吞吐吐、拖长音、缺乏抑扬顿挫等，从而使得听众乏味，也导致会议沉闷（Gósy 2005）。无疑，研究译语不畅的原因有助于提升翻译质量。

　　Levelt（1989）的译语输出模型开了译语研究的先河。该模型从语义、语用、语法、语音以及发声器官等入手解读译语。Gillies（2013）认为，译语不畅是译语输出受到干扰，表述中缺乏命题内容所致。因此，他将译语不畅归纳为（a）犹豫导致的不畅，与（b）错误引发的不畅。Petite（2005）从修复与监测角度研究了口误与不畅。Van Besien 与Meuleman（2004）则从发言人的错误以及错误的更正对其进行探究。Pöchhacker（1995）亲临同声传译现场，对译员口误与重音错位展开实地调查。Pöchhacker 还对口误有关的抢先说、词句搭配不当展开研究，他发现词句搭配混乱是一大特点。Tissi（2000）还独辟蹊径地研究了同声传译中的沉默与不畅的关系。

迄今为止，人们对译语输出不畅的研究仍停留在错误引发层面（Mead 2002，Tissi 2000），而且，研究语言组合大多围绕英意、意英、英德、德英、英法、法英之间展开（Macarena 2006）。此外，口译界争论的焦点不仅集中在语言的组合上，而且还集中在译语方向对译语质量的影响上（Godijns 与 Hinderdael 2005）。

与国外相比，我国对同声传译的研究起步较晚，包括同声传译在内的口译研究仍停留在教学层面，如刘和平的《口译程序与翻译教学》、王立弟的《汉英交替传译》、钟述孔的《实用口译手册》、鲍刚《口译概论》、张文《汉英英汉高级口译教程》、柴明颎《商务口译教程》、梅德明《高级口译教程》、仲伟合《英汉同声传译教程》、林郁如《口译教程》等无一不是以教学为中心。

研究译语不畅有助于提升译语质量，促进交流，实现交际目标，其重要性可见一斑。然而，人们对译语不畅的研究相对于笔译研究而言有强烈的落差。汉语四字结构诱发的不畅在笔译中已有大量的研究，如汪涛（2001）、曾诚（2002）、祝吉芳（2004）、辜正坤和史忠义（2006）、邵志洪（2007）、贾文波（2008）、王逢鑫（2008）、卢红梅（2008）等。显而易见，人们对于教材的研究仍局限于基本的技能训练，诚然，这种训练对我国翻译人才的培养必不可少。但书中观点多源自个人的经验总结，对影响口译译语流畅因素缺乏深层次的研究；相关的期刊文章，也寥若晨星。对于汉语四字句的研究，迄今为止除了一篇翻译硕士论文对口译译语连贯的研究外，将四字句用于同声传译译语输出研究的学者目前仍凤毛麟角。

众所周知，汉语博大精深，历史源远流长。毫不夸张地说，汉语是世界上最丰富多彩、最优美动听的语言之一，其他任何语言都无法与之媲美。汉语不仅以四字句见长，五字、六字、七字甚至八字句也比比皆是，如人们用"才高八斗，学富五车"形容某人学识渊博；用"更上一层楼"或"百尺竿头更进一步"来鼓励人们再接再厉，此类例子不胜枚举。然而，汉语的四字句（本书主要针对四字句）在翻译时，常常令学生焦头烂额、手足无措，甚至提心吊胆。其实，很多时候汉语追求四字格式，是为了读起来朗朗上口，形式上工整对仗，或者加强语气，而非着力于寓意。对此缺乏基本认识者自然如临大敌，不寒而栗。

笔者认为，同声传译译语不畅的主要原因是译员对汉英两种语言缺乏应有的认识。人们知道，汉英差别很大，英语属于形态语，其明显的特征是不及物动词与副词或介词组成的词组占很大比重，如动词加介词、动词加副词 give up、take on；介词加介词 to be in for 等。汉语没有这类词组，因此对学生而言其挑战不言而喻。而四字句则是汉语特有的形式，它时常令学生不知所措；其数量庞大，形式多样，可谓无处不在，无所不包。自然，它给学生译员带来的挑战不可低估。

如何培养学生译员在英汉互译中做到转换自如，这是每一个教育工作者无不时刻思考的问题，也是其责无旁贷的历史使命。然而，它却又是一个十分棘手的问题，长期以来一直悬而未决。翻译涉及两种不同的文化，是一种跨文化交际活动。但遗憾的是，学生在"跨文化交际"时不仅没有做到游刃有余，反而瞻前顾后，如履薄冰。研究显示，学生在英译汉时往往只流于表面，忽略深层含义，不敢发挥想象，唯恐招致偏离原文之嫌，结果反而导致译文缺乏内涵，与原文意欲表达的意思大相径庭。不仅如此，在汉译英时，学生不由自主地倾向逐字逐句翻译，认为唯有这样才能把意思表达完整,殊不知这样的译文语句重叠,生搬硬套,听起来给人有中式英语之感。如前所述,这主要是因为学生对英汉两种语言的差别缺乏应有的认识,致使在两者之间艰难徘徊,犹豫不决。

■ 本章研究

本章探究的是英汉组合,重点探讨两者在转换时译语不当引发的不畅。英汉同声传译的特点是译语长短不对等,源语早已结束而译语还在进行的情况时有发生,导致同声传译不同步,不对等。笔者认为,汉语的四字句是影响译语流畅的元凶巨恶。毫不夸张地说,发言稿越正式,四字句所占的比例越高。汉语四字句形象生动,特色鲜明,有浓郁的民族色彩。从古至今它贯穿整个中华民族的文化,如《诗经》中的"关关雎鸠,在河之洲。窈窕淑女,君子好逑",至今仍脍炙人口;汉朝的四言诗,如"老骥伏枥,志在千里;烈士暮年,壮心不已",无不家喻户晓,人人皆知。再如时下"来自六十多个国家的八百多名代表,欢聚一堂,共襄盛举,共筑友谊,共商发展"等时髦词句更是俯首即是,比比皆然。然而,它们对译员的挑战是显而易见的。

四字句的合理运用能提升流畅度,实现源语与译语的功能对等。为此,本章将通过比较 10 篇典型的英汉发言稿译文的差异,揭示四字句的翻译效度,从四字句的翻译特点研究源语与译语的对等。本章拟通过实验,以汉语四字句为对象,旨在回答下列问题:

(1) 四字句的翻译与译语缘何不对等? 如何将英语的介词结构转换成汉语的四字句?

(2) 四字句汉译英时应采取直译还是意译,还是两者兼用?

(3) 如何将英语中的长句转换成汉语的四字句?

■ 研究方法

研究对象

本次实验聘请了 40 名年龄在 22 岁至 30 岁之间的实验对象。他们均是某高校的在读翻译硕士口笔译方向的研一和研二学生,按照实验设计他们被分成两组:每组各20 名,第一组的 20 名实验对象分别是研一和研二笔译方向的研究生,第二组 20 名研究对象是口译方向的研究生,其中 10 名来自研一,另外 10 名来自研二在读研究生。被测试人员均自愿参加本实验,他们的外语成绩均通过了专业八级且成绩优良,被测试人员中有 6 名已经获得人事部二级笔译证书,1 名获得二级口译证书。

研究方法

实验分为两个阶段:对照实验与实验(见表 1)。在对照实验阶段,实验对象将 10个汉语句子和 10 个英语句子分别译成各自的目的语。所选的 10 个英语句子均涵盖了不同程度的介词短语。本次测试所选的 20 个中英文句子中,每个句子由 13 到 30 个不等的单词或汉字组成。所有句子全部摘自中、英文原文,不含专业术语,句式结构和内容相对简单。在所选的 10 个汉语句子中,每个句子含有 2 至 4 个不等的汉语四字句,目的旨在检验被测试人员对四字句和英语介词短语的处理能力。有趣的是,对照实验的结果与实验前的预测结果相差无几,全部实验对象在四字句的翻译上,基本上采取逐字翻译策略,唯恐出现省译或漏译的情况;导致译文冗长、累赘。对英语的介词处理也不例外,所有的实验对象居然无一人在第一阶段巧妙灵活地运用汉语的四字句。

■ 对照实验结果

源语1:今晚国际会展中心,金碧辉煌,高朋满座。

译文1:Tonight's International Exhibition Centre is resplendent and magnificent and full of guests.

源语2:It was very logic and always a goal for me to organise a WKU—World Championships in China one day.

译文2:在中国举办搏击锦标赛不仅是我的目标,也符合逻辑。

■ 培训

译语不畅的主要原因,关键在于学生对英汉两种语言的差别缺乏应有的认识。如前所述,英语属于"形态语",其结构涵盖大量的关系词、连词、副词、介词等,它有语言清晰明了、层次分明、逻辑严密等特点。在众多的短语中,介词与介词短语独领风骚。而汉语则以四字句见长,它的特点是读起来朗朗上口,形式上工整对仗,或者加强语气。根据两者的不同,研究人员选了英汉各 10 个句子对实验组的 20 名实验对象进行了培训。培训选在该学院的同声传译间进行,实验人员通过 PPT 演示,即形象又生动。通过演示,实验对象对汉语四字句与英语介词短语的特点有了进一步的认识,受训人员不再感到如临大敌,不再为之焦头烂额,而是豁然开朗,眼前为之一亮。(见 1 实验结果)

表 3-1 对照实验与实验

第一阶段:对照实验	→	实验对象进行四字句与介词短语互换培训	→	第二阶段:实验
(1) 选择20篇典型原文做样本,英汉各10篇				(1) 用同样20篇原文,英汉各10篇。
(2) 将其译成各自对应的目的语				(2) 将介词转换成四字句,将四字句转换成介词短语
(3) 分别将其通过同声传译译出				(3) 将删减本用同声传译译出;比较两者之间译语效果。

1 实验结果

源语:今晚国际会展中心,金碧辉煌,高朋满座。

译文:Tonight, the International Exhibition Centre is brightly-lit and packed with guests of honour.

源语:It was very logic and always a goal for me to organise a WKU—World Championships in China one day.

译文:自然而然,在中国举办一场搏击锦标赛便成了我梦寐以求的目标。

表 3-2　对照实验与实验结果比较

例句 1

源语：来自 60 多个国家的 800 多名代表，欢聚一堂，共襄盛举，共筑友谊，共商发展。

译文 1：800 representatives from more than 60 countries enjoy a happy get-together, where they discuss cooperation, build friendship, and consult mutual development. (21 单词)

译文 2：800 representatives from over 60 countries gather for a common goal, friendship and development. (14 个单词)

例句 2

源语：All athletes will find perfect and professional conditions at Wanning to perform great moment of martial arts.

译文 1：选手将享受万宁完美和专业的条件，发挥高水平。(20 个汉字)

译文 2：万宁得天独厚的自然条件和一流的专业设施将为选手一展雄姿提供有利条件。(33 个汉字)

■ 结果分析

结果分析

译文 1 译语效果分析

表 3-2 是对照实验与实验译语的结果比较。结果显示，在译文 1 里实验对象明显选择了直译策略，唯恐省译或漏译，尽可能面面俱到，殊不知这样的译文不仅显得生硬、呆板，而且缺乏想象力和创造力。从同声传译译语与源语同步性来分析，译文 1 显然远远超过了源语的时长，导致源语已停顿的情况下，译语仍在继续进行。研究显示，一旦译员的译语不能与源语保持高度一致，其结果是要么他必须拼命追赶，导致发音模糊，影响输出效果；要么他干脆选择放弃，导致漏译甚至误译。

译文 2 译语效果分析

通过比较人们不难发现，译文 2 简洁明了，译文基本上遵循了英语表达习惯，避免了将汉语四字句逐字逐句译成典型的中式英语的译法。译文巧妙地运用介词 *for* 来取代"欢聚、共襄、共筑、共商"八个汉字，为输出赢得了时间，实现了同步对等。比较而言，例句 2 译文 1 虽然表面上收到了忠实原文的效果，但译文流于表面，缺乏内涵。与之相反，译文 2 不仅再现了原文的表层意思，而且更重要的是，它揭示了该句的深层内涵，即它符合作为国际搏击联盟主席发言人的身份，同时也符合汉语的四字句表达习惯，大大提升了翻译质量，增强了译语效果。

■ 讨论

本章围绕上述三个问题展开了讨论。通过对第一个问题的分析人们发现，训练前后差异明显，对照实验组在汉语四字句的处理上总体上倾向于逐字翻译。心理上他们表现犹豫不决，面对四字句不知所措，担心省译与漏译，唯恐招致"不忠实原文"之嫌。殊不知这样的译文除了生硬、呆板外，更重要的是它缺乏韵律，缺乏抑扬顿挫，更谈不上优美高雅之感。人们知道，翻译就是创作，好的译文要在形式、内容甚至在功能上应与原文别无二致。综上所述,对照实验组实验对象的译语属于不畅范畴。

经过训练后的实验组译文显示,该组的译文不仅在形式上而且在内容上均再现了源语的内涵,实验对象在汉译英时大胆地运用了介词结构,因为他们知道,介词也具有动词的功能。自然,他们的译文大大缩短了输出时间,为力争与源语同步奠定了基础,保证了译语输出的质量。同样,英译汉时实验对象充分发挥汉语的优势,合理运用汉语的四字句,这样不仅符合汉语表达习惯,同时某种意义上也体现了发言人的身份和受教育程度。可见,好的译文能起到借尸还魂、起死回生之功效。研究进一步表明,通晓两种语言的差异,遵循各自语言的规律,即在双语转换时灵活运用汉语四字结构,译语与源语不仅能在形式上、内容上,而且在功能上均能达到同步、对等。

研一、研二两组口笔译学生的译文差异显示,缺乏应有的双语知识和必要的训练,步入误区在所难免。这一点无论是在汉语四字结构的处理上,还是在英语介词短语的运用上都暴露无遗。反之,了解双语的异同再加以适当的训练,研一和研二的学生均能发挥出色,表现不俗。即便有差别,这种差别应归咎于实验对象本身的汉语积淀和学术修养。研究显示,汉语水平较高的实验对象会潜意识地运用汉语四字句,因此他们的翻译较流畅准确,可读性也较强。倘若再给予适当的训练,强化两种语言的差别,他们的翻译则会更加高效,无论是英译汉还是汉译英均能在两者之间做到驾轻就熟,游刃有余。研究同时显示,在双语转换时,并没有一成不变的规律,究竟采用何种技能,直译还是意译,应视上下文语境而定,直译和意译应灵活运用,切忌一刀切、一概而论。这是本研究要回答的第二个问题。

研究同时还回答了英语中的长句转换成汉语的四字句的问题。长句转换成汉语的四字句不仅可行,而且还能起到画龙点睛的作用。通过以下 2 句的比较便可见一斑:

源语:All athletes will find perfect and professional conditions at Wanning to perform great moment of martial arts.

译文:万宁得天独厚的自然条件和一流的专业设施,将为选手一展雄姿提供有利条件。(全句含 17 个英语单词,而汉语四字句就高达 5 个。)再如:

源语:It was very logic and always a goal for me to organise a WKU—World Championships in China one day.

译文:自然而然,在中国举办一场博击锦标赛便成了我梦寐以求的目标。

值得一提的是,译语的提高与训练密不可分,若要使训练更高效,人们仍有必要在本研究的基础上扩大实验规模,进一步完善实验方法。建议人们在实验前对 2 组被测试人员的汉语水平进行摸底测试。如无明显差异,但经过训练后差异显著,这说明训练行之有效,且必不可少。不过,本研究并未发现两年的训练在译语输出上比一年的训练胜出一筹。相反,研一与研二学生的差距并不明显,不排除被测试人员人数的增加有可能拉大研一与研二学生之间的差距。

■ 训练对同声传译质量的作用

毋庸置疑,训练有助于提高同声传译质量,这是训练的本质所决定的。实验显示,对照实验与实验两组有明显差别:在汉译英时,第一组无一人尝试用英语介词或介词短语翻译汉语四字句;同样,在英译汉时也无人敢于用汉语四字句替代介词,使介词发挥动词的功能。相反,他们不约而同地采取直译策略,结果导致译语累赘冗长,读起来晦涩难懂。从字里行间人们不难看出,他们翻译时谨小慎微,如履薄冰,自然,他们的译文缺乏想象,缺乏创新。相比较而言,经过训练后的实验对象能在两者之间转换自如,尤其是在英译汉时,他们有意识搜寻记忆中的汉语四字句,他们知道,四字句的合理运用不仅简洁明了,而且能增加文采,既符合汉语习惯、读起来朗朗上口,又提升了译语质量。

■ 语言水平与译语输出

纵观实验结果人们发现,实验对象的汉语水平与译语质量息息相关。那种认为英语水平越高,其译语输出能力越强的观点其实并不正确。相反,汉语水平才是决定高质量译语的分水岭。实验证明,汉英水平较高的实验对象在翻译测试中的表现要优于双语水平较低的实验对象。值得一提的是,由于实验对象的汉语水平基本上旗鼓相当,只是英语水平参差不齐,因此,真正区分双语水平的是英语水平。本书的研究结果进一步印证了此前的假说,即汉语水平较高的学生译员只要稍加训练或提示,其译出语便可取得意想不到的效果。因为,他具备了深厚的文化积淀和学术积累,反之,英语水平高而汉语水平差的实验对象表现不如前者,原因是尽管他阅读原文无任何障碍,但译语输出时苦于囊中羞涩,无法取得好的效果。研究同时还发现,英语水平高的译员在汉译英时表现不俗。虽然 Liu et al.(2004)的研究证实专业译员的口译水平要明显优于学生译员,但研究并未对两者的第一、第二语言水平进行评估。而本书则反其道而行之,对两者进行了客观的评价。本章的结论是,语言水平的高低决定同声传译质量的优劣,而汉语四字句的合理运用又是检验语言水平的试金石。

■ 结语

汉语四字句、英语介词短语是汉英两种语言固有的特点,能否将其有效译成各自对应的译语不仅决定同声传译译语的流畅,而且还决定最终翻译的质量。为此,本章就汉语四字句与英语介词短语的翻译对同声传译译语流畅的影响展开了研究。本章提出,四字句和介词短语的翻译效度与训练密不可分。研究显示,缺乏对双语差异的必要认识就难以保证高质量的译语,英译汉时缺乏汉语四字句的译语不仅没有文采,缺乏韵律,同时难以揭示原文的深层内涵。反之,合理运用汉语四字句、灵活运用介词短语有助于人们翻译高效、到位。

第二节 通用语与同声传译汉英实证研究

时下,英语已无可争辩地成了全球的通用语、交际最广的国际语。人们在感叹这一惊人之变的同时,也为它带来的负面影响忧心忡忡。如何有效应对这一史无前例的变化并做到以不变应万变,这不仅对职业译员是一个挑战,更重要的是它对学生译员的培养是一个新的课题。本书对通用语的一次实证研究显示,针对一篇不含术语和复杂句的普通听力材料,学生译员听译 ESL/EFL 发言人的准确率仅为 75%。这表明,传统的教育模式值得人们反思:人们在聆听标准英语的同时,要加强对 ESL/EFL 发言人口音聆听训练的力度。

■ 前言

英语无可争辩地成了时下全球唯一的通用语、交际最广的国际语。英语的多元性无论是在政治经济,还是在教育科学技术领域,均无处不在。作为交际工具,它被越来越多的不同语言背景的人们使用,如今将英语作为外语使用的人数已超过四分之三。这一空前的发展态势表明,它在国际交往中举足轻重,正日益影响人们的日常生活。

虽然很难准确统计英语使用者的确切人数,但人们一致公认英语是当今最重要的通用语。Crystal(1992)早年对这一数字做了粗略统计,如今看来这个统计已显得保守。他估计英语的人数在 8 亿左右,而实际现在使用英语的人数已达 15 亿之多,这其中将英语作为第一语言的人数只有 3.5 亿。这个数字表明,英语在英语为外语者之间的使用远远超过了英语为母语者之间的使用。也就是说,只有 1/4 的人母语是英语(Seidl-hofer 2009)。可见,英语使用最广泛的人并不是英语为母语者,而是英语为非母语者。Jenkins(1997)的统计显示,70%以上的英语交际不是在母语者之间进行,而是非母语者之间进行。

作为通用语,英语已成为学术界使用最广泛的语言之一,因而人们对它的称谓也说法不一。有学者将之冠名为全球英语、也有学者将它称为多元英语、世界英语或国际英语。无论称谓如何,它们均从不同的角度表达了通用语这一基本概念(Seidlhofer 2009)。

欧盟的发展史表明,英语不仅对政治产生重大影响,它对口译的影响同样是空前的。欧盟是当今拥有机构最多、最集中之地,也是全球译员最集中的地方。早在欧盟条约签署前已有明文规定,各成员国的官方语是这一大家庭语言的基础,但这一规定从未得到遵照执行(Tosi 2005)。在欧盟委员会与欧洲央行这类机构中,其他语种基本上形同虚设,只有英语独占鳌头,它的占有率高达 96%,在其中 8 家机构中英语被确定为唯一的工作语言。在所有官方语言中,英语是欧洲理事会与欧盟议会全会的首选(He 2006)。按规定,理事会有义务根据需要为个别代表团提供翻译服务,即有特殊需求的代表团可申请英语以外的其他语言服务(Garzone 2006)。欧盟理事会负责翻译事务的一项调查显示,只有 25%的与会代表接听母语,而 75%代表则直接听英语,由此可见英语的特殊地位(SCIC 2010)。

这一史无前例的语言潮在业内掀起了轩然大波,人们对它的褒贬智者见智仁者见仁。说本族语的人生怕自身母语的生存和传承会因此受到威胁,而英语为母语者则担心莎士比亚英语会走样、不再纯正,会变得面目全非以至于对话双方互相不知所云(Widdowson 1994)。而英语为非母语者对全球英语的泛滥无不予以声讨,指责英语无孔不入。时下,受英语影响较深的年轻人说母语时听起来不是不土不洋,就是怪模怪样。有学者甚至还认为,英语为母语者在谈判、商务推介以及劳务输出市场等领域开了方便之门,营造了人为的不平等(Knapp 2002,Van Parijs 2004)。也有人煞有介事地称通用语听起来使人一头雾水,无怪乎一些大型国际会议由于通用语的滥用不得不因故取消或延期举行(Harmer 2009),等等。

客观地说,如果通用语真像人们所担心的那样,不能完成交际目的,那么它将无法履行历史赋予它的使命。但通用语研究学者认为,作为通用语英语当之无愧地做到了这一点(Seidlhofer 2001)。需要指出的是,人们对通用语的研究只是从 20 世纪 90 年代开始,时间短,因此该领域仍有广阔空间值得人们去探索。同时,它急需成熟的理论与方法论来加以论证(Lesznyák 2004)。不过,有些理论在业界已基本上得到认可即"勉强凑合"原则。这一原则有一定的包容性,它对英语为外语使用者在语法以及发音上欠规范的做法予以一定程度的默认,即通用语使用者"只要能进行交流,所表达的意思能使对方听明白即可"(Firth 1996)。人们普遍认为,无论英语如何被妖魔化,但作为通用语它拥有的那种特殊优势不可撼动,它有一种合作精神即它能促进相互理解与交流。Jenkins(2006)指出,英语为母语者出现偏差时尚且能够理解,人们更没有理由斤斤计较英语为外语者的过错,两者没有任何可比性。

■ 同声传译中的口音问题

纵观同声传译口音研究,人们不难发现对同声传译中口音影响译出语质量的研究仍捉襟见肘。不过在寥寥无几的口音实证研究中,Mazzetti(1999)的研究可谓独领风骚。为了探明音素与韵律对听辨理解的影响,她比较了同一篇分别由德国人与外国人朗读的发言稿。5 名母语德国人与 5 名意大利人翻译了这篇带口音的发言稿,另 5 名控制组的意大利学生翻译了母语者朗读的发言稿。结果显示,带口音发言稿对意大人的影响要大大超过德国人。此前,Gerver(1976)对源语中的韵律进行了研究,他要求 6 名职业译员将 10 段源语法译英。其中 5 段用标准韵律(语调)朗读,其余 5 段则用平调和无重音朗读,停顿时长超过 250 毫秒不计算在内。结果显示,单调乏味的发言严重影响了听、译的准确率。研究还发现,韵律(规范得体的语调)有助于译员译出语的重组和对源语信息的处理。

■ 研究目的

鉴于实证研究的缺乏,人们很难断定音素与韵律究竟谁是影响听辨理解真正的元凶。本章的目的旨在验证 Anderson-Hsieh *et al.*(1992)提出的非母语口音影响听辨理解以及 Mazzetti(1999)指出的欠规范音素与韵律影响同声传译译出语效果的论断。具体而言,本章的目的是揭示非母语英语口音对学生译员听辨效果的影响,探明通用语口音的特点,并以此为基础来探讨应对通用语口音的方法。

■ 研究方法

实验对象与研究方法

本次实验对象共 30 名,年龄在 22 岁至 32 岁之间。他们均是某高校在读翻译硕士研究生。他们当中有 20 名男性、10 名女性,20 名男性是笔译方向的研究生,10 名女性是口译方向研究生。他们已修完研二全部课程,现已进入毕业论文准备阶段,他们均自愿参加本次实验。除 2 名实验对象外(1 名本科是医学专业,另 1 名本科为法学专业),余者本科专业全是英语,他们外语成绩优良,均通过了专业八级。

实验对象的母语为汉语,英语为外语,被测试人员已经具备了一个学期的同声传译训练基础。由于录取时的取分难免参差不齐,加之个人在校期间学习的刻苦程度因人而异,因此实验对象的英语水平个性化差异依然存在。实验人员将他们分成两组:A 组与 B 组(A 组 20 名 B 组 10 名)。所选用的刺激材料是 1 段普通的英语文本,同一篇文章分别邀请了两名英语为非母语人士朗读：1 名是墨西哥籍人士，是该校汉语言硕士研究生。另一名是加纳籍人士，目前就读于该校汉语言博士研究生。前者为女性，后者是男性。实验要求他们用相同的速度朗读，每人按规定朗读 3 遍，实验人员挑选其中语速适中，无明显朗读错误的录音作为刺激材料。实验要求两组将文本用同声传译形式英译汉。翻译结束后，实验人员将原文发给了被测试对象，要求他们对照原文重听录音。对照检查期间要求被测试人每人填写一份问卷调查，内容包括实验得分与句子误译比率。被测试人的得分输入电脑进行量化分析，以此探明音素与韵律对被测试人听辨理解的影响。另外，对被测试人问卷反馈进行了定性分析。

测试材料

源语是一篇有关中国春节发红包的报道，题为"电子红包有新意"。篇长为 350 个单词，涵盖 20 个句子，不含复杂句，没有专业术语。内容是中国人耳熟能详的传统春节习俗。语速为每分钟 120 个单词，这是同声传译最理想的语速。考虑到音素与韵律这两个变量，特此提供了 2 个源语文本供后续量化分析。

■ 研究过程与数据分析

同声传译测试选在该院的同声传译实验室里进行。测试内容选自中国国际广播中的一篇文稿，篇长为 2 分 23 秒，录音机播放，耳机接听。材料为英译汉，翻译全程录制。两名资深同声传译译员按照 Cohen（1988）标准，对翻译质量进行两方面评估。SI-T 考察被测试人员 20 个句子的翻译情况，测评标准为 0-3。0 表明句子漏译，2 表明句子只翻译了一半，3 说明翻译完整充分。评审员视情况而定还可考虑使用半分。最后计算总分，最大值为 60 分。第二项测评采用的是 5 分制，该测试在考核翻译的准确性的同时，还检查被测试人员语音语调情况。最后规定每个被测试人员完成一份问卷调查。

■ 实验分析

元音

Celce-Murcia et al.（1996）研究显示，北美英语 14 个元音有松紧之分，如[iː]/[ɪ]，[eɪ]/[ɛ]，以及 [uː]/[ʊ]。松紧之分令非母语发言人模棱两可、无所适从。就拿[iː]/[ɪ]为例，非母语发言人常取二者之间的中间值，读成[i:]，而英语为母语者则发[ɪ]音。另外是[eɪ]/[ɛ]这一对，非母语发言人习惯性省去紧元音滑动环节，读作[ɛ]。而[uː]/[ʊ]这一对儿对初学者正好相反，他们倾向将[ʊ]误读成紧元音[uː]（Celce-Murcia et al.，1996）。

前圆低舌音[æ]另非母语发言人模棱两可。该元音属英语独有，是英语的专利，具有浓郁的英语色彩（Celce-Murcia et al.，1996）。人们常将[ɑ]和[ɛ]误发成[æ]。一般来说，将[æ]发成[ɑ]的人主要受英国音的影响，而将[æ]误发成[ɛ]者一般是非母语发言人。

另一个便是北美英语元音中带 r 色彩母音或 R 音化元音[ɚ]。它不在上述提到的14 个元音之列，它的发音特点是双唇微开，略成扁平；舌身平放，舌中部抬起而挺向硬腭，舌位居中，口微开，舌尖轻轻触及齿龈而向后卷，振动声带。语音学将它称之为儿化现象，简言之是个卷舌音。重度卷舌音[ɜ]出现在 bird 和 herd 这类单词中，但在同一个音节元音后的/r/也重读如 *beard* 与 *here*。非母语发言人难以把握卷舌音的发音部位，因而习惯用中元音[ə]代替[ɚ](Ladefoged,2001)。在"元音＋/r/"的情况下,/r/常被弱读成中元音[ə]并将它取而代之,发成双元音。

■ 非母语韵律问题

语调

非母语发言人的语调错误不外乎两种情况：1）该用升调时却用降调或反之；2）音调变化单一,缺乏抑扬顿挫。人们知道,语调运用不当不仅造成发言人意犹未尽的错觉,而且使人感觉发言人犹豫不决,欲言未尽。更值得注意的是,单一的语调常给听众造成一种错觉,认为发言人太随意,态度不严谨。当然,过分夸张的语调变化又会使人觉得故弄玄虚,不自然(Celce-Murcia et al.,1996)。

■ 重音问题

这里所说的重音是指词句层面而言,因而人们不妨从节奏、韵律中加以探讨。英语中的重音有三种形式：重音、次重音、弱读。英语中重读与非重读音节变化与词的重音不规则现象的复杂程度超过世上任何一种语言(Celce-Murcia et al.,1996)。常见 ESL/EFL 发言人的语调错误包括：1）发英语单词时,重音与非重音模棱两可,该出现重音的地方出现了非重音；2）重音在音节的位置错置如 *record* 与 *insult* 等词,重音错置的结果是语法功能发生改变(Ladefoged,2001)。

■ 韵律

重音与停顿构成了口语的韵律。英语韵律受其强拍子影响,即一句话的时长不是取决于音节的数量,而是取决于其重音的多寡,这表明了音节长度有变数。与母语为英语发言人相反,ESL/EFL 发言人不太注重重音的差别,常常忽略重读与非重读音节的长度(Albl-Mikasa,Michaela)。英语中的停顿有规律可循,停顿应反映句子结构,根据意群适度停顿。ESL/EFL 发言人的特点是停顿频繁,不遵循意群规律。

■ 音素与韵律

按照心理语言学的观点,人们只有掌握了一个词的音、形、义及用法方能称得上真正掌握了这单词(Carroll,2008)。一般来说,即便人们的长时记忆中储存了某词的音,又纵使听觉从记忆里唤醒激活了该词,如若此前存储的语音提示不准确或出现偏差,将难以顺利完成对该词的有效提取。同样,由于 ESL/EFL 发言人用本母语中的音素取代英语音素,由此出现的偏差便可想而知,它直接影响听众对该词的听辨。

如果说音素决定词的辨认,那么韵律则担负信息的传递。听众的理解过程受源语中韵律反映的结构与信息的制约(Albl-Mikasa,Michaela)。如上述提到的三个韵律特点所示,语调决定句子的结构(Ahrens,2005；Anderson-Hsieh,*et al.*,1992)、重音体现词的意义与句法功能(Celce-Murcia et al.,1996；Ladefoged,2001),而重音与节奏则有助于听辨理解(Shlesinger,1995)。

近年来,各国对 ESL/EFL 语音教学进行了调整,不仅抓音素训练也强化韵律训练,强调音素与韵律并举(Hardison,2004)。Celce-Murcia et al.(1996)指出,音素不到位固然引起误解,而韵律不当造成的错误则有过之而无不及。语调使用不当的结果往往给人有唐突、粗鲁之感。重音与韵律过分夸张或过分生硬异化都会使听众有一头雾水,不知所云。其实,远在强调韵律之前,学者早已意识到韵律在听辨理解中的特殊性并一致认为韵律在听辨理解中的作用要超过音素。为此,Anderson-Hsieh *et al.*(1992)等人进行了实证研究,将 ESL/EFL 发言人的发音与母语者的发音在切分、韵律、音节上进行比较。研究发现,虽然切分、韵律、音节都产生一定影响,但韵律对发音的影响则更为明显。

■ **本次实验结果分析**

通过对 A 组的分析人们发现,在 20 个句子的翻译过程中只有 13 个句子成功地译出,另外 7 个句子中有 5 个漏译,2 个句子只译了半句。A 组 20 的句子的平均分为 13.3%。B 组的结果同样不尽如人意。为了对翻译做出客观公正的评价,本次实验采纳了 Wang(2010,p.57)的评分标准:

表 3-3　英汉翻译真实性评价标准 Wang(2010,p.57)

得分	描述
5	译文与原文别无二致,理解准确无误。
4	译文与原文稍有出入,略有一两处小漏译之处。
3	译文与原文不同,有一处严重错误,有几处小的漏译、误译及省译。
2	译文与原文大相径庭,出现几处严重错误,省译、误译与任意添加现象严重。
1	译文与原文风马牛不相及,译文完全改变了原文意欲表达的意思。

在 B 组的 10 名被测试人员中,只有 2 名得到最高分 5 分,有 5 名得了 4 分,其余 3 名的得分为 3 分。按照 Derwing T(2005)的观点,音素与韵律都产生负面影响,韵律的影响则更明显。因此,通过本实验所得出的数据人们有理由相信,非母语英语韵律对同声传译听辨的影响要超过音素。本实验印证了 Anderson-Hsieh *et al.*(1992)的观点:虽然音素与韵律对听辨理解均产生影响,但韵律所产生的影响要超过音素。

如前所述,两名发言人分别是墨西哥籍和加纳籍人士。前者讲英语时受北美英语的影响,后者带有浓厚的非洲本土口音。在加纳籍的发言中,/ɜː/音全部发成了/ɛ/音,/ʌ/音读作/a/或/ɔ/,/ə/读成/a/。鼻音/ŋ/已经不复存在,因而像 giving 这类以/g/结尾的词一概读成/gIvn/,sing 发作/sIng/。而且,在元音与鼻音组合的单词中元音被鼻化与多音节词重音前移的现象比较严重。单词的发音的变化有 zero 中的/i/读作/ɛ/,burial 与 Thursday 中的/u/与/a/分别发作/ɛ/和/a/,assuming 中的/s/读作/z/。研究同时发现,加纳英语受美式英语的影响,其中闪音/t/表现最为突出,/æ/发成了/ɛ/。

墨西哥籍发言人的结果分析显示,词汇错误频率最高莫过于 r 音的儿化现象。令人惊讶的是,凡是以[r]结尾或介于元音和辅音之间带[r]的单词无不与之直接相关。更有甚者,[r]导致的听辨理解错误主要是它的儿化现象,不过[r]与[l]相混淆的情形并未出现。

要弄清韵律对听辨的影响,最直接的办法就是对被测试人的译文进行分析。从本次试验的分析人们发现,单调的语调不仅不能再现句子本来的结构反而破坏了其意思的完整性,导致被测试人对句子的理解断章取义、盲人摸象的情况发生。不仅如此,停顿不当严重干扰译员的合理断句,导致主谓颠倒,层次不明,主、从句混乱。这与 Ahrens

(2005)所提出的"停顿应保证意群的完整性"观点背道而驰。被测试人对本次实验的总体感觉是,源语不是单调乏味就是缺乏层次无逻辑感。但对于重音错置、强弱不分的情况似乎没有引起被测人足够的重视。为此有必要重申,虽然语调、重音、节奏都是韵律的有机组成部分,但三个独立变量在听辨过程中所产生的影响不尽相同。

通过归纳总结人们发现,欠规范用法首当其冲的是语音语调,它是影响交流的罪魁祸首。它与人们正常交流相似,听众理解的好坏并非完全取决于发言人,理解强弱与听众的心智及精力集中息息相关。所以,人们在分析 ESL/EFL 口音的发言时,还需考虑诸如非语义与副语言等因素。

■ 应对措施

为了探索有效应对 ESL/EFL 发言人口音发言的方法,人们不应将 ESL/EFL 发言人混为一谈。发言人的英语水平以及受母语影响的程度也因人而异,不能一概而论。此外,ESL/EFL 发言人英语欠规范的情况也同样各有千秋。不过,人们可以从中找到一些共同点来研究二语习得与多元化视角下的英语作为交际语的特点。

为了有效应对 ESL/EFL 发言人,维也纳牛津英语大辞典收录了数以万计有关同声传译的词条,目前正收集交际语中常用的核心词。按照编撰者们的观点,尽管它与标准英语有一定差距,但译员一旦掌握这些核心词,至少能有助于他正常地工作。所收集的词条大致反映了 ESL/EFL 发言人者使用的规律,比如单数第三人称后 s 的省略,关系代词 who、which 之间的混用,冠词的省略,主语无单、复数区别之分等。

有学者认为,译员的母语若与 ESL/EFL 发言人的母语为同一语言,他的听、译则要相对容易。这一点得到了 Basel(2002)以及其他学者的认同。Bent/Bradlow(2003)提出了所谓"标准语与混合语配对"法。这一方法有助于听众更好地理解同种语言中的元音、辅音、语音语调的发音规律。不过也有一些研究得出了相反的结论,译员母语的优势不一定有助于其理解。对此有学者解释称,人的口音特点因人而异,不能一概而论,人们应在熟知程度上下功夫,而熟悉口音有助于理解与翻译,这得到了其他学者研究的证实。

有学者认为,L2 听众更容易听懂与他拥有同一背景的发言人的发言。对此 Bent/Bradlow 的解释是,L2 听众熟悉这类发言人常用的表达习惯,因为任何语言都有它独特的语音语调,因而理解起来相对容易些。

译员的背景知识与理解成正比的关系。背景知识了解的多寡是直接决定译员能否理解母语发言的真正原因。如果某一行业的专家讨论的内容恰好是双方都已熟知的,自然这会降低翻译难度,也会避免翻译不连贯或缺乏逻辑性带来的尴尬。另外,文本本身的难度也有可能影响译员的理解。这一点译员务必保持清醒的头脑,因为听、译 ESL/EFL 口音的发言今后将是一种新常态。

■ 结语

英语已无可争辩地成为当今最重要的交流工具,而且,种种迹象表明这一势头仍有增无减。对于译员而言它更是意义深远,英语的普及与推广预示着他们将面临生存与发展的双重压力。

但有一点是肯定的,译员这一职业并非因此过时,即便是 L1 场合也同样离不开译员。不过新形势下译员必须学会打破常规，适应各种口音。为了确保服务到位，译员必须随时更新应对策略。如前所述，熟知 ESL/EFL 发言人的口音是译出语保证质量的前提。所以，译员应当尽可能地熟悉各种口音，那种纯英语的发言如今已不再是常态，而是一种额外的享受。此外，译员还需熟悉 ESL/EFL 发言人的语速，并做到泰然处之。学生译员更需要适应这种变化，抱怨非但于事无补，反而害人害己，因为 ESL/EFL 口音发言人占压倒性多数。译员应学会包容，积极应对这种变化，这样才会减少压力，不受外界干扰。如能坦然应对这种变化，译员不仅不显多余，反而更能赢得客户的青睐，更能自如地驰骋在口译战场上。

第四章　非洲英语与我国援非农业技术

第一节　口译与援非农业技术的意义

英语在我国作为农业技术培训的工作语言,始于 20 世纪 70 年代。近年来,农业技术培训口译在我国对外贸易和经济技术合作中占有越来越重要的地位。据统计,非文学类翻译占据我国翻译总量的 90% 左右,其中农业技术翻译产值占 70%。不仅如此,农业技术合作领域正成为新的就业增长点。因此,研究农业技术口译、提升该领域的翻译质量成了口译从业者的当务之急,刻不容缓。

我国是农业贸易大国,用世界 7% 左右的耕地养活了世界近 20% 的人口,粮食自给率超过了 95%。中国农业发展的经验为非洲大陆农业的发展提供了重要的参考,引起了非洲国家和国际社会的广泛关注。在《中非合作论坛"沙姆沙伊赫行动计划"》中,中国政府庄严承诺,在今后 3 年内,为非洲国家援建的农业技术示范中心数量将增至 20 个,同时继续办好已建立的援非农业技术示范中心,各个示范中心将陆续开展农作物品种的选育和栽培及养殖业等各项试验、示范、培训工作,并将向非洲国家派遣 50 个农业技术组,为非洲国家每年培训 6000 名农业技术人员,其中 60% 为热带农业技术人员。

热带农业是海南的一大特色,海南大学与原华南热带农业大学的整合无疑增强了合力,使热带农业这一学科焕发了生命,更加彰显出它独特的优势。因此,该大学承担了国家商务部援非农业技术人员培训的重任。这表现了党和政府对该大学的高度重视,也是该大学广大师生的荣耀。然而,当海南大学师生在为其一流的农业技术、师资队伍倍感自豪的同时,如何充分发挥这些资源优势,如何使该校的援非项目更上一层楼,是海南大学校领导与莘莘学子面临的新课题。

海南大学承办国家商务部援非农业技术项目至今已有八个年头。从开始每年尝试一个班到目前数个班,从最初参训人员仅有几人到目前数十人,这不得不说是一个进步。这说明,该项目深受非洲科技人员的欢迎,拥有广阔的发展空间。援非项目不仅加深了我国与非洲各国之间的传统友谊,提升了我国在国际上的影响力,同时为该大学树立了良好的国际形象。援非农业技术培训现已成为该大学对外合作交流的品牌之一,其影响之大、涉及的国家之多,已远远超出了人们的预期。前来参加培训的人员不仅包括农业技术人员,也包括政府官员。现在的培训已不再是原来传统意义上只针对少数非洲国家技术人员的培训,如今前来参加培训的学员多达 20 个国家,农业技术培训的意义由此可见一斑。

然而在这合作关系中,英语作为农业技术培训的工作语言却存在着以下问题:

(1)人们对农业技术英语口译的研究相对滞后。自1990年以来,与农业技术口译相关的研究仅局限于一般科技口译的范围,且多与其混为一谈加以研究,研究往往蜻蜓点水,缺乏深度,直接研究农业技术口译的专家学者更是凤毛麟角。在《科学翻译研究论文目录》(1915—2003)中无一篇"农业技术口译"类的论文。通过谷歌网对2009—2013这五年间的搜索,人们发现居然也无一篇"农业技术口译"相关的文章。在2008年上海举行的第18界世界翻译大会收录的六百篇中、英、法论文中,也竟然无一篇涉及农业技术口译的论文。有关资料根据2009—2010年国外主要翻译类杂志的统计中发现,这类论文同样为空白。此外,从中国知识网搜索了解到的信息也显示,尽管有三篇关于农业技术翻译技巧的论文,但它以笔译为研究对象,而农业技术口译的学理研究却无人问津。不仅如此,除中国以外的国家也极少有农业技术口译这一方向,更不用说将其作为一门学科加以研究,所以很少有人研究和教授农业技术口译。由此看来,农业技术口译研究在我国仍处在萌芽阶段且具有显著的中国特色。

(2)非洲英语语音对口译质量的影响。人们知道,英语方言多如牛毛,各国的英语受其地方语言的影响与标准英语相差甚远,而我国本土培养的译员又缺乏实践经验。这一点在学员提问环节中尤为突出。非洲学员的英语特点是语速快而含混,听起来晦涩难懂,这无疑给译员带来了极大的挑战,严重影响翻译质量,影响非洲学员的学习效果。研究显示,即便是经验丰富的译员对非洲英语的畏惧也不在少数。联合国译员曾大声惊呼"如果发言都用非洲英语,恐怕很少有人愿意吃这碗饭"。尽管这未成事实,但仍说明译员的危机感在加剧。诚然,口音有碍翻译质量这并不新鲜,口音严重影响英语翻译效果,这一点早已得到业界的广泛认同。Cooper与Gile等学者对职业译员的工作压力做了全面调查,800多份问卷反映出了惊人的结果:口音是罪魁祸首。

如何更好地完善海南大学承办的商务部援非项目,为非洲技术人员提供一流的服务,不仅是授课教师所关注的问题,同时也是对翻译人才培训的一大挑战。由此看来,我们的教学必须改革,必须跟上时代步伐、跟上实际的需要。我们既然不能改变非洲英语这一现实,我们就要改变自我,提升我们对非洲英语的听辨力。只有这样,我们才能提高翻译质量完成援非农业技术培训工作,不辱使命,培养出名副其实的合格英语译员,以不变应万变。

■ 非洲英语对译员的挑战

实践证明,非洲英语有其独特的语音语调,这无疑给口译人员的听、译带来了极大压力。因为它不仅影响译出语效果,而且还挫伤了学员本身的学习积极性。由此看来,要通过各种途径培养学生译员在学习掌握标准英语的同时,还要加大对农业基础知识尤其是农业专业词汇的了解;探究非洲国家英语语音等特点并研究其在英语翻译中的应对之策。另外,对非洲英语的研究还有助于直接用英语授课的教师在问答环节中做到应对自如、提升教学质量。本书拟从以下几个方面探讨非洲英语的特点:

(1)非洲英语语音中特别是元音的变化。如,标准英语中的某几个音在非洲英语中简化成一个音的现象;

(2)非洲英语辅音变化的规律。清辅音浊化:如[t]/[k]/[p]等,倾向于不送气,而浊化的特点;

（3）非洲英语词语变化。了解非洲英语受当地社会、人文、宗教和自然环境等因素影响，而引起词形、词义的变化。如：（a）通过替换、复合、叠加等方式构成新的组合词；（b）某些词通过数字/字母替代；（c）语气助词的使用；

（4）非洲英语语法。非洲英语口语特别，如语序的变化不通过词序变化而是通过语调表达的特点等。

（5）非洲英语受美国英语渗透的影响和变化等等。

■ 结语

非洲英语有其独特的语音语调，别样的词句风格，人们只有充分认识它的特点，才能高质量地完成援非农业技术培训中的翻译任务。目前承担农业技术培训翻译任务的译员缺乏实践经验，所以在翻译过程中，尤其在问答环节中由于听不懂而导致翻译欠准确、不到位现象屡屡发生，严重影响学员的积极性与我国的国际声誉。研究显示，即便是职业译员，对非洲英语的畏惧尚且不在少数，有鉴于此，人们有必要强化训练学生译员对非洲英语的语音、语调、词汇、语法方面的认识并掌握，建立一支不仅通晓标准英语，而且精通非洲英语的口译队伍。

第二节　南非英语

在南非英语属于官方语，上至政府部门，下至平民百姓，人们无不使用英语来进行交流。200多年来英语对南非产生的影响是空前的，南非英语有其复杂的历史渊源：一方面，它是殖民者打开通往南非大门的坚韧利器；它被妖魔化是民族分裂、外强并吞、战乱的象征。另一方面，它又是联合各民族促进统一的桥梁：在争取民族解放的斗争中它充当各派武装势力的通行证、通用语，特别是对一个年轻的、刚独立、民主制度处于萌芽状态的国家它是通用语。从广义上讲，英语是一种与外界交际，能创造机会的语言。从狭义上讲，英语仍旧咄咄逼人，威胁着他国本土语言、影响他国文化，甚至整个非洲大陆都笼罩在它的阴影之下。本章将对南非英语的发展历程做一个概述，对它在人们日常生活中所发挥的作用，以及它的特色进行探讨。

毫不夸张地说，南非拥有自己的价值观，对英语有自己的标准。南非英语中存在着两种形式的变体：一种是流行范围小，但却享有崇高经济社会地位的变体；另一种是使用广泛，但地位相对低下，时至今日仍蒙受不白之冤的另一种英语形式。它是殖民统治与种族歧视的有力见证。显而易见，有一种"标准"或者一套规定无形中制约上流社会英语，最突出表现在教育、媒体、政府的正式文件中。这种"标准"英语与"国际"标准化英语相差无几，它在众多的南非方言土语中仍做到了独善其身。说到此，人们不禁要问何为南非标准英语？要回答此问题人们不得不从南非"普通"英语的视角来加以解释，它涉及两个变体的由来：一是白人南非英语，它是白人社区居民的第一语言，这些居民大多数是殖民者的后裔；其次是黑人南非英语，它是土著黑人的第二语言或通用语。

直到1994年，英语与南非荷兰语双双成为种族隔离制度时期的官方语，成为欧洲人与白人的专利,独享此特权。非洲本地语只在所谓的独立的地区成为正式用语。随着 1994 年分配的改变,9 种语言成为官方正式语,它们分别是 Zulu、Xhosa、North Sotho、South Sotho、Swati、Ndebele、Tswana、Venda、Tsonga。至此,官方正式用语已达 11 种之多。据此,英语的地位得到了进一步巩固,而非洲语被削弱,地方语种的低位只是略微有所提升。

　　自 1994 年以来,被受青睐的、影响之广的 SABC(南非广播公司或者是普通白人南非英语)夕阳西下,而被人们不屑一顾的地方语种却悄然兴起,成为街头巷尾的公共语。虽然并没有出台任何政策或法律规定英语必须凌驾其他语种之上,但作为通用语它早已在人们心中根深蒂固,尤其是都市地区。它超越诸多的地方语种,是上流社会与大众传媒的首选语言。它主宰国会、政府机关、教育、经贸以及媒体话语权。作为第一语言,虽然说英语的人数不多且这些人少数经济实力雄厚,但正是将它作为第二语言,他们独揽了政治话语权。这样,南非英语的标准问题或规范性问题严重受到了第二语言(英语)的影响。

第三节　南非英语变体

　　在殖民统治和种族隔离制下的白人社区,英语作为第一语言在数量上占据了 Cape 和 Natal 两省,在 Transvaal 也占据大部。如此一来,南非英语便划分为三种各具特色、地域浓郁的变体:Cape 英语,Natal 英语以及 Transvaal 英语。而每一种变体分别拥有各自的分支,尤其是在发音方面,各分支大相径庭。不仅如此,这三种变体分别代表着三种不同的社会阶层:受到良好教育的如上流社会,他们发音特点接近 RP(英国公认英语口音);流行于中产阶层普通口音;工人阶级语以及平民百姓的大众语,它严重受到非洲土著语的影响,但根据 Lanham(1982:325)的研究发现,该口音也保留了早期殖民统治时英语的特点。可见,这些社会语言变体与本地语交叉融合。

　　英语作为第一语言的社区要数印度亚洲社区。该社区人口占总人口的 2.5%,但第一语言使用者却占了 28.5%,根据 2001 南非人口普查显示。南非印度英语特色鲜明,一跃成为多元印度的社区。除此之外,超过 75 万 Coloureds 称英语基本上是母语,占英语作为第一语言人数的 20.6%。它具有独特口音,最近从第二语言中分离出来,人们常将它称之为 Cape Flats English。

第四节　南非白人英语与南非黑人英语

　　英语变体可从两方面加以区别:一是通过两个变体之间进行比较,二是通过将其与国际标准抑或标准英语加以比较。Trudgill(1999:118)将标准书面英语列为标准范畴,他指出,标准英语在方方面面都应率先垂范并无可争辩:首先它是人们常用的一种书写形式,它是印刷出版用语言。其次,它是世界各国英语为母语国家用于普及教育的语言。它不仅是人们通常称之为"受过高等教育"的人使用的语言,也是人们专用来教授英语为外语学习的语言。然而,需要指出的是,并非所有的英语为母语者操的是一口标准的英语。

这样,标准书面英语的概念便由此被确定了下来,而对于所谓"标准"与"方言"的概念在口音上的差别却成了人们争论不休的话题。总体而言,白人南非英语在词汇、语法、发音上接近标准英语,因而它成为普及教育的工具。更确切地说,白人南非英语比黑人南非英语更接近国际标准,虽然后者本身也是从前者演变而来的。南非英语变体可谓种类繁多,专家学者对此进行了不遗余力的研究,但时至今日仍没有发现这些众多的变体中有一种有望成为标准英语的可能。口语往往是人们用来区分南非英语变体的试金石,发音与书面语大体上无关。南非英语中的多数形态句法特点,无论是何种变体,都不能登大雅之堂,不能得到学术以及出版界的认可。如此一来,如果说南非英语有其标准的话,那这个"标准"便是模糊化的"标准"。然而,需要指出的是,白人南非英语要比黑人南非英语更接近这一模糊的标杆。白人南非英语与黑人南非英语在韵律与形态句法上有明显差异,容易分辨。考虑到人们往往以接受高等教育程度与书面语来衡量标准,本书下面将探讨形态句法特征。

第五节　南非白人英语

除了发音之外,白人南非英语最明显的特征表现在其词汇使用上,它吸收了大量南非其他方言的词汇。虽然有一小部分形态句法与国际标准相偏离,但这种偏离在白人南非英语中被视为正常,并不因此而受到诟病。

(1) 省略宾语: *Did you bring* ⊙?; *Would you like to come with* ⊙?

(2) busy 加现在进行时: *He is busy writing a letter*; *My mom is busy sleeping.*

(3) Do 的过去式加动词原形表示一般疑问句: *Did you see him*? 而不是 Have you seen him?

(4) Must 的言外之意: *You must turn right at the robots*; *You must come to my party.*

(5) Won't 代替 please: *Won't you fetch the washing for me*? ＝Please fetch the washing for me.

(6) 用表现在的副词表将来: *I'll do it just now.* 该句表示说话人即将做某事,但并不立刻去做。同样,*I'll be there now now.* 这句话表明说话人很快要去,但并不是现在就去。

(7) 代词 one 的泛指: *He's broken his one leg.* ＝one of his legs is broken; *His one cat is sick.* ＝One of his cats is sick.

然而值得注意的是,这些变化虽然在口语和非正式书面语中被人接受,视为规范,但很难通过电脑语法自动检测这一关,在正式、学术性文档中要么被删除要么被更正。

第六节　南非黑人英语

下面语法形态变化常见于文学作品中,反映了南非黑人英语的特点,这些变化与"标准的"南非白人英语有明显的差异:

(1) 进行时代替一般时表习惯、状态:

a. *There were quite a few people who were speaking Shangaan* ＝... who speak Shangaan.

b. *The[job]I'm having now is a temporary post* ＝ The job I have now...

c. *The essays here are different from the essays we are writing in Vista* ＝... from the essays we used to write in Vista(University).

(2) 完成时不用助动词 have＋过去分词构成,而用一般过去时取而代之:

a. *She said she came looking for me* ＝ she said she had come looking for me.

(3) 标准英语应省略的词,而南非黑人英语则保留,如 let 属祈使句,后动词不定式应省略:

a. *As it can be seen **that** there is a problem here.*

b. *Even my friends were asking me,'Why do you let your son **to** speak Zulu?'*

(4) 连词的重复使用:

a. ***But** I don't know it well,**but** I like it.*

b. ***So** we had about tow rooms each,**so** we stayed.*

(5) *Other... other* 特殊结构:

a. *Others are for the proposal,others are against it.*

b. *The other one was smart,but the other one was not clever.*

(6) 形容词变名词,形容词后的名词省略:

a. *People who come from the rurals have a hard time* ＝... from the rural areas...

b. *I'm taking Religious* ＝... Religious Studies.

(7) 名词可数与不可数混淆不清: *I was on a maternity leave;If we talk about... migrant labour system.*

(8) 人称代词无性别之分,*he* 与 *she* 交替使用。

(9) 高频率使用主题化结构,主语前置,代词出现在主句中。*Today's children,they are so lazy;The people,they have got noting to eat.*

可见,两种版本相去甚远,远远超出了发音范畴。从功能、标准而言,发音差别同样明显:从播音员的播音人们能轻而易举地辨认他讲的是南非白人英语还是南非黑人英语,因为后者元音缺乏松紧之分,中元音趋于淡化。相比之下,南非白人英语元音松紧十分明显,且倾向于中元音化。

第七节　南非黑人英语——一种新兴英语

Platt et al. 对一门语言能否成为主流或官方语言曾做过这样的界定,称一门语言或一种变体必须满足以下条件:

- 通过教育的普及已经发展成为 L2;
- 除它之外,没有第二种语言或变体能取而代之成为主流语言;
- 能广泛用于该地区交流;
- 已经完全地域化,并具有浓郁的地方色彩。

由此可见,南非黑人英语符合上述新兴英语的标准。但必须指出的是,尽管南非黑人英语属于独立的区域变体,并在一个多语言地区发挥了通用语的作用,然而,它却免不了面临三方面的冲突和挑战:

- 与南非白人英语的正面交锋
- 与全球英语(标准英语)的冲突
- 社会方言的挑战

一门语言的变体之间所发生的冲突,往往是由于该语言中某一种变体比另一变体优越。南非黑人英语由于其发音独特,语法欠规范等原因而常遭诟病。与之相反,南非白人英语与国际标准英语较为接近,加之操这一口音的人享有较高的社会地位,自然在社会上享有崇高的声誉。不过,人们常将这种口音与剥削压迫相提并论,换言之它是殖民者的代名词,因而"操白人口音,学说白人英语常为人所不耻"。南非英语的各种变体相互间不知所云,究其原因是因为教育普及乏力而并非南非黑人英语本身的原因所致。在南非,各种方言变体并立,很难确定何种变体为标准体。即便是南非黑人英语的混杂变体也被人们斥之为"蹩脚英语",只因其与南非白人英语相去甚远。

种族隔离的结束标志着南非黑人英语的迅速崛起。南非黑人英语普及之广,比比皆是,其声势与影响远远超过了南非白人英语。原来'操白人口音'那种'优越感'现如今却遭到人们鄙视与唾弃,如同南非印度英语是南非印度社区标记一样,黑人英语成了身份的标记。那么,南非有无一种呼吁重塑标准的声音?Wade(1995:189)认为,重塑标准会带来 5 种社会反响:

- 心理层面:人们对他们与生俱来"耳濡目染"的语言有亲切感;
- 心理语言学与二语习得研究表明,亲切感有助于人们更好地学习掌握这门语言;
- 确立标准能将南非各族人民凝聚在一起,能统一民族意识;
- 确立标准使本地语言正式化;
- 削弱南非白人英语的霸主地位。

毋庸置疑,在较正式的场合南非白人英语仍然独占鳌头,成为交际工具的首选。追根溯源,这与它的规范性,与国际标准英语接近有关。南非黑人英语常遭操南非白人英语者的鄙视,自 1994 年南非黑人英语成为"普通话"以来,专家学者纷纷谴责。然而,曾经被人们不齿的方言现如今却赢得了社会各界的认可。人们必须清醒地意识到,对于使用英语的大多数南非人而言,这种"为人所不齿"的变体才是真正意义上的语言。

南非方言众多,无疑它满足了 Wade 上述提到的 5 种条件。它的有利条件是,南非绝大多数国会议员的英语为第二语言,南非黑人英语在广播电视随处可听。不过就书面语而言,特别是在教育界,它仍明显处于劣势,这也是英语学习者面临的尴尬所在。知识仍然是通往上层的必经之路,也是接受高等教育的门槛。这样难免产生两种矛盾:

- 黑人孩子学习标准英语被视为大逆不道(Rudwick 2003:110-12)
- 教育工作者本身不称职。

这一切无不与南非黑人英语本身欠规范有关。即便是操这一方言的南非黑人有时也难免为之啼笑皆非,无不希望自己孩子学的英语更纯正、标准。在学校,南非黑人英语讲得出色的孩子比比皆是,然而每每考试时的得分却往往不尽如人意,因为只要人们将南非黑人英语与标准英语对比便真相大白。南非黑人英语欠规范严重影响了南非的教学质量,导致多数学生考高中时望而却步,多数学生初中一毕业就宁愿辍学。还有一部分学生对老师本身的做法感到莫名其妙、迷惑不解:教师"改"完作业后在给学生的评语里竟犯与学生同样的语法错误(Smit 和 Verhoef 2003:160-3)。南非大专院校等高等教育机构大力强化英语的规范性,这使操南非黑人英语的人群更加边缘化。

南非英语的规范化问题已经提到了议事日程,长期以来南非教育界不遗余力地呼吁加强南非英语"普通话"建设。南非教育部采取各种措施,规定无论操何种口音,说何种方言都必须一律参加标准化考试。其实,一种新的南非黑人英语标准正在形成,如 de Klerk(2006)的一项调查显示,黑人以及科萨族教师已逐渐认可了南非黑人英语的标准性。

第五章　西　非　英　语

■ 引言

西非是世界上语种最多的地区,仅四种不同语系派生出来的语言就多达几百种。英语属于该地区的交际语之一,共有 6 个国家的母语为英语:冈比亚、塞拉利昂、利比里亚、加纳、尼日利亚以及喀麦隆大部。而其他 11 个国家如塞内加尔、几内亚比索、几内亚、象牙海岸、马里、多哥、贝宁、布基纳法索、尼日尔、乍得以及部分喀麦隆等国的官方语为法语。这些讲英语国家均有一个共同的特点,除英语外还有诸多的地方语种,英语属于官方语,是政府、法律、商贸、教育以及对外宣传用语。

然而,西非国家并非只是一种英语,而是多种变体并存的格局。Udofot(2003)研究发现,仅尼日利亚就有 3 种风格独特的分支。同样,Singler(1997:206)研究表明,利比里亚也有 3 种不同的变体。Counteh-Morgan(1997)研究发现,无独有偶,塞拉利昂也有 3 种变体。由此人们不禁要问,这些变体当中有无一种变体已经成为或有可能成为该国的标准语言;这个问题对于像西非这样的后殖民国家来说,其复杂性自然不言而喻:不仅各国不同英语变体之间为力争合法化、成为标准化语言而同室操戈,而且英式英语和美式英语也纷纷卷入其中,为争夺合法的标准化大动干戈。

接下来本章将探索西非 6 国英语标准化的进程,探讨后殖民国家标准英语变体的出现的社会语言学理论,标准化的定义以及标准的衡量尺度。同时,本章还将涉及英语的演变与英语当今所扮演的角色,最后将提出本作者的观点。

■ 标准化理论与衡量尺度

要在西非这样的多语言、多变体地域使英语标准化,人们必须遵循几项原则。Bamgbose(1998)对于一门语言的创新程度提出 5 项衡量标准,如词汇、句法、语音、语用以及社会性,具体如下:

- 人口:说一门特定语言的人所占的人口比例
- 权威性:使用该特定语言群体的社会地位及影响力
- 地域性:语言所覆盖的区域及范围
- 规范性:语言变体的使用规则和惯用法
- 语言传播与推广程度

在上述标准中,Bamgbose(1998:4)认为,规范性与传播推广最为重要。所谓规范性是指诸如词典、语法、指南这类工具书以及学校规定用教材对语言使用的规范性描述。传播与推广是指该变体在学生升学考试中是否用于标准化考试,不过他对此并未给出明确的界定。人口与权威性相辅相成:一般而言,标准化的变体应是一个国家使用人数最多的,并且应是受过高等教育的人群为代表。一种即便广泛使用但局限于社会底层的变体,不太可能成为标准化变体。只有享有较高威望的人群如学界、新闻媒体、政要使用并认同的变体方可成为标准化变体。此外,标准化变体不仅仅局限于某一特定的地区,而应广泛普及于该国大部分地区。Bamgbose(1998:5)预言,使用广泛的变体有望成为标准化变体,因为人们对它已有一定程度的认可和容忍度。

在他的新英语演变过程的论述中,Achneider(2003,2007)称,所有新英语变体都难免经历四个相同的发展阶段。先是基础(阶段1)与区域外标准稳定(阶段2)时期,进入阶段3后,由于本地人口对英语的耳濡目染,赋予了英语特殊的语言形式。这一阶段标志着英语族外语变体在该国约定俗成,成了规范。阶段4是英语地方标准化开始形成时期。Schneider描述了导致地方标准出现的几个社会语言条件,如政治独立与伴随国家独立后出台的独立的语言政策。新兴国家的共同特点是,土著人与英国殖民者后裔携手奠定了民族认同感,这一认同导致逐渐"接纳本地英语作为表达新身份的一种符号"(2007:49)。与Bamgbose不谋而合,Schneider认为标准化过程必须具备以下四个条件:

- 正式场合普遍接受
- 评价介质
- 结构统一的变体
- 规范性

由此可见,Bamgbose与Schneider均认为规范、普遍接受、评价介质及其用途是标准化的前提。此外,人口与区域传播反映了作为标准形式的可接受度。对于一门具体语言的结构与使用标准化程度人们不乏各种方法。比较直接的方法是访谈或问卷调查,人们可以通过此举了解被采访者的态度,进而了解一门语言或一种变体的总体情况。其他方法涉及配对练习,此法主要测试操双语者的双语水平,此项测试还包括语义区分,被测试人员根据所给的词填写出其反义词,如 *good-bad*,*beautiful-ugly* 等。

非直接的方法有:任务要求被测试人判断正误,如语法测试。被测试人认为"正确"可以置之不理。区域与人口传播可通过观察加以研究,即通过从不同人群中获得该语言使用的频率和某种结构的用法数据来加以分析。

■ 标准化进程

尼日利亚

尼日利亚有1.3亿人口,是西非人口最多的国家。16世纪通过海上贸易,英语传入该国,此为尼日利亚洋泾浜英语,也是今天尼日利亚洋泾浜英语的雏形(Bambode 1995)。19世纪中叶英国人夺取尼日利亚南部,拉各斯成为英国直辖殖民地,由英国尼日尔公司控制的地区宣布为英国保护国。自19世纪末英语开始在该国传授,英国当局下令各传教士点教授英语,自此建立了公立学校。尼日利亚于1960年独立,1963年宣布为共和国。

Grimes和Grimes(2000)研究发现,尼日利亚有近500种当地语。在众多的土著语中,Igbo、Yoruba、Hausa独占鳌头,这三种语种人口各占1800万到2千万左右。有些尼日利亚语大语种规定用于小学教育、官方交易、新闻报刊、新闻媒体以及广告宣传用语。尼日利亚语主要用于同族之间交流,很少用于异族间的交流。说尼日利亚当地语的人口不超过百分之四十。说尼日利亚洋泾浜英语（Deuber 2005）人口最多，使用最广，是尼日利亚各民族间交流的工具，是文学、艺术、官方交易以及国际交流的语言。Hausa 和阿拉伯语是尼日利亚北部的通用语。

Jowitt（1991）认为，究竟有多少尼日利亚人说英语，迄今为止众说纷纭，有人估计百分之四，而有人认为有百分之二十之多。无论如何，有一点是肯定的，公共场所、正式场合无不使用英语，如政府部门、文学艺术界、商贸；它同时也是上流社会，知识分子相互交流的通用语。政府文件、政令、会议纪要、法律法规、法庭记录、诉讼、商业广告、业务往来以及政治宣言等无一不用英语。时下，英语对尼日利亚教育的普及所起的作用更是不可替代。学生从小学四年级开始便学习英语。有些城市私立学校甚至从幼儿园就开设英语课程。所有中小学的教科书、学生的作业与试卷规定用英语完成。小学升初中、初中升高中乃至高中升大学规定必须取得优异的英语成绩方能继续深造。

Igboanusi 词典标志着尼日利亚英语的标准化开始。在过去的 35 年中，大量的学术专著，文献资料如雨后春笋般纷纷涌现，Jowitt（1991）的专著便是有力的说明。在尼日利亚英语的发音体系中元音无长短之分，英语中的 /ʌ/ 常读成 /ɔ/，四号元音 /æ/ 被 /a/ 代替。此外，单元音代替双元音也是尼日利亚英语的一大特点；用重拍代替语调，重音错位如 bis'cuit 已成为常态（Jowitt 1991；Gut 2008）。语法方面尼日利亚英语也别具一格，主谓不一致、定冠词省略、关系从句中复述代词的省略（That's the man that I didn't know if *he* was coming or not）、反义疑问句代替一般疑问句、动词副词搭配不当，如 cope *up*（Jowitt 1991, Alo & Mesthrie 2008）。Wolf 和 Igboanuis（2003）研究表明，尼日利亚英语中的词汇地域特色浓郁，这些词多数来源于土著语，如 Yoruba（dodo 'fried plantain'），Igbo（oga 'master'）。从 Hausa 借用过来的词汇有（burukutu 'an alcoholic drink'）；来自洋泾浜英语的词汇有（wahala 'trouble'）。Adegbija（2003）尼日利亚英语的不同之处还表现在它的习惯语的特殊表达上，如 as not be on seat（not to be in the office），long leg（to use undue influence to achieve a goal），这些表达已经约定俗成，正式与非正式场合下均可使用并被广泛接受。

然而，上述情况因地区差异与人口分布有关，要想准确了解尼日利亚英语的特点，人们有必进行系统的实证研究。通过尼日利亚语料库人们发现，Adegbija 所列出的 102 个习语当中，只有 17 个较为常见。这当中 7 个出自小说，3 个来自公共信函，2 个源自媒体报道。同样，在 34 个尼日利亚英语的美语词汇及短语中，语料库能查到的充其量在 10 个左右，不过这 10 个外来词出现的频率却高居榜首。

尼日利亚对于人们对特殊变体所持的态度，被接受程度仍缺乏系统的研究。据传言称，Yoruba 英语正在成为尼日利亚英语的标准口音（Simo Bobda 2003：37）。Igboanusi（2003）宣称，美式英语已经成为尼日利亚英语的第二大特色，尼日利亚对美式英语持积极态度，"操美式口音的尼日利亚人受到羡慕和追捧"。这一说似乎颇有些一厢情愿，因为在 2010 年的一次针对 Obafemi Awolowo 大学的 7 名英语系师生的小规模实验中，结果恰恰相反。被测试对象倾听 8 名不同民族、不同国籍的发言人的录音，接受程度最高的一项"I would like to speak like her""I would like all English teachers to speak like her""Newsreaders should speak like her"由英式英语发言人获得，屈居第二（17 个中的 9）的是带有浓厚 Yoruba 口音的发言人。美式英语发言人普遍不被接受。14 个被测试人认为美式英语发言人不是尼日利亚人，而 12 人认为英式英语发言人是尼日利亚人。

　　有资料显示,尼日利亚英语日趋标准化(Scheider 2007:210)。尽管英式英语仍是学校教育的首选,其在教育界的特殊地位不可动摇,被广泛接受程度更是根深蒂固,但越来越多的语言学家对于规范本土化英语的呼声此起彼伏。

第一节　喀　麦　隆

　　喀麦隆西部与尼日利亚接壤,人口约一千九百万。从语言角度而言,它分多个语言区。德国在 1919 年的第一次世界大战失败后,被迫将西非殖民地拱手让给英法两国,英法将它一分为二。英国人得到的是该国两个互不相连的部分:一部分是与尼日利亚北部接壤的北喀麦隆,该地区从 1961 年英殖民统治独立后加入了尼日利亚;另一部分是南喀麦隆,该地区一直由尼日利亚管辖直到与法属喀麦隆统一。1972 年,该部与法属殖民地合并成立了喀麦隆联合共和国,1984 年成为喀麦隆共和国。今日的英属喀麦隆地区占整个喀麦隆土地面积的 10%。喀麦隆有 10 个省,英属喀麦隆掌管 2 个省(行政事业单位)。省会分别是巴蒙达与布埃亚,占总人口约 20%。

　　喀麦隆有多达 230 种地方语种,官方语为英语与法语;洋泾浜英语、Fufulde、Arab Choa 以及 Mongo Ewondo 为通用语。至于具体母语为英语者的人数是多少,目前官方尚无准确的统计数据。Kouega(2002:97)指出,"英语为母语"一词已经超出了语言范畴,已成为一个政治色彩浓厚的专业术语:它主要指南喀麦隆籍人士,并非针对英语而言。由于受教育程度底下,估计只有 20% 的英语为母语者通晓英语。Kouega(2002)通过调查研究发现,英语是家庭内部交际的首选,尤其是父母对孩子的教育、教堂、法庭等场合一律用英语。此外,英语也是中小学必修课。与之相反,大学授课、官方文件、广播电视均用法语,而洋泾浜英语主要用于邻里与用人之间的闲谈与交流。Kouega(2006:35)的调查结果显示,洋泾浜英语已成为喀麦隆的通用语。

　　Kouega 的《喀麦隆英语用法词典》为喀麦隆英语的规范性奠定了基础(2007)。在过去的 20 年中,在大量实证研究的基础上,学术专著如雨后春笋般涌现,其中(Anchimbe 2006)的英语语法、Kouega(2006)的词汇以及(Simo Bobda 1994)的音律在众多的文献资料可谓佼佼者。Wolf 与 Igboanusi(2003)的著作详细列举了从法语派生而来的喀麦隆英语词汇表,如 *mandate* 'money order', *bon de caisse* 'pay voucher', *cops* 'friend' 等;洋泾浜英语词汇如 *cry-die* 'funeral', *ashia* 'an expression of empathy'。Simo Bobda(1994)研究发现,喀麦隆知识分子发英式英语元音时比较特别,有一定规律,倾向将 /ʌ/ 读作 /ɔ/,/æ/ 发作 /a/,视不同的语境甚至将 /ɜ/ 分别发成 /ɔ,e,ɛ,a/。此外,喀麦隆英语无清浊辅音之分如 cab 读作[kap],连缀之间插入元音－able 读成[－ebul]。重音与标准的英语重音大相径庭,如 inter'pret, co'llaboration, cha'llenge。Mbangwana(2008)还列举了一些特殊的语法现象,如 *He insisted me that I am a thief* [He insisted that I am a thief],主被动语态不分,如 *There have published the results* [Results have been published]。

　　Scheider(2007:218)称,尽管喀麦隆英语顺利地进入了第三阶段的发展期,但它似乎受到了某种形式的制约而并未形成自己的标准。Anchuimbe(2006：208)的研究有力地证明了这一点,他针对学校应该采用何种英语模式这一问题采访了喀麦隆民众。在300多名被接受采访的人员中,278人(92.6%)承认他们的英语变了味,223人认为喀麦隆英语的确存在,39.4%声称他们说喀麦隆英语,82%人一致认为英式英语应成为学校英语的首选。只有少部分人倾向喀麦隆英语应享有其独特的地位,这一调查与某些语言学家研究的结果大相径庭(Simo Bobda 1994：345、Kouega 2006：199、Ngefac 2008：415)。

第二节　加　　纳

加纳位于法属国家多哥与象牙海岸之间,拥有一千九百万人口。早在16世纪中叶加纳便与英国商人有了经贸往来,并于1636年建立了通商口岸。英国对加纳的殖民统治始于1844年,双方达成条约规定英国在该国享有司法权。同年,大量的基督徒也蜂拥而至。自1880年开始,加纳多数公立学校便开始用英语授课。加纳于1957年独立。

以英语为母语是西非国家的特点,而加纳目前的社会语言状况是这一特点的真实写照。据Huber(2008：70)与Polzenhagen(2007：20)统计,加纳仅Kwa(克瓦语)就多达50种语族,Gur(古尔)的语族则高达79种之多。约43%的加纳人将Akan(阿肯语)作为第一语言,余者将其作为第二语言,它同时又起着通用语的作用。不仅如此,它还是两家电视台播音员的正式用语。Hausa是加纳北部的另一种通用语。19世纪初,劳工把一种叫Krio(克里奥语)语从尼日利亚传入加纳,这种语言最早是由重获自由的黑奴带到尼日利亚的。早期的Krio语是加纳洋泾浜英语的雏形(Huber 1999)。加纳洋泾浜英语主要用于城镇市民,特别是在首都阿克拉流行广泛。它的功能在两方面表现突出:一方面,作为通用语它在受教育程度较低的平民百姓中深受青睐;另一方面,它也是中学与大学生校园用语,在这一特定的人群里得到了一种认同。

英语与9种地方语被列为正式语并享受官方语的殊荣。这些语言被广泛用于政府机关、公众演讲、新闻出版、广播电视,同时也是司法、行政行文用语。英语是学校规定用语,只是在20世纪70年代至2001年间政府规定各小学一至三年级允许用当地语种授课,但小学四年级后则明文规定全部用英语授课。自2001年起,政府规定从小学一年级一律开设英语课。根据Dako(2001：28)调查,约20%至30%的人精通英语,但英语变体使用率很高。

加纳英语首次正式见诸于《加纳英语使用指南》一书,本书为专为到加纳旅游的外国游客编写的有关加纳英语的特殊用法(Kirby 1998)的一本书。另外一部是《加纳英语词汇表》(Dako 2003)。对加纳英语比较权威的介绍始于Sey(1973),并且最近在此基础上进行了修改补充增加了加纳音系学(Adjaye 2005；Huber 2008),词素句法(Huber和Dako 2008),词汇学(Dako 2001)。Adjaye(2005)分析了36位接受10年以上教育的加纳人的言语后发现,/ɜː/音在加纳英语中一律发成了/ɛ/音,/ʌ/音读作/a/或/ɔ/,/ə/读成/a/。鼻音/ŋ/已经不复存在,因而像writing这类以/g/结尾的词一概读成/raɪtɪn/,sing发作/sɪŋ/。而且,她还发现在元音与鼻音组合的单词中元音被鼻音化与多音节词重音前移的现象。Adjaye(2005：284)还例举了其他一些发音的变化，如 zero 中的/i/读作/ɛ/，nurial 与 Thursday 中的/u/与/a/分别发作/ɛ/和/a/，assuming 中的/s/读作/z/。同时她的研究还发现，加纳英语也受美式英语的影响，闪音/t/表现最突出，/æ/发成了/ɛ/。

Huber 与 Dako(2008)的研究显示，加纳英语有一种独特现象即介词加动词结构，它常用来表示现在完成时。另外比较明显的包括 Would 用作表将来、关系从句中复述代词的出现、以及定冠词的省略。Dako(2001,2003)书中介绍了加纳英语词汇的特殊用法，如 cheap 一词赋予了'second rate''easy''lucky'等含义。Hometown 专指'place of origin'，jumper 指无领短袖男式衬衫。来自土著语 Ga 语的外来词 kobolo 表示 truant，Hausa 语的 buga 表示 force。英语与土著语组合构成新词，如 aboakyir festival＝dear festival，Zongo lane＝economy class。

不过，这些加纳英语中特有的词汇并没有得到人们广泛的认可。Dako(2008)对 30 名受过教育的加纳人士的调查发现，被调查者一致认为加纳式英语作为一种口语形式可以接受，但不能作为书面语，书面语他们则更多的倾向英式英语。这一点在作品中尤为突出，作品中凡出现加纳特有的词汇一律用斜体或单引号以示区别。这说明这些词汇并非常用词汇，有待人们进一步接受。

多数语言学家认为，加纳执行的是一套自己的标准即区域外标准，尤其是书面语(Dako 2001：46；Huber 2008：90)，加纳人将加纳英语视为标准的英式英语，就标准而言要超过其他西非英语。Adjaye(2005：289)研究进一步发现，加纳英语符合 Schneider(2003,2007)定义，已经超出了本土化范畴，进入了第四阶段即标准阶段，"加纳英语发音的共同特点是口音少，更规范"。

第三节　利比里亚

根据 2008 年人口普查统计，利比里亚人口为 350 万。利比里亚东临象牙海岸，西与塞拉利昂接壤，是非洲国土面积较小的国家。与尼日利亚、喀麦隆、加纳有所不同，它原本不是英国殖民地。早在 17 世纪末 18 世纪初，该地区就开始了与英籍商人的贸易交往。以英语为主的混杂语——洋泾浜英语又分为沿海英语与内陆英语两大体系。1822 年，获释的北美黑奴以及从贩奴船抓获的西非黑人的定居点便成了后来的首都——蒙罗维亚，利比里亚作为独立的国家成立于 1847 年。在 19 世纪的漫漫长河中，1.7 万非裔美国人远涉重洋来到利比里亚，他们以蒙罗维亚为中心，在附近建立了 40 个社区定居点。这些人带来了一种独特的英语变体，被人们称之为利比里亚标准英语或者利比里亚英语(Singler 2008)。今天的利比里亚英语是媒体、电台电视台、学校课本语言。它必须通过规范系统的学习，操利比里亚英语的人被视为受过良好教育，懂文化有修养的人。Polzenhagen(2007：20)指出，英语是利比里亚的主要语言，说英语者人口达 1.5 百万。

利比里亚有 29 种当地语，比较有影响的分别是 Kru、Monde、Nigercongo、West Atlantic 等。而在这些语言中，说 Kpelle 的人数最多，约 4.8 万人。Kru 洋泾浜英语主要盛行于 Kru 族，18 世纪在欧洲商船担任船员的 Kru 人学会了英语，他们主要居住在利比里亚沿海的东南部。Kru 族与利比里亚其他少数民族鲜有交往，正因如此，在 19 世纪 30 年代 Kru 人曾一度燃起战火要求独立。由于多数 Kru 男劳力于 19 世纪及 20 世纪初在尼日利亚和加纳务工，自然 Kru 洋泾浜英语较其他方言而言，比较接近尼日利亚与加纳的洋泾浜英语。

利比里亚的标准英语的形成与演变目前缺乏应有的实证支持。迄今为止，仍无利比里亚式英语一说，不过对于利比里亚各种英语变体的研究与描述 John Singler（Singler1981，1997，2008a，b）功不可没。1981 年，他为和平队编撰出版了利比里亚英语方言一书（Singler 1981）。在该书中，Singler（2008a）与 Simo Bobda（2003：34）列举了利比里亚英语中一些常见的音韵特点，如 Trap 和 Dress 中的元音均发成/ɛ/，Lot 一词中的元音被读作/a/，摩擦辅音的省略，如 fish 读成[fɪ]。非重读音节的省略，如 dentist 读成[dɛnɪst]，有些单词以/tʃ/结尾的用/ʃ/取而代之，dual、quarrel 等词中的 al 与 el 均读成/ɔ/音。元音与鼻音组合中的元音鼻音化。形态句法学方面，利比里亚当地英语的现在完成时不是以 has 或 have 加过去分词构成，而是双过去分词，如 he done born。这些特点在人口的分布与地区而言迄今为止无人考证。

Simo Bobda（2003：34）认为，利比里亚当地英语有自己独特的风格，犹如"非洲大陆卷起了美国英语风"的趋势。Singler（2008a：102）也同样认为，利比里亚拥有自己特有的变体，而且还有望成为学校教学用语。然而，无人对此进行过系统的调查研究。不过有一种方言例外，这就是利比里亚殖民者英语，它当之无愧地成为地方化标准。由于英语殖民者在当地兴办教育、推行西方价值观、沿用西方的传统习俗，利比里亚殖民者在当地社会享有崇高的政治和经济地位。尽管在利比里亚它属于少数民族，人口仅占 3％，但他们长期以来把持社会各界，成了该国的顶梁柱。他们操的英语，也是他们的专利，令读书人羡慕，百姓敬仰。即便是在 1980 年的军事政变时期，即他们当时失去了社会上层所享受的特权后，甚至是当地的其他英语也跻身进入电台电视台，利比里亚殖民英语仍令人仰止，从未失去它昔日的权威性（Breitborde 1988：21）。

第四节 塞拉利昂

塞拉利昂位于利比里亚西部，北部与几内亚共和国接壤，人口 580 万。塞拉利昂拥有 29 种非洲语言，影响较大的有 Monde、West-Atlantic、Kru、Kwa、Non-Sudanic（Maryns 2000）等语。18 世纪，黑奴贩卖猖獗，塞拉利昂一跃成为主要的奴隶交易集市，英语也相继传入该国。1787 年，大批伦敦贫困黑人移居此地。1792 开始了第二次大规模迁徙，人数多达 2000 人，此后建立了首都弗里顿。19 世纪，成千上万的被释放的西非奴隶云集塞拉利昂，1896 年塞拉利昂成为英国殖民统治的保护国。1961 年塞拉利昂宣布独立。

英语是塞拉利昂唯一的官方语，广泛用于教育、司法、商贸、政府部门等正式场合。与多数西非国家情形相同，说英语的人口比例相对较低。Krio 语是一种英语混杂语，是由加勒比海的牙买加黑奴后裔以及在 1792 年与 1855 年间移居弗里顿重获自由的非裔美国人传入该国。今天,这些早期移民者的后裔约占塞拉利昂总人口的 5.8%。他们主要居住于弗里顿及周边的西部地区。除 Mende 与 Temne 之外,Krio 是第一语言,是塞拉利昂的通用语。

迄今为止,没有任何迹象表明有其他语种可以将 Krio 取而代之,一跃成为官方语言。Counteh-Morgan(1997:53)认为,把目前塞拉利昂的英语视为独立的变体未免为时过早,不过她承认,塞拉利昂英语有可能从原来的欠稳定转变成相对稳定,进而形成自己独特的风格。正因如此,在塞拉利昂人们很少能看到有关塞拉利昂英语语言学或语法学方面的专著。Maryns(2000)先后对塞拉利昂人进行了 26 次问卷调查,调查涉及对塞拉利昂英语所持的态度及其前景等问题,如"你讲的英语与英美英语有何不同?""你喜欢哪种英语,非洲英语,还是标准的英式或美式英语?""Krio 会成为官方语吗? 如果答案是否定,你认为哪种少数民族语种有望成为官方语?"结果显示,受过教育的塞拉利昂人一致倾向标准的英式英语。由此可见,目前没有任何一种变体有可能成为官方语。

一旦有一种地方标准语出现,它必然是 Krio 的变体形式,因为这一变体目前在塞拉利昂极具影响(Simo Bobda 2003)。尽管说 Krio 英语的人数不占优势,但是它在教育界影响深远,它独特的韵律特征——7 个元音、语音、语调通过教育已早已深入人心(Maryns 2000)。

第五节　冈　比　亚

冈比亚是西非面积最小的国家,人口不到 150 万。除了冈比亚河蜿蜒狭窄的海岸线外,陆地完全被法属塞内加尔环绕。1588 年,英国人从葡萄牙人手中夺取了冈比亚,并于 1816 年建立了首都班珠尔(旧称巴瑟斯特),用于海军基地以及重获自由奴隶的定居点。1889 年,冈比亚成为英国殖民地,1965 年独立。

冈比亚有 18 种当地语种,其中说 Mandinka 语的人占大多数,约 42% 人说 Mandinka(Peter *et al* 2003)。Aku 语是一种英语混杂语,与塞拉利昂的 Krio 语十分接近,由被解放的黑奴、移民传入该国。目前尚无说英语人数准确的统计数字,但据专家推测 47.5% 受教育者对英语驾轻就熟。英语是小学的必修课也是教学用语。英语广泛用于教育、出版、影视、政府机关、司法以及作品的创作。Mandinka 与 Wolof 同为该国的通用语,但后者人数少,影响有限。

与利比里亚和塞拉利昂英语一样,冈比亚英语并没有与众不同的明显特征。Peter *et al* (2003)等学者编的以冈比亚英语语音为特点的专著是冈比亚屈指可数的一部。此外,Richmond(1898)与 Peter *et al* 2003 探索了冈比亚英语词汇的特殊用法。值得一提的是,尽管缺乏自己的语法、词典、用法指南以及学术专著,Peter *et al* 2003 认为,与其他西非国家的英语相比,冈比亚英语已经趋于标准化或准标准化。根据他们对 20 小时的录音分析以及出版的教材与文献资料调查发现,冈比亚英语的确有自己独特的风格。比较明显的是/ʌ/音,strut 一词在冈比亚英语里读成了/strɔt /,nurse、mercy、learn 等词中的元音/ɜ:/读成了/a/音,work 中的/ɜ:/读成/ɔ/;/s/发作/ʃ/[如 ship--sɪp]。辅音

/tʃ/、/dʒ/腭化，如 church 读成[tɕɛtɕ]。不仅如此，/r/发作颤音。冈比亚英语的词汇中也含有少量外来词，如来自 Mandinka 的 teng dolo(棕榈酒)，来自 Wolof 的 newetan(休赛期足球邀请赛)等。

Peter *et al*(2003)声称，英语在冈比亚被赋予了民族的象征，它使冈比亚与其邻国法属塞内加尔形成强烈的反差。但时至今日，人们对某一特定变体的实证研究仍捉襟见肘。然而，有资料显示，先辈为奴的北美与加勒比海人所操的 Aku 口音，是冈比亚最负盛名的英语变体。其原因是它主宰了冈比亚的教育(Simo Bobda 2003)。这一变体有其独特的、鲜为人知的特点，它与主流冈比亚英语在结构上相距甚远(Peter *et al* 2003：58)。

第六章　同声传译语音

第一节　同声传译语音

　　翻译学属应用语言学分支,也是其科学、系统研究的对象。作为一门学科,它分为口译与笔译、人工翻译与机器翻译、直播与转播、远程与现场翻译等。虽然长期以来语言学界对口、笔译进行了广泛深入的研究,但是对于起着文化交往特殊作用的语音、音律学仍然没有引起学者的足够重视。这里笔者不妨粗略地概述该领域的一些最新研究成果,目的是为了抛砖引玉激励有识之士对语音、音律在同声传译中的作用展开进一步研究。

　　从狭义上讲,凡是以最终的文本形式呈现的译文无不涉及所有从源语到目的语的整个转换过程。正如 Paz(1971),Lefevere(1975),Kohlmayer(1996)和 Weber(1998)等学者指出的那样,书面翻译不像口译那样可以再现语音、音律特点,不像口译那样可以做到抑扬顿挫,富有表情。表现力较强的体裁如诗歌、抒情诗、戏剧、广播稿、宣传片、广告等在搬上银幕后更是如此,我们必须注重它的语音效果。好的译文特别强调词、词组的切分、超切分的韵律、节奏、停顿、压头韵、重音以及词藻等。更重要的是,电影、电视配音翻译,电影的声、话同步不仅要考虑切分、超切分的语音、音律,而且还要考虑口型、音质、音长以及语言外相关场景的协调和一致性。

　　众所周知,无论是同声传译还是交传译员在处理源语过程中都难免涉及语言选择问题。有时译员在高负荷状态下很难做到一次性地把内容、结构、主题和重点、动词、词组搭配、发言人的目的和意图等尽情再现出来。根据学者对同声传译时间限制的研究表明,听众可以忍耐二至三秒钟的延迟,但一旦超出了这一时限听众便会表现不悦之色。这种双重压力使得译员不得不除具备语言基础外还要具备较强的记忆和高超的预测技能,否则译员将难以跟上发言速度,不能充分发挥和借助发言人的语音、音律为其译语输出服务。除此之外,正如 Goldmann-Eisler(1972),Černov(1978),Shlesinger(1994)以及 Ahrens(2004)等学者所强调的那样,经验丰富的译员善于地利用源语的韵律特征来捕捉一句甚至一段未尽之言来作为补充或者弥补信息。Ahrens(2004)对停顿、音调升降变化、重音、声调和音长进行了广泛系统的研究。Ahrens 的研究表明,韵律并非只是用于转换或者重组,它也用于翻译单位,它是升调的标志。

■ 标准音及其变化

英语语音是翻译质量的保证,同时也是译员掌握英语必不可少的一种技能,不具备良好的英语语音能力的译员就不能称为一名合格的译员。然而,语音的欠缺在口译工作者中并非个别现象,而是普遍存在。究其原因主要是有些译员不知如何区分什么是标准英国语音,什么是美国音,因而,他们的口音掺杂着英美口音,听起来南腔北调。人们知道,翻译是一个较高的境界,尤其是在重大的国际性会议,流利的英语,漂亮的语音会给大会增添光彩,为大会成功奠定基础。由此可见,好的语音对于信息输出是至关重要的。语言是一门工具,它首先是用声音来交流思想、传递情感。语音是翻译中最基础也是最重要的组成部分,因为语音是提高翻译质量的关键所在。语言是人类重要的传递信息的交际工具。正确地、科学地认识英语语音,对提高英语翻译的质量和促进英语交流及整体水平的提高具有重要意义。

英语语言历史虽短,然而,半个多世纪以来,当代英语的 RP(Received Pronunciation)语音却发生了很大的变化。虽然英语词汇的发音和拼写都是有一定的规则可循,但是随着语言的发展,英语语音的变化快于拼写,再加上大量外来词的借入以及语音的变异等因素,使英语语音和拼写的差距越来越大,然而这种变异并非杂乱无章的,而是有规律可循的。

标准英语(Received Pronunciation)以下简称 RP 是几百年来语音学家衡量英国英语发音的标准。但是长期以来语音学界对标准英语这一界定存在着各种争议,笔者在此不一一赘述。不过有兴趣的读者可参阅 Jones(1917)以及 Wells(2000)出版的有关这方面的专著。现在人们不妨先来回顾 RP 的特征:

操 RP 的人无论在爱尔兰、苏格兰还是威尔士并不是绝大多数,因而不能说它是完全的真正意义上的英国音。操 RP 这种口音的人多数是英国的中产阶层和上流社会人士。因为这些人从小就在私立学校接受教育后来又进大学深造,因而是或多或少受过良好教育的人士。

一般说来 RP 这种口音主要流行英国东南部。操 RP 这种口音的人多数是广播公司,电台、电视台的播音员和节目主持人。另外,英国广播公司国际频道播音员也均操这一口音。近年来,英国政府为了迎合大众,更贴近民众,目前也允许个别播音员夹杂一些地方音如爱尔兰音。

一个多世纪以来 RP 音一直被推崇为标准音。早在 20 世纪初,语音学家丹尼奥·琼斯(Daniel Jones)把 RP 音称为私立学校音。RP 的正式提法是后来确定的。这之后还有不少其他的提法如"普通英国音"(General British),"南部知识分子音"等。近年来有些语音学家又把它称之为 BBC 音。不仅如此,语音学界对 RP 注音使用的符号(音标)也存在着各种争议。特别是 20 世纪 80 年代以来,由于大量的教材,学术刊物的不断涌现,新的 RP 音标也随之而诞生。这样一来,RP 音出现了各种版本。于是语音学家普遍认为有必要在原来的基础上对 RP 进行修改补充来体现现代英语语音的发展潮流与特点。修改过的音标最早被《牛津英语语音词典》(Upton et al. 2001)采用。

英语有三种重音:主重音、次重音和非重音。有趣的是英语里的重音即自由又固定。说它自由是因为每个音节都有可能成为重读音节;说它固定是指,除非在特定条件下才允许两个重音。语音学家曾一度尝试过对多音节词制定重音规则,但效果不佳。

后来也有些语音学家提出过建立一个标音调系统，但语音学界对此各执一词，终究未能达成统一共识。之后又有语音学家提出标音调单位，即每个单位含一个重音，不同的声调重音表示各种语调、语气，然而英语里却难以找到语调特征，因此这一设想未能变成现实。也有语音学家认为英语的节奏属重音拍子即重音间的间隙是固定的，为了保持这一固定的间隙，非重读音节受挤压以保持同一音长。虽然没有充分的事实来证明这一点，但区分弱音、非重读音并不是一件难事。

由此可见，了解英语标准语音的变化并掌握其规律对于我国的翻译工作者意义重大：首先掌握标准语音后，译员的口语交际更高效、长效。在这里笔者仅仅以英国语音为例，目的是为了使大家了解英语口音的多样性和复杂性。人们知道，目前较为流行的有美国口音，澳大利亚口音，新西兰口音和印巴口音等，在此不一一赘述。但是，绝大多数有识志士认为英国音是同声传译工作者应追求的终极目标。因为英国音比较高雅，得体，较适合于正式场合。而美国口音则较随意，缺乏严谨，不太适合重大的国际性场合。有人甚至认为，操美国口音就好比在一个比较正式的场合用方言土语发表演说一样。

第二节　英美英语发音的区别

早在 1877 年，英国语言学家 Henry Sweet 曾预言，一个世纪后，"恐怕由于发音的不同英、美、澳三国虽同操一种语言，但相互之间交流起来会面面相觑、不知所云。"可幸的是，这一谶语并没有变成现实。时下，全球超过三亿人的母语是英语，而各种英语的变体之间又存在诸多的细微差异。但是相比语音而言，词汇、语法、拼写的差异要相对小得多。口音这一词的术语是语言学家用来专指特定地域或人群典型的发音特征；口音某种程度上反映了说话人的年龄、性别、受教育程度等等。人们很难确定目前英语口音的实际数量。即使在英国，各地区间也有各自不同口音，比较典型的有苏格兰口音、爱尔兰口音、威尔士口音、伦敦口音，一种最近流行的港湾英语口音等等。但是，就英语作为外语语音教学而言，目前最流行的不外乎是英式英语和美式英语两种，前者被视为正宗、纯正的标准语音。

GA（General American English 通用美国英语）被称为标准的美国语音。实际上，GA 基本上浓缩了全美各式各样的口音，但尽管如此，它仍未完全反映美国东南部当地口音的特点。但有一点是肯定的，GA 代表了美国大多数人的口音，这一点人们不妨从美国新闻媒体如电台和电视播音员的播音中便可见一斑。另外它还是用于英语教学的标准语音，特别是在中美洲、南美洲、菲律宾等地区。

RP（Received Pronunciation）是标准的英国语音，也是世界上主流语音，因而它被尊为英语作为外语教学的首选。传统上使用英式英语教学的地区，美式英语难以插足。尽管有人把标准英国音与英格兰东南部受过教育的人群相提并论，但是就地区而言，标准英国音秉持了其"中立"原则：首先，它不代表英国某一特定地区典型的口音；其次，无论你走遍英伦三岛的任何地方你都能听到这种口音，在一定程度上它代表了全英大多数人的口音。

据一些学者研究发现,英国仅有 10% 的人说标准英语。另外,从剑桥英语百科全书中人们也了解到,如今能操"标准、纯正"英语的英国人仅为 3% 左右。值得争议的是,由于标准英语本身夹杂某些变体,人们很难将其界定为所谓百分之百的"标准、纯正"的语音。就以影响之大、使用之广的"标准英语语音"为例,它是 BBC 播音员报道新闻规定语音,但它仍有两种细微的语音变体形式:一种是保守式,主要流行于英国年长一代以及某些专业群体之间,这种语音一般贴上了"国家权力机构"这类标签。另一种是"升级版的"英语语音,这一语音盛行于某些领域和社会群体中的年轻一代专业人士之间,它被视为是未来引领标准英语发展的趋势。

在过去几年里,一个新的术语 BBC 音悄然兴起,它一经出现便深受人们青睐。当然它的异军突起绝非偶然,其中有几个原因:首先,现今流行的标准语音中本身含有几种不同的语音;其次,如今的年轻一代对"标准语音"这一概念有逆反和抵触心理。在他们看来,标准语音是权贵的代名词。而 BBC 这个术语是个中性词,它不代表个人的社会地位,也不与任何特权和名望挂钩。

英式英语和美式英语除了在发音上存在明显差别外,在用词上也有不同之出。比如,在英国,你住的是 a block of flats(公寓楼),乘 underground(地铁)go on holiday(去度假)。而在美国,你住的却是 apartment house(公寓房),乘着 subway(地铁)go on vacation(去度假)。这是词汇方面的差异,但语法方面也存在差异。在英国,你向别人打听时间时你会问,"Have you got the time?"人们会回答,"It's ten past two"。而在美国,人们一般倾向这样打听时间,"Do you have the time?"得到的答复是,"It's ten after two"。英式英语和美式英语在拼写上也存在明显差异。英式英语的 colour 和 centre 在美式英语里变成了 color 和 center. 。catalogue 一词在美式英语中的拼写成了 catalog,单词结尾的 ue 两字母被省略了,英式英语和美式英语拼写方面的差异还有很多,在此本文不一一赘述。但是在众多的差别中,最明显的莫过于发音上的差异。

英式英语和美式英语在发音上存在几方面的差异,最明显的要数音素。具体而言,就是两者在元音和辅音上的发音各具特点,迥然不同。与之相关的差异也表现在音位结构上:如单词的重音、音节、常见的词汇组合发音、单词的重读与弱读、节奏、语调等等。

■ BBC 和 GA 元音的发音差别

长元音/紧元音与短元音/松元音

GA 最明显的特征是它的单元音有松紧之别。在发紧元音时,嘴唇与舌位的肌肉处于紧张收缩状态,而发松元音时,嘴唇与舌位则比较松弛。一般而言,发长元音时较紧,而发短元音时则较松。但相对而言,GA 的元音长度不像 BBC 英语中元音长度那么明显,所谓长度其实长的度不够。GA 在元音的长度上也不稳定,它的长短视元音所处的语言环境而定。大多数字典将原因长度用发音符号[ː]表示,因为只有这样,人们才能更清楚地知道两种元音的长短之分。BBC 英语中有 7 个相对短的单元音:/ɪ,e,æ,ʌ,ɒ,ʊ,ə/。同样 GA 也有这些元音,不过短元音 o 不在此列。BBC 英语中/ɒ/是后圆音,如在 not,lot,block 等单词中就有这个音。GA 中的这个元音由/ɑː/取而代之,而/ɑː/是后不圆唇音,last,part,fast 等词在 BBC 的发音中便含有这个音,而且它们的长度特别明显。所以,not 在 BBC 中发成/nɒt/,而在 GA 中变成了/nɑːt/,而 lot 也就相应地发成

/lɑːt/。与此相同的其他例子还有：

	BBC	GA
Box	bɒks	bɑːks
hot	hɒt	hɑːt
o'clock	əˈklɒk	əˈklɑːk
bother	ˈbɒðə	ˈbɑːðər
honest	ˈɒnɪst	ˈɑːnəst
knowledge	ˈˈnɒlɪdʒ	ˈnɑːlɪdʒ
non-profit	nɒn ˈprɒfɪt	nɑːnˈprɑːfɪt

注意，*father*，*palm*，*balm*，*part*，*start*，*large*，*card*，等词在英式和美式英语中都发/ɑː/音。但有些在 BBC 中发成/ɑː/的词在 GA 发音中却发成前开元音/æ/，如：

	BBC	GA
class	klɑːs	klæs
last	lɑːst	læst
ask	ɑːsk	æsk
answer	ˈɑːnsə	ˈænsər
laugh	lɑːf	læf
advance	ədˈvɑːns	ədˈvæns
can't	kɑːnt	kænt

长元音/ɔː/是后元音，半圆唇音，BBC 英语的单词 *thought*，*walk*，*law* 等词都含有这个音。GA 在发这个音时开口较大，发音时嘴唇没有 BBC 英语发音那么圆润。其实，GA 的后元音位置根本就不固定，变化很大。一些美国人在发上面的单词时虽然有圆唇特征，但元音的长度不如 BBC 中的元音长。有些字典用元音/ɔː/来标注 GA 对该元音的发音其实有些牵强。该类词在 GA 中都有另一种发音，元音/□ː/失去了圆唇特点，一律发成了/ɑː/。如，

	BBC	GA
thought	θɔːt	θɑːt
caught	kɔːt	kɑːt
daughter	ˈdɔːtə	ˈdɑːtər
author	ˈɔːθə	ˈɑːθər
walk	wɔːk	wɑːk
autumn	ˈɔːtəm	ˈɑːtəm

英式英语和美式英语在发音上的最大区别是美式英语含有大量的卷舌音，而英式英语则不然。卷舌音的发音需要一定条件，即元音加字母 *r* 构成，只有元音字母和字母 *r* 的组合才能最终成音节变成卷舌音，如：

	BBC	GA
car	kɑː	kɑːr
park	pɑːk	pɑːrk
start	stɑːt	stɑːrt
more	mɔː	mɔːr

| course | kɔːs | kɔːrs |
| morning | ˈmɔːnɪŋ | mɔːrnɪŋ |

GA 中凡是含有中元音/əː/和/ə/的单词,如 *bird*, *nurse* 和 *another* 一词的最后一个音节中都带有明显的 *r* 色彩的发音。有时为了便于区别,有些字典用特殊的符号标注以示区分,如/bɜːd/,/nɜːs/,/əˈnʌðə/。本文将带 *r* 色彩的 GA 中元音一律用相应的 BBC 中元音后再加/r/音来标注,如,/bəːrd/,/nəːrs/,/əˈnʌðər/。

另外,BBC 中的非重读音/ɪ/和/ə/在 GA 中常合二为一,/ɪ/被/ə/取而代之,如:

	BBC	GA
rabbit	ˈræbɪt	ˈræbət
robin	ˈrɒbɪn	ˈrɑːbən
Packet	ˈpækɪt	ˈpækət
Rocket	ˈrɒkɪt	ˈrɑːkət
notice	ˈnəʊtɪs	ˈnoʊtəs
Watches	ˈwɒtʃɪz	ˈwɑːtʃəz
wanted	ˈwɒntɪd	ˈwɑːntəd

■ 双元音

BBC 中有三个以/ə/结尾的双元音,它们分别是/ɪə, eə, ʊə/,如 *here*, *there*, *poor*。在音位上,GA 没有单独以/ə/结尾的双元音。上面三个单词中的元音在 GA 中被分别发成 ɪ+r,e+r,和 ʊ+r。(但需要注意的是/ʊə/在 BBC 中常被/ɔː/替代如 poor/pɔː/)如:

	BBC	GA
near	nɪə	nɪr
beard	bɪəd	bɪrd
care	keə	ker
where	weə	wer
pure	pjʊə,pjɔ	pjʊr
Europe	ˈjʊərəp	ˈjʊrəp
poor	pɔː,pʊə	pʊr

在 BBC 语音中,*no*,*go*,*don't* 等单词是双元音,也就是字母"o"的读音,它由两个元音构成,第一个音是/ə/,第二个音是/ʊ/。发音时,先打开下颌骨,嘴唇略微呈圆形,口形较大,舌端离下齿,舌身放低后缩,舌后部微抬起,然后随着发音过程的变化口形收圆缩小,舌后部继续向后缩并抬起。发音时要饱满到位并且是由第一个音向第二个音滑动,避免读成短音。牙床由半开到接近半合,由大到小,音量由强到弱。第一个音稍强,但第二个音要相对弱一些。这个双元音在 GA 发音中的起始音不固定,但通常发成靠后和圆唇的/oʊ/,如:

	BBC	GA
no	nəʊ	noʊ
go	gəʊ	goʊ
note	nəʊt	noʊt

home	həʊm	hoʊm
don't	dəʊnt	doʊnt
photo	ˈfəʊtəʊ	ˈfoʊtoʊ

■ 辅音

在辅音发音上,BBC 和 GA 没有明显区别,两者的辅音音素数量相同。两者的唯一区别在于音素的体现和分布,最典型的是/t/这个音,当它处于两个元音之间时,它要求快速轻击上齿龈,声带振动,因而/t/听起来酷似/d/。在语音字典中,浊化的/t/通常用符号/t/表示,本文用/d/以示区别。例子如下:

	BBC	GA
atom	ˈætəm	ˈædəm
city	ˈsɪti	ˈsɪdi
writer	ˈraɪtə	ˈraɪdər
a lot of	ə ˈlɒt əv	ə ˈlɑːdəv
get it	ˈget ɪt	ˈged ɪt

但是,在 *attend*,*return*,*attack* 等单词中的 t 发音时声带不振动,因为只有当 /t/所处的两个元音之间的第一个元音重读是,此时的/t/才轻击上齿龈,声带振动,才出现浊化。如果/t/后不是元音,就不存在浊化,如在单词 lightness /ˈlaɪtnəs/, lighthouse/ˈlaɪthaʊs/中。但如果重读音节元音后紧跟/r/或/n/时,这时/t/要浊化,如 party/ˈpɑːrti/,reporter/rɪˈpɔːrtər/,twenty/ˈtwenti/,hunter/ˈhʌntər/。如果/t/后面不是元音,而是旁流音/l/,/t/也浊化,如 battle/ˈbætl/,little/ˈlitl/,frontal/ˈfrʌntl/。

在辅音方面,两种语音最明显的区别在于/r/的分布。BBC 英语无卷舌音,在 BBC 英语中辅音只出现在元音之前。而在 GA 中,/r/的分布比较自由,因为卷舌音代表了 GA 发音的特点。凡是拼写上有字母 r,无论是在元音前,元音后,还是在另一个辅音前,/r/一律发卷舌音。如:

	BBC	GA
cry	kraɪ	kraɪ
force	fɔːs	fɔːrs
sharp	ʃɑːp	ʃɑːrp
car	kɑː	kɑːr
fear	fɪə	fɪr
care	keə	ker

/j/出现在齿龈音/t,d,n/之后,常被省略,如:

	BBC	GA
tune	tjuːn	tuːn
due	djuː	duː
news	njuːz	nuːz
reduce	rɪˈdjuːs	rɪˈduːs
subdue	səbˈdjuː	səbˈduː
student	ˈstjuːdnt	ˈstuːdnt

旁流音[1]在英语语音中很特殊，发音时舌尖抵上齿龈，气流从一侧或两侧逸出。[1]与别的辅音不同之处在于，它有清晰模糊之分："清晰"[1]位于词首元音前，"模糊"[1]位于词尾元音后。"清晰"[1]在发音时舌前部向着硬腭略抬起，而"模糊"[1]在发音时则是舌前部稍压低，舌后部却朝软腭稍为抬高。GA 中[1]没有清晰模糊之分，听起来很相似。

在 GA 单词中，辅音/ʃ/浊化后发成了/ʒ/。如：

	BBC	GA
excursion	ɪkˈskɜːʃn	ɪkˈskɜːrʒn
version	ˈvɜːʃn	ˈvɜːrʒn
Asia	ˈeɪʃə	ˈeɪʒə
Persia	ˈpɜːʃə	ˈpɜːrʒə

■ BBC 和 GA 在发音上的其他差异

BBC 和 GA 在后缀的元音发音上也存在差异。如，*hostile*，*fragile*，*futile* 等词的后缀 *ile* 在 BBC 中发成/－aɪl/，而在 GA 中该元音发音较弱发成了/ə/音，或者干脆发成了辅音/l/。如：

	BBC	GA
agile	ˈædʒaɪl	ˈædʒəl, ædʒl
hostile	ˈhɒstaɪl	ˈhɑːstl
futile	ˈfjuːtaɪl	ˈfjuːtl
fragile	ˈfrædʒaɪl	ˈfrædʒl
mobile	ˈməʊbaɪl	ˈmoʊbl

ary，*-ery*，*-ory*，*-mony* 等后缀的元音在 BBC 中发音较弱，而在 GA 中，这些后缀的元音发音较强。如：

	BBC	GA
customary	ˈkʌstəməri	ˈkʌstəmeri
dictionary	ˈdɪkʃənəri	ˈdɪkʃəneri
monastery	ˈmɒnəstəri	ˈmɑːnəsteri
mandatory	ˈmændətəri	ˈmændətɔːri
testimony	ˈtestɪməni	ˈtestəmoʊni
ceremony	ˈserəməni	ˈserəmoʊni
territory	ˈterətəri	ˈterətɔːri

两种口音的区别还表现在单词重音上的不同。比如，*detail* 一词通常在 BBC 里发成/ˈdiːteɪl/，而在 GA 里却发成了/dɪˈteil/。又如 *Ballet* 在 BBC 发成/ˈbæleɪ/，而 GA 则是/bælˈeɪ/。对于许多以-ate 结尾的双音节动词，BBC 把重音放在后缀或第二个音节上，而 GA 将其重音放在第一个音节。如：

	BBC	GA
rotate	rəʊˈteɪt	ˈroʊteɪt
donate	dəʊˈneɪt	ˈdoʊneɪt
dictate	dɪkˈteɪt	ˈdɪkteɪt

还有大量单词的发音也存在不同，而这些单词的发音无规律可循。如：

	BBC	GA
schedule	ˈʃedjuːl	ˈskedjuːl
either	ˈaɪðə	ˈiːðər
clerk	klɑːk	klɜːrk
nourish	ˈnʌrɪʃ	ˈnɜːrɪʃ
nougat	ˈnuːgɑː	ˈnuːgət
apparatus	ˈæpəˈreɪtəs	ˌapəˈrætəs
simultaneous	ˌsɪmlˈteɪnɪəs	ˌsaɪmlˈteɪnɪəs

■ 弱读

BBC 和 GA 两者的另一个明显的区别是弱读。弱读是 BBC 的一大特点，GA 英语无弱读，可以说弱读是英式英语的专利。不了解弱读而且在交际中也不能正确使用弱读的人不仅难以听懂英式英语，而且说起英语来给人以生硬、不地道之感，尤其是英语为母语的人听起来觉得十足的外国味儿(Zeng,2001)。英语学习者恐怕免不了都有这样的经历，感觉英国人说话时的语速特别快。这是因为他们在说话时讲究轻重缓急，做到了轻重有别。而对于我国广大英语学习者来说对此只知其一不知其二(每一部词典都标有重读和弱读两种形式，重读在前，弱读在后，英语学习者倾向选择第一个标注重读，导致强弱部分)，因此说起英语来恨不能将每一个词的音都发得同样清晰饱满，唯恐遗漏某个音。殊不知这样做的结果使人听起来十分生硬。一般而言，英语中的词分两大类：一类是实意词，另一类是功能词。英语中的名词、动词、形容词、副词属于实意词，这类词要求学习者发音时做到清晰，严格按照字典所给的发音，不拖泥带水；而功能词是指具有语法功能、起连接作用但无实际意义的词，如介词、连词、助动词。一般来说这些词除在句子开头或元音字母前要重读外，其他情况下需要弱读。有时即便省略，并不影响一句话完整的意思如 *I think（that）he will be late for the conference* 中的 *that* 一词。这便是为什么 BBC 英语听起来有抑扬顿挫之感的原因。英语的弱读词大概有 40 个左右，由于篇幅原因在此不一一列举，这里仅举几例以示说明：

介词	重读	弱读	例句中弱读
At	æt	ət	I'll see you at lunch
For	fɔː	fə	Thanks for coming.
From	frɒm	frəm	I'm home from work.
To	tuː	tə	The police tries to stop him.
Of	ɒv	əv	Most of them are present.
连词			
But	bʌt	bət	It's good but expensive.
助动词			
Has	hæz	həz	Which has been best?
Does	dʌz	dəz	When does it arrive?
Must	mʌst	məst	Each of us must buy some.
Have	hæv	həv	Which have you seen?

| Could | kʊd | kəd | He could do it. |
| Can | kæn | kən | They can wait. |

从上述一系列例子人们不难发现，BBC 英语与 GA 英语在发音上有明显的差别；GA 英语存在大量的音位变体，而这些变体容易引起歧义。人们知道，译员是连接两种不同语言的桥梁和纽带。一名合格译员不仅能听懂各种口音，而且自己的语音语调应做到标准规范，他的译出语在语音语调上应确保准确无误。至于学生译员应学习何种语音，本文大量的例句已不言自明。他应该清醒地认识，他不应抱有任何侥幸心理要求听众猜想他的译语。这就是为什么在众多的口音中，BBC 英语仍是一名合格译员的首选和追求的终极目标的原因所在。

第七章　中国香港与中国内地英语

第一节　中国香港英语

■ 前言

经过长达 157 年的英国殖民统治,今天的香港已顺利回到祖国的怀抱。事实证明,中央政府对香港实行的"一国两制,港人治港"政策深得人心,这一政策有力地保证了香港的经济繁荣与稳定,堪称一国两制的典范。但由于历史原因,两地的英语水平参差不齐,尤其是在 1842 至 1997 年英国统治下的殖民地香港时期,这种情形尤为突出。本章主要介绍香港和大陆英语的沿革,以及它们在两地所发挥的历史性作用。同时,本章还将阐述作为英语变体,香港英语和大陆英语它们各自的语言特点。最后,本章还将对两地英语的变体的未来发展做出预测。

■ 香港英语

1842 年第一次鸦片战争结束后,香港沦为了英国的殖民地,从此香港经历了近一个半世纪的殖民统治。鸦片战争的失败,清政府被迫与英政府签订了丧权辱国的南京条约,不得不开放厦门、广东、福州、宁波以及上海等通商口岸。其实,早在 19 世纪初,英国商贩就已对中国垂涎三尺、虎视眈眈,于是不惜远涉重洋打开了通往中国的通道。Bolton(2003)的研究发现,当时这些英国商贩中主要有三股势力:一是东印度公司,也是当时大名鼎鼎的跨国贸易公司;二是来自英格兰和苏格兰两地的商贩,后来这个商贩建立了名噪一时的 Jardine Mathiesn 公司;三是来自美国的商贩。

这些商贩不懂满清官话,于是他们就用一种中国式的洋泾浜英语与中方商人交流。洋泾浜英语的发展有其历史渊源,当时清政府禁止向洋人传授中国文化,而且只允许部分中国人如中间商或买办同洋人往来。洋泾浜英语虽不标准,但它能勉强凑合完成交际目的,很多情况下双方只能听懂一个大概。一名欧洲商贩对洋泾浜英语嗤之以鼻,把洋泾浜英语贬低得一无是处,说洋泾浜英语说起来"低三下四",听起来令人"啼笑皆非"(Bolton,2003:159)。但无论如何,它是当时双方沟通与交流的主要形式,而且时间长达数十年之久。以下引用的是 Morrison 于 1834 年收集整理的"广东英语"部分词汇,有些词如 *fankwei* 迄今为止仍在使用,这些词汇反映了洋泾浜英语的特点:

广东英语	含义
Can do?	Will it do?
Chop-chop	very quickly
Chow-chow	food, to eat
Cow-cow	to be noisy and angry; an uproar
Fan kwei	foreign devil
Nex' day or tomorrow nex' day	the day after tomorrow
Pidgeon(pidgin)	from 'business'
That no makee good pidgeon	the thing is ill done

香港开办的第一所学校是教会学校,圣·鲍尔学院(1851)是香港的元老级学院。1862年成立了官办中心学校,该校后来更名为女皇学院。虽然这些学校具有官办和教会双重性质,但课程的设置相对比较开明。多数传教士属"东方通",深谙中国文化,通晓中国哲学。正如 Bolton 所言,"教会学校之所以开设中文和中国文化课,是因为清教徒出生的教书先生都有东方情结,他们不仅酷爱中文,同时对华南地区的方言情有独钟"(2003:84)。应该说,传教士对早期中国古典作品外译所做的贡献是功不可没的,他们不仅将中国优秀的古典作品介绍到海外,同时还编纂了大量辞书。教会学校以中文、文学课为主,学生授课主要用中文(Boyle,1997)。中心学校校长 Frederic Stewart 的办学理念是"普及大众文化教育,中文放在首位"(Pennycook,1989:109)。Pennycook 赞赏 Stewart 对教育所持的开明态度,但同时批评"他的指导思想虽然建立在开明的教育理念上,与其说它适合英国学者或东方学者,不如说它更多地迎合了殖民统治者的口味更贴切"(1998:112)。将 Stewart 的教育观完全视为亲殖民政策似乎有些吹毛求疵。其实,Pennycook 也有自相矛盾之处。并非 Stewart 不想抓英语教育,而是英语的开展的确举步维艰。一天香港总督 Hennessy 去学校视察,他发现学生的英语不尽如人意,他几乎到了丧心病狂的地步。他下令 Stewart 立即整改,将英语置于优先教育的位置。不料还是收效甚微,就在新任总督 William Robinson(1891-8)视察后也发现,"经过长达55年殖民统治的香港,绝大多数港民对英语居然像聋子的耳朵——完全是摆设",他为此恼羞成怒(Boyle,1997:173)。英语真正作为授课媒介是从1894年开始,也就是该校更名为女皇学院后才正式实施的。

1997香港回归前夕,成立于1912年的香港大学与成立于1963年的香港中文大学可谓在英语的推广与普及方面担当了历史重任。当时香港政府的初衷是,通过成立中文大学来扩大生源。然而,由于高考等原因,报考全英语制学校(香港大学)的考生要大大超过报考香港中文大学的考生。香港中文大学的招生情况相比之下一直一蹶不振(Boyle,1997)。

1994年香港颁发了一部官方语法,自此除法律外中文享受与英文同等的官方语资格。该法对于中文并未做出明确界定,人们将其误认为广东方言(Johnson,1994)。于是,家长纷纷将孩子送往英语制学校。不过1982形势发生了变化,由英、美、澳、德国组成的教育专家联合开展的一项调查显示,香港明文规定中小学教育必须以母语为主,英语为辅(Bolton,2003:91)。此后香港教委也允许各中国小学用粤语授课。最后,教委干脆将权力交给各校校长,由他们自行决定究竟用何种语言授课,结果大多数中小学首选英语,另有一些课程用粤语和英语授课。

据 1990 年教委的统计数据显示,当时中文与英文授课比率为 7 比 3,这意味着百分之九十的小学用中文授课,百分之九十的中学用英文授课(Johnson,1994)。需要指出的是,有些学校名曰用英语授课,但除了教科书是全英文,规定考试必须用英文答卷外,粤语才是授课的主要方式。在实际的教学环节中,教师无非将书本内容译成中文而已,即教师用粤语授课,外加必要的英文解释(Luke 和 Richards,1982:50)。

就在香港回归大陆前的几个月,殖民政府一改由中小学校长说了算的做法,规定460 所学校中的 100 所中学用英语授课,其余的学校继续用粤语授课。不出所料,此举遭到了家长的强烈反对。迫于压力,政府只好在原来的基础上又增加了 14 所学校。Bolton(2000)认为,政府的用意无非是要使粤语与普通话平起平坐、平分秋色,以削弱普通话在香港的霸主地位。当然,此举也是为了实施 1995 年颁布的语言新政的一项具体措施。当时规定,香港建立健全公务员制度,规定公务员不仅擅长英语和汉语,还需具备粤语和普通话的交际能力(Bolton,2000:270)。

这一新政也得到了新一届特区政府的贯彻与落实,因为中央政府对香港的一贯政策是确保其繁荣稳定,继续发挥其国际大都市的作用。有领导曾经明确表示:"在香港实行双语甚至三语(粤语)是我们的一贯政策,香港需要继续普及英语。但同为中华儿女,同为中国大家庭中的一员,港人也应该学说一口流利的普通话"(Bolton,2003:200)。在实际操作过程中特区政府发现,粤语除了在香港地区和广东省享有局部优势外,粤语授课的学校有它明显的局限性。于是特区政府加大了投入,用于继续提高特区的英语水平。为此,特区政府为每所粤语学校拨了专款用以帮助其聘请英语为母语教师。人们从特区政府对英语的高度重视,还可以从其为普通港人参加英语辅导提供的资金支持可见一斑(Li,2000)。如今公务员之间的信函,公、检、法部门仍旧用英语起草公文,英语是香港地区 8 所高等院校教科书、授课的主要媒介(Bolton,2003)。从整个香港的殖民史来看,港人对英语所持的态度即有商业性又有务实性(Sweeting 和 Vickers,2005)。Boyle 对此的总结是"中英两种语言在香港是鱼和水的关系,它们如影相随"(1997:176)。

■ 变体还是中介语?

有学者认为,港人无需使用英语来达到交际目的,因此香港英语不具备发展成为一种新型变体的语言环境。Luke 和 Richards 以香港早年作为通商口岸为例反驳道,香港历来是一个两种语言并存的地区,在这里"那些擅长粤语的中间商充当桥梁和纽带"(1982:51)。他们的结论是,与其说香港英语富有地域色彩抑或是一种新兴变体,倒不如说它是英式英语和美式英语的综合体更为确切。因此可以断言,"根本没有香港英语这一说"(1982:55)。Johnson 对这一观点颇加赞赏,他认为港人内部之间交流从不用英语,因此香港英语的说法不成立(1994:182)。支持这一观点还有香港的著名学者李,他认为港人无需用英语作为媒介进行交际,因而所谓的"地域特色"一说站不住脚(2000:50)。虽然大多数港人认为英语举足轻重,他们充其量将其作为学校课程的必修课,除非交流一般很少使用。因此"香港的语言学习环境并不有利于英语的交际能力的培养"(2000:56),香港英语是规范外的。按照李的解释,不规范是它的明显特征,它缺乏新兴变体所需的系统特征。

Bolton(2000,2003)对这一观点提出了反驳,他认为上个世纪八九十年代,英语在香港的普及率已有大幅提高。根据 1996 年人口普查显示,38％的港人(约七百万)通晓英语。他还指出,那种声称华人社区只用粤语的说法其实是一厢情愿的猜测。严格地说,香港是一个多语种地区,非华裔人口占有一定比例,因此,可以说各种语言在此竞相角逐,各种民风在此异彩纷呈。这与此前人们妄言华人社区语种单一大相径庭。那种声称香港只有汉语和英语的说法"未免言过其实,一概而论"(2003:90)。

由此可见香港是一个多语种地区,各种语言在此争奇斗艳。然而,英语作为通用语的地位在香港并不像在新加坡那么突出,原因是绝大多数港人属于华人,多数人讲粤语。当然,这并不意味着讲普通话的人就不擅长英语。Briguglio(2005)曾对吉隆坡和香港两地之间的公司员工使用英语情况做过调查,他发现一个十分有趣的现象。在吉隆坡公司就职的职员英语使用频率要远远高于香港职员,但香港职员在英语的阅读和写作方面要强于吉隆坡职员。结果还显示,95％的港人用英语发送邮件、电传;65％的人用英语写信、写备忘录和记笔记。尽管香港职员口头使用英语的频率不如马来西亚职员那么高,33％的人经常用英语通话,20％的人用英语与同行交谈。由此可见,英语在日常事务中扮演的作用不可小觑。

需要指出的是,香港多数家庭喜欢雇佣菲律宾籍保姆,他们之间的沟通不是别的,正是英语作为通用语。因为,菲律宾保姆除了照顾孩子起居外,还充当孩子的英语辅导教师。

英语在港人心目中的第二个作用是它的特殊身份。香港回归前,由于种种原因,有些大陆人不惜冒着生命危险铤而走险偷渡香港。1949(2002b:40)年新中国成立前夕,香港迎来了一次史无前例的移民潮,大批大陆人逃离大陆,投奔香港。正如李指出,'这些人心甘情愿背井离乡,向往的是另一种生活'。此后的永久性居民身份证的颁发给了这些偷渡者一颗定心丸,他们再也不用担心此前的身份问题。至于英语在受过教育的香港华人中是否扮演这独特作用,这一点智者见智、仁者见仁,但有一点是肯定的,在港华人为香港的繁荣发展做出的贡献是功不可没,彪炳史册的(Li,2002b:40)。在某种意义上,作为语言,英语并没有被贴上殖民者的标签,反而被视为促进社会融合,推动香港走向世界的通行证。

总而言之,英语在香港以及在港人生活中的地位不仅没有下降反而有所增强,从这个意义上来说,香港英语变体并非没有潜在的可能。当然,香港英语作为新兴英语变体基本上满足了 Butler 提出的部分条件,Butler(1997:10)的这五个条件是:

(i) 具备清晰可辨的口音;

(ii) 拥有表达社会和自然环境独特的词汇;

(iii) 具备独特的历史渊源;

(iv) 文学作品无需额外注释;

(v) 有自己的参考文献如辞书等。

如前所述,香港英语已经满足了第三个条件即具备独特的历史渊源。下面将谈谈第五个条件——参考文献。若要满足第五个条件,只能等变体概念被确立之后。这一点最为典型的莫过于澳大利亚英语,Macquarie 是一部澳大利亚英语词典(凑巧的是 Butler 正好是该词典的执行编辑),它于 1981 年首次出版发行,也就是在库克船长到达澳大利亚的 200 年之后。其实早在 1981 年,人们已经对澳大利亚英语作为变体深信无疑。严格地说,澳大利亚英语早在 20 世纪初就已具备了清晰可辨的口音。

■ 香港英语语音特点

在谈到 Butler 的第一个标准时,Huang(2000:337)认为香港英语具备了明显的口音特征,这一点无可争议。这里所说的口音是指它像印度、新加坡、澳大利亚英语一样有明显的口音特征。为此,他对香港英语的元音和辅音进行了描述(2000:337-56),香港英语只含 7 个元音,而 BBC 英语中的元音则多达 11 个。其中有 4 个元音特别突出,他们分别是:

a) 香港英语在发"heat"和"hit"两个单词时不像 BBC 英语那样有长短之分,而是将两者混为一谈,一概读成/ɪ/

b) "head"和"had"中的两个元音在香港英语均读成了/ɛ/

c) "hoot"和"hood"两个单词中的元音在香港英语中一律读成/u/

d) "caught"和"cot"中的元音在香港英语中被读成/ɔ/.

虽然香港英语只有 7 个元音,但它有 8 个双元音(2000:347),如"hate"/eɪ/、"height"/aɪ/、"house"/aʊ/、"coat"/oʊ/、"toyed"/ɔɪ/、"here"/ɪə/、"hair"/ɛə/、"poor"/ʊə/。Huang 指出,由此可见,香港英语有自己的语音特点,音标中的音素比传统的国际音标要相对简单,香港英语受到粤语和英语的双重影响,但若要揭示它的内在本质,人们有必要对其进行深入细致的研究,这不是本章的重点。到底是不是本章的重点?

■ 词汇特点

下面提到的词汇在中国大陆英语中也有共性,与其他变体一样,香港英语的词汇来自多种渠道。其中造新词不乏是其一大特点(Bolton,2003:212),如 Canto-pop(Cantonese pop music),Chinglish(Chinese English),*tan tan* noodles(担担面)。

另外是富含文化元素的合成词。在香港和中国大陆英语中,最富文化特色的莫过于"龙"(dragon)和"寺庙"(temple)两个词,如"龙船"(dragon boat)、"耍龙"(dragon dance)、"龙壶"(dragon pot)、"龙杯"(dragon cup)、"龙门"(dragon gate)、"行钵"(temple bell)、"祭坛"(temple altar)、"寺院"(temple compound)、"庙会"(temple festival)、"高僧"(temple priest)(Butler,2000:153-4)。

借用词也是香港英语的一大特点,如 *cha siu*(叉烧),*cheongsam*(长衫),*qwai lo*(鬼佬)。香港英语有部分词汇直接来自粤语,如"return back"(*waan4 faaan*),"no matter you pursue..."(*mou4 leon 6*),"*laziness is my largest enemy*"(*zeo3 daai6 ge3 dik6 jan4*)(Li,2000:52-3)。括号中不同的数字代表不同的音调。不可数名词在香港英语里变成可数名词,如 "aircrafts""equipments""staffs""alphabets""audiances""researches"。另外是词性的改变,将不及物动词变成及物动词,如 "they always laugh me""he didn't reply me"(Li,2000:53)。

■ 语法

李对他所在学校的大学生的书面作业进行了综合分析,他发现,这些学生存在一个共同特点(2000:53)。他对此的解释是,学生的错误属于语法性错误,并不是香港英语特有的标记。以下是一些典型的预防语法性错误:

a) 时态混淆,如"Luckily I am now a university student. I *decide* not to join the activities I am interested in. "

b）滥用被动语态，如"In the reading section, *it divided* into three parts…"

c）不及物动词用作及物动词，如"That accident *was happened* at 6 pm. "

d）不能正确使用形式主语，如"*You are impossible to stay here overnight.* "

e）"There Be NP"结构中不用从句，如"There are *a lot of people died.* "

f）将一个完整的句充当主语，如"*He was willing to stay* surprised us all. "

g）冗长累赘，如"*In the above examples, it shows* that learners…"

更有趣的是，香港英语口语中常常出现答非所问的现象，这一点中国大陆英语也大同小异。如：

Invigilator：James, you're not cheating are you?

Student：Yes.（意思是你说得对，我并没有作弊。）正确的回答应该是 No, I am not cheating.

无独有偶，上述所提到的现象并不是香港英语独有的，这类现象在其他变体中也屡见不鲜。

■ **文献资料**

Butler 的第四个标准是"文学作品无需额外注释"，这个标准是否适合香港英语，人们不得而知。不过，以下例子似乎已经不言自明。*Renditions* 是香港一本著名的翻译期刊，创刊宗旨是将优秀的中华作品译成英语，供海外英语读者鉴赏。人们在讨论香港是否有自己的文学时，不妨探明香港文学在华语文学作品中是否享有一席之地。有趣的是，1988 年 *Renditions* 出了一期专刊，作者无一例外全是世界各地的华人华侨。曾有人问及当时的黄主编"香港是否有自己的作家"时，黄主编淡然一笑，并没有直接回答。但自那以后短短的几年间，香港文学逐渐成了文学界谈论的热门话题（Hung, 1988：7）。有记者采访黄主编，这次她完全判若两人，深有感触地说，其实香港文学内涵丰富，具有多元化特点，它反映了香港地区独特的文化差异（1988：8）。

10 年后，当 *Renditions*（1997）第二期专刊发行后，此时的主编、副主编都乐不可支，因为一本具有香港题材的文学作品集终于问世了。他们在开篇这样写道，"为了筹集出版一部 90 年代香港文学集，编辑工作者呕心沥血，含辛茹苦"。换言之，香港文学中文版现在已经被人们所接受。问题是用英文版的文学作品是否同样被人所接受？徐女士是一位擅长用英语写作的香港作家，她说虽然她是香港人，用英语写了一些有关香港题材的作品，但英语是否地道她不敢妄言，地道与否最好由他人评说（Xu Xi, 2000）。其实像徐女士这样用英语写作的作家比比皆是，诗人路易斯·霍就是一位典型代表，不过，他们所写的英语作品是否具备十足的香港味仍在两说之间。

第二节　中国内地英语

据史料记载，早在 1637 英国商贩就在中国开展了商贸活动，这一点在一个商人所著的《皮特·曼迪游记》中有详细记载（Bolton, 2003）。但真正的大规模商贸往来是在十八世纪末十九世纪初。伴随商贸的繁荣,传教士也纷纷粉墨登场开办学堂,但是与香港的情形相差无几,学堂教授的课程无外乎是汉语、文学和哲学。Adamson(2004)叙述了中国大陆英语教学的演变与发展以及人们对英语所持的态度。中国大陆英语大致经历了如下几个过程:

1911—23　　　辛亥革命,结束了中国两千多年的封建君主专制制度,建立了资产阶级共和国

1923—49　　　英语用于外交与对外合作交流

1949—60　　　有识之士借助英语学习西方科学技术

1961—66　　　实现四个现代化,促进世界和平友好

1966—76　　　"文化大革命",英语被打入冷宫

1976—82　　　恢复高考,英语的地位得到恢复

1982—至今　　高度重视英语基础教育,将英语定格为主干课程(Adamson(2002))

从上述演变过程中人们发现,英语学习自始至终与学习西方先进科学技术紧密相连,与推动我国现代化建设、促进世界和平友好密切相关。时下,英语在中国现代化建设、国际交往中起着十分重要的作用,中国人对英语学习的热情空前高涨。但必须指出的是,在1911-23年期间,俄语、德语在中国人民反帝、反封建、反殖民主义的斗争中同样产生了重大影响。当时有两大阵营,知识界争论的焦点有两大学派,一派是以英国哲学家卢梭为首的西方资产阶级思想,另一派是以德国哲学家马克思和恩格斯为代表的无产阶级思想。1949年中华人民共和国的成立确立了马克思列宁主义为我党的指导思想。

1949年后,俄语在我国独占鳌头,这一状况一直延续到50年代末中苏关系分崩离析为止。从这以后,英语便成了主要外语,原因如前所述。

即便是在英语被打入冷宫的时期,有识之士仍对它念念不忘,情有独钟。今天,凡是受过教育的中国人都或多或少通晓英语,对英语学习的热情有增无减。根据Bolton(2003)调查得出的数据显示,英语教师数量从1957年的850人上升到50万人,英语学习者的数量已经超过了英美两国人口的总数。毋庸置疑,庞大的数量将预示中国大陆英语变体的到来。其实,早在上个世纪80年代初,学术界对于是否存在中国大陆英语一说就引起了广泛的争论(杜和蒋,2001)。王(1994:7)对中国大陆英语的定义是"一个在中国被中国人使用的、源自标准但又带中国特色的英语"。下面将介绍中国大陆英语的特点。

▓ 中国大陆英语的特点

语音

Gonzalez(1997)曾指出,菲律宾人一张口你便知道谁在说英语,而中国人说英语你很难猜出他的母语源自何处。因为中国人说英语时除了带有明显的外国口音外,还夹杂着各自的地方音。而菲律宾英语是典型的外国口音,菲律宾各地的地方口音并不明显。相比较而言,说中国大陆英语的人来自全国各地,加之汉语的七大方言区,外加无数的地方方言,自然中国人说英语带有各自不同的地方口音。人们对这方面的研究迄今仍捉襟见肘,本书对于众所周知的语音特点不再赘述,但要强调指出的是,中国大陆英语属于重拍子节奏。

汉语拼音为汉语提供了丰富的词源,如 *pinyin*(拼音)、*Putonghua*(普通话)、*ya-men*(衙门)、*dazibao*(大字报)、*tai chi*(太极)、*fengshui*(风水)、*ganbei*(干杯)、*maotai*(茅台)。

最近还出现了一批新的合成词,如 *xiaokang* society(小康社会)、hongbao(红包)、hukou(户口)。有些是直接从汉语译成英语,如"four modernisation""one country, two systems""running dog""to get rich quick is glorious""iron rice bowl""open-door poli-cy""paper tiger""barefoot doctor""the three represents theory""Project 211"此类例子不胜枚举,在此仅举几个供参考。

比喻的直译也是中国大陆英语一大特色,如"a flowered pillowcase"(绣花枕头),"you can't squeeze fat out of a skeleton"(骨子里榨油)。"The three of them wear the same pair of trousers and breathe through one nostril."(同穿一条裤子,同一个鼻孔出气)。

音译比较普遍,但有时词义发生改变,如英语中的特定纸牌游戏 poker(*pu-ke*)一词,在中文里则变成了一般的普通纸牌游戏。

有些英语词汇被赋予了特殊的文化含义,如前所述的 dragon 和 temple 两个词。另一个便是 face 一词,它被赋予了特定的文化元素,常用来指一个人的自尊和面子。*con-nections/contacts*(关系)一词在中文里极富特色,而且使用频率很高。lover(恋人、爱人)一词超出了英语本身的含义,它还有 spouse(配偶)的意思(Xu Xi, 2005:58)。

comrade(同志)和 individual(个人)是两个特别值得玩味的词。在中国大陆英语里,comrade 一词非常普遍,它可以用来称呼所有的人;它无年龄、性别、职务和尊卑之分,如李同志、王同志;老同志、小同志等。它是一种正式称谓,是从俄语翻译过来的,中国人对它十分熟悉和倍感亲切。近年来,它的意思发生了变化,即用来指同性恋者。不过,有时人们仍能听到它用来指党和国家领导人。'individual'一词的意思也在悄然改变。原来它有贬义的意思,指自私自利、个人主义。如今,它赋予了积极的内涵,接近英语原本的意思有"独立感""具备竞争意识"之意(Xu Xi, 2005:60)。

■ 语法

徐(2005:315)通过分析中国日报(英文版)、英文版小说、日常对话等归纳总结了以下中国大陆英语语法特征,有些特点与其他变体有相同之处(见斜体部分):

■ 时态错误

Last year, I *write* a letter to my parents every week. I *write* two letters every week.

主谓语缺失

Sometimes _____ just play basketball and sometimes _____ go to the Beijing li-brary, and sometimes _____ just play some games on computer.

We can see movies, and other activities about English.

Yes, I like _____ very much.

■ **连词重复出现**

Yes, *although* it's not as big as Beijing, *but* I like it, because I was born in it.

Because in the canteen of our school, it is crowded at the first of this semester, *so* we wouldn't like to go···go there to have our lunch or supper, *so* we choose some small restaurant to have our food.

主语重复

Some of my college classmates they like to dress up very much, and they don't like to study very much.

回答性错误

Researcher：You mean your hometown is not so crowded?

Informant：*Yeah*. Not so crowded.

主题、述题结构

You know, I think *this society*（主题），the people get more and more practical（述题）.

宾语措置

So, um···I think the love is important, and *the money I don't care*.

从句动词措置

I really don't know *what is international English*.

名词化

a) 名词代动词

investment in the sectors of education, health and culture in rural areas

b) 名词化词组作定语

long-term land-use rights

c) 修饰语后置

the top priority given to deepening reform in rural areas

d) 名词和词组并列

rural prosperity and the well-being of farmers

e) 意合名词词组

the guiding principle for the development of agriculture

■ **语用和文化习俗**

Kirkpatrick（1996）研究发现，一连串的修饰语是现代汉语一个明显的特征。徐（2005：318）研究显示，这一特点也随之移植到中国大陆英语之中：

'*Because many farmers lack adequate knowledge and experience to distinguish counterfeit goods they are generally more vulnerable.*'

这并不是说人们不能用修饰语，但是中国大陆英语这种标记性特别突出，如：

'In Shangdong province, Pingyuan county, Zhanghua town, most seed-raising farming families would never be bothered by the matter of selling seeds, *because the Seed Association of the town has taken up* 90% *of the corn seeds sales*.'

无疑,这种中国大陆英语对于母语为汉语的译员而言有一定优势,他不需要花很多精力和时间重组,而只需遵循自然语序。但是它会影响与其他变体英语之间的交流,因为英语中有标记的词语在中国大陆英语里便成了无标记。反之,中国大陆英语有的标记词句在英语中变得无标记。徐的研究还发现,在跨文化交际中,中国人会不经意地谈论家乡。诚然,首次与人见面介绍自己,谈及家乡自然无可厚非,但将话题中心聚焦家乡是否得当值得商榷。徐(2005:189)概括了人们涉及有关家乡的话题如下:

　　家乡话题→坐落的位置→人口、占地面积→美味佳肴→口音→家乡历史→风土人情→气候条件→建筑风格→对家乡的思念之情→对家乡的赞美之词等。

　　Ha Jin(哈金)是一名中文作家,他在其作品中生动地再现了中国大陆英语的语言特色以及文化元素。虽然哈金本人现已久居美国,但人们能感受到他作品字里行间那颗赤子之心。他怀着对祖国的满腔热情再现中国的风土人情,他以独特的风格用英语挥毫泼墨,被喻为专用中国大陆英语方言土语写作的作家。正如张(2002:306)所指出的,"哈金的作品中国味儿十足,他创造性地发挥了英语,他的童年经历在他的笔下被刻画得栩栩如生"。以下摘选反映了哈金的英语写作风格,中国文化元素中"关系"一词跃然纸上,被他描写得活灵活现:

　　'Every morning from then on, Jiang Bing got up early and went to the riverside to buy fish. Sometimes he bought a silver carp, sometimes a pike, sometimes a catfish; once he got a two pound crucian, which he smoked. Each day he cooked the fish in a different way, and his dishes pleased the director greatly. Soon Jiang Bing ran out of money. When he told Nimei he had spent all their wages, she suggested he withdraw two hundred yuan from their savings account. He did, and day after day he continued to make the fancy dishes... A few times Director Liao wanted to pay Nimei for the fish, but she refused to accept any money from him, saying "It's my job to take care of my patients."

　　Gradually the director and Jiang Bing got to know each other. Every day after Liao finished dinner, Jiang would stay an hour or two, chatting with the leader, who unfailingly turned talkative after a good meal.'

　　'Director Liao was going to leave the hospital in two days. He was grateful to the couple and even said they had treated him better than his family.' On Tuesday afternoon he had the head nurse called in. He said, "Nimei, I can't thank you enough!"

　　"It's my job. Please don't mention it."

　　"I've told the hospital leaders that they should select you a model nurse this year. Is there anything I can do for you?"

　　"No, I don't need anything," she said. "Jiang Bing and I are very happy that you've recovered so soon."

　　"Ah yes, how about Yang Jiang? Can I do something for him?"

　　She pretended to think for a minute. "Well, maybe. He's worked in the same office for almost ten years. He may want a change. But don't tell him I said this or he'll be mad at me."

　　"I won't say a word. Do you think he wants to leave the hospital?"

"No, he likes it here. Just moving him to another office would be enough."

"Is there a position open?"

"Yes, there are two—the Personnel and the Security sections haven't had directors for months."

"Good. I'm going to write a note to the hospital leaders. They'll take my suggestion seriously. Tell Yang Jiang I'll miss his fish."

They both laughed.

徐(2005：177)是这样解释 Nimei 如何与自己丈夫 Jiang Bing，串通一气暗地里同廖主任搞好关系的经过：

Nimei 是该医院的护士长，而廖主任是他的病人。这属于正常的医患关系，光明正大，无可厚非。不过，廖主任并不是普通的病人，他所负责的部门直接掌管该医院领导的生杀大权。对于 Nimei 来说，这是天赐良机，此时不用更待何时！20 世纪 70 年代中国大陆生活条件与现在有天壤之别，当时食堂为病人一日三餐只能供应稀饭和一点鸡蛋汤，对于普通老百姓来说一天、两天可以忍受，十天半月恐难以承受。廖主任也不例外，他吃腻了食堂的饭菜，于是他跟护士长说能否换点别的改改口味，解解馋，比如说弄些鱼什么的来吃。这给了 Nimei 可乘之机，因为她满脑子想的是自己丈夫的调任和提拔，Jiang Bing 自然乐于其中。这就是为什么她要 Jiang Bing 为廖主任做美食，以改善其生活的原因所在。

这样，Jiang Bing 便与廖主任搞好了关系。虽然搞关系不容易，有时还要破费，但这种"投资"是值得的。

从行文风格上人们不难看出，这是典型的中国式英语。全篇共 382 个词，生僻的词寥寥无几，没有任何晦涩的句式，它与英语作家的作品相比更显得浅显易懂。

■ 结论

现在人们不妨重新审视此前 Butler 所提出的 5 条标准。可以说，中国香港英语满足了其中的 1、2、3 条，但第 4 条值得商榷。中国大陆英语满足了 5 条中的 2、3、4 条，但是第 1 条可以忽略不计，因为汉语方言多如牛毛、数不胜数。从严格的意义上讲，能满足 2、3、4 条这本身就是一大奇迹，尤其是中国这样的泱泱大国，文化厚重，历史源远流长，全面推行普及英语教育的历史又可谓屈指可数。最近一项"你对英语所持的态度"的调查显示，中国人已开始接受中国式英语这一事实(Kirkpatrick 和 Xu Xi，2002；Hu，2005；Lin，2005；Xu，2005)。可见，上述观点加之中国庞大的说英语群体将有力地表明，在不久的将来，中国大陆英语将在亚洲英语口语变体中异军突起。

第八章　美式英语

■ 美式英语的发展演进

无疑,美式英语是当今世界影响最广、最大的英语变体,原因有以下几点:第一,美国是当今全球第一大国、强国,国力的强盛也扩大了它语言的影响力。严格地说,语言或者方言与强大的国力紧密相连。俗话说,"再高雅的语言到了军队就成了方言"。第二,美国凭借其通俗的文化,尤其是其好莱坞大片和音乐四处兜售其文化,以此扩大其政治影响力。正如 Kahane(1992:232)所言,"文化在国际上的霸主地位助长了其语言的扩张性……而语言的扩张又反过来加深了其文化的进一步渗透"。第三,美式英语之所以在国际上欲称霸全球,得益于美国迅猛发展的通信技术。众所周知,比尔·盖茨是美国人,他创办了微软公司,这就是说尽管人们可以根据个人意愿调整一台计算机的语言,殊不知语言早已默认设置为美式英语。简言之,美式英语的影响力之所以如日中天,主要得益于美国强大的政治实力、文化扩张性、先进的科学技术以及一流的通信设备。

时下,虽然美式英语是最具影响力的变体,但是它的影响力并非一朝一夕、一蹴而就。本章将概述美式英语的发展历程,主要聚焦两大问题。人们知道,曾几何时美式英语曾是人们的笑料、讥讽的对象。不过,所有新兴英语变体的发展之初几乎都摆脱不了这样的厄运,本书下面对此将进行详述。本章关注的另一个焦点,其实读者早已耳熟能详,即发展变化是语言的属性,美式英语也不例外,变体是其一大特征,这一点不足为奇。美式英语的变体形式多样,但本章只关注两类变体:美国黑人英语和美国南方白人英语。首先,本章将简要地回顾美式英语的发展历程,人们对美式英语所持的态度以及标准美式英语变体(这里暂且称之为美国普通话)与标准的英式英语之间的区别。

1497 年,以约翰·卡伯特为首的第一批英语为母语的人抵达美洲(Dillard,1992:1),不过最著名的先行者要算 1621 年乘坐五月花号船抵达的英国清教徒,随之而来的是美洲移民潮。虽然大量移民来自英国,但也有不少来自其他欧洲各国,其中不乏在臭名昭著的黑奴贸易中从非洲贩卖而来的大批黑奴。这就意味着美洲为英语和很多其他语言(欧洲语和非洲语)提供了交流的平台。Dillard(1992)指出,1644 年间,仅在曼哈顿岛(现纽约州的一部分)竟然就有 18 种不同的语言。使语言更加复杂化的还有其他两种因素:其一,英国移民带来了不同的英语口音,这些口音不仅彼此差异明显,而且有些口音是典型的、缺乏教育人群的口音。总体来说,有钱有势的移民凤毛麟角,而绝大多数移民是受压迫剥削的贫民。其二,土著美国人本身就有几种不同的美洲语,纷繁复杂的语言催生了美国印第安人洋泾浜语,印第安洋泾浜语在早期移民时期和美国西进潮时期扮演了通用语的重要作用。以下是 Dillard 描述的 1886 年洋泾浜语的话语片段:

'Wild turkey hard to kill. Indian break some stick, turkey stop one second, say maybe Injin, Injin be good hunter he got shot. White-tailed deer, he hear some little noise way off-say Injin-W-u-zz he gone, Injin no get one shot'.

(Dillard, 1992: 145)

当然，人们所嘲讽的新的美式英语不能与这类洋泾浜语同日而语，而是殖民者语言的变体。塞缪尔？约翰逊把美国方言描述为'腐败的教义'(Burchfield, 1985: 36)。几年后，于 1769 年苏格兰人约翰？威瑟斯彭来到美国并担任普林斯顿大学校长，他绝望地惊呼道：

"在这个国家无论是参议院、酒吧或三尺讲台人们听到的病句、用词不当、粗鲁低俗之多，这在同一阶层、同一级别、受过同等教育的英国人中闻所未闻。"

(Mencken, 1965: 5)

Mencken(1965: 32)引证了近期针对美式英语贬低的例子。1930 年，一位英国政界人士在观看完一部美国影片从影院出来后抱怨道："电影台词和对白的腔调实在令人恶心至极，毫无疑问这样的电影只会玷污我们的语言形象。"同样毫无疑问的是，这位英国政界人士话中的"我们的语言"不指别的而是美式英语。这样的偏见至今阴魂不散。

1776 年是美国的独立日。美国学者诺亚？韦伯斯特认为，政治独立也应该预示着语言的独立，于是他编撰了著名的辞书《韦氏辞典》。他企图理性地阐释英语并使其更加系统化、规范化。他提出新的拼写法，其中一部分现已成为现今标准美式英语的拼写法则。例如，对于英式英语中"flavour""armour""smoulder""anaemic""catalogue"以及"programme"等词中的某些元音字母和多余字母他认为完全没有必要，因而将它们缩写为"flavor""armor""smolder""anemic""catalog"和"program"。此举是他在与欧洲语言的交流中受到其潜移默化的结果。韦伯斯特将"diarrhoea"(腹泻)一词简写为"diarrhea"，他这样做虽然没有使这种病减轻症状，容易治愈，至少他使它变得更容易拼写。然而，他并没有大功告成，有些不必要的元音字母如在"feather"和"definite"等词当中仍然保留了下来(Crystal, 2004: 423)。韦伯斯特出力不讨好，他不遗余力地为美式英语争取独立的尝试并没有得到所有美国人的赏识，相反还受到很方方面面的攻击和反对。其中一人讽刺地写道，"如果康乃迪克州的词典编纂家认为，保留英式英语有维护奴隶制标签之嫌，那他与其煞费苦心地把英语弄得一团糟，倒不如干脆改用土著居民的语言更好"(Mencken, 1965: 12)。

和韦伯斯特一样，Mencken(1965, 1965: 4)这一名字是普及美式英语的代名词，上述很多引用均出自于他的手笔。他提出，美式英语之所以被人们接受，其原因是美国人变得更加独立，不再像过去那样对英式英语的条条框框顶礼膜拜，五体投地。Mencken在他的《美国语言》早期版本中自己也承认，美式英语将会逐渐偏离英式英语。到 1965年为止，他一改此前的想法，在当年的版本中他提出，美式英语非但没有偏离英式英语，而是开始带动它一同与时俱进。换言之，他认为美式英语正在影响着英式英语，由于美国与日俱增的国力，加之庞大的说美式英语人数的缘故，两种语言的变体在聚合而不是相互偏离。在回应语言学家明显偏见的言论中，Mencken直言不讳地晓喻读者他所称道的变体："每一位英语语言学家无不谴责标准英语(如公认英语和牛津英语)""美国人更信奉美式英语，认为它更清晰、更合理而且更富有魅力，无论哪方面均要更胜一筹"(1965: 608-9)。

Kahane(1992：213)认为美式英语与英式英语分离主要有四大因素：

1. 对英国不再顶礼膜拜，英式英语不再受追捧；

2. 民主、社会公平正义使非正式语体正式化、规范化；

3. 对社会方言一视同仁，不允许任何一种方言享有特殊地位或凌驾于其他方言之上；

4. 多语言元素融合，如来自非洲和欧洲移民语言的元素。

美国经历了社会各阶层的均质化，这与英国相比有明显的差异。翻开早期的殖民史，人们不难发现，美国从未有过将某一方言特殊化的先例。当然，这并不意味着人们对当代美国口音没有偏见，这个问题本章将在随后加以论证说明。

Kahane 的第二、第三个因素是民主化进程的结果。民主化进程往往会使某种方言或低级变体变得标准化。这种转变从里一个侧面说明，为什么标准语音在今日的英国只占人口的百分之三，而其他的语言变体却越来越多地被人们广泛接受。

人们不禁要问，标准英式英语和美式英语有何不同？其实与所有的变体一样，它们之间最明显的区别在于发音。比如说，在美式英语中出现在某些辅音后的/j/失去了滑音，因此，虽然英国人常把 duke 读作/dʒuːk/，而在标准英式发音当它应发成/djuːk/音，而在美式英语中却一概发成了/duːk/音。单词重音的变化也是一大区别，英式英语 laboratory 一词有 4 个音节，重读在第二音节上，而美式英语中 laboratory 一词居然有 5 个音节之多，而且每个音节重音分布相同。Extraordinary 一词在英式英语中有 4 个音节，重音位于第二音节，但在美式英语中却多达 6 个音节，重音分别在第 1 和第 3 个音节上。Fertile 一词在英式英语里读成/ˈfɜːtail/ ，而在美式英语中则读成立/ˈfɜtl/。同样，missile 一词在英式英语中读/ˈmɪsaɪl/而在美式英语中读作/ˈmɪsl/。美式英语比英式英语在发音上并没有任何标新立异之处，其实 fertile 和 missile 两个单词的美式发音，只不过仍然保留了它们原有的英式发音而已。

英式英语和美式英语在词的用法上也有不同之处。现以英国人和美国人谈论汽车驾驶为例，你不由得感觉到他们的谈话风马牛不相及。汽车的引擎盖、后备箱、变速杆、车牌、轮胎和挡风玻璃等在英式英语中分别为 bonnets，boots，gear levers，number plates，tyres 与 windscreens，而在美式英语中却成了 hoods，trunks，stick shifts，license plates，tires 与 windshields。在英国，驾驶员会在人行横道旁（pedestrian）、斑马线（zebra crossings）和交通信号灯（traffic lights）前停车，他们会环绕圆盘绕行（roundabouts），避免在人行道（pavement）行驶，在机动车道（motorways）和环形公路（ring roads）上行驶，在道路交汇点（junctions）停靠，在路肩（the hard shoulder）停车；在美国，驾驶员在人行横道（crosswalks）和交通信号灯（stop lights）处停车，环绕圆盘绕行（traffic circles），避免在人行道（the sidewalk）行驶，在州际公路（interstates）和环城快道（beltways）上行驶，在出口处（exits）驶出并在路肩（pull offs）停靠。

语法差异也很明显。在某些语境中，英式英语使用现在完成时的地方，而美式英语则使用一般现在时，如，你买了车吗？在美式英语中可以表达为"Did you buy your car yet?"，而在英式英语中常表达为"Have you bought your car yet?"。

人们日常言谈中也能看出其中的差异。例如，在问候和告别时英国人会说"How are you?"和"Goodbye"，而美国人则会说"How are you doing?"和"Have a nice day"。

第一节 美式英语的变化

虽然标准语体之间存在很多差异，但人们在探究区域和社会变体在内时，变化差异越发明显。Mencken 称其著作为《美国语言》，但事实上，美式英语有很多不同的口音，如何区分这些口音的方式已经成为学术界争论的焦点。尤其是美国黑人英语和美国白人英语方言之间的差异，长期以来两大理论对此争论不休。第一种是殖民滞后理论（colonial lag theory），这一理论声称，美国白人英语方言之所以继续发展演进，是因为它保留或传承了英式英语的变体特征。然而，目前殖民滞后理论备受争议（Dillard，1992；Mufwene，2001）。Dillard（1992：228）解释了殖民滞后理论缘何流行一时，特别是在白人中备受称道。他称"若要使美式英语合法化，人们需要证明我们所使用的语言与英式英语丝毫无关"。第二种是语言融合理论（language contact theory），这一理论认为，美国黑人英语与美国白人英语方言的差异在于，美国黑人英语吸收并借鉴了其他语言的（主要是非洲语）营养。今天，语言融合理论被人们广为接受。Mufwene（2001）对此表示赞赏，认为美国黑人英语和美国白人英语方言的发展得益于语言的融合，而且它们之间的差别可以用很多变量来解释，其中包括非洲语和欧洲语等不同的类型特征。例如，很多非洲语的音调特征不经意地影响了美国黑人英语的语音语调，而且非洲语和欧洲语两者不同的语言特征也被分别吸纳到美国黑人英语和美国白人英语方言当中。简而言之，Mufwene 的观点是语言在同等交流过程中，美国黑人英语和美国白人英语方言在形成过程中，应用相同的筛选原则（1991：103）。Dillard 研究得出了相似的结论，称语言融合理论可以用大量的数据加以支撑（1992：228）。

Mufwene 对美国黑人英语和南方美式英语同样做了相似的论证，这两种变体将在本章中后面作详细叙述。他指出，这两种语言变体相互影响，其中的相似点得益于大约 200 年共享的历史和文化交流，而其中的差异主要源自 19 世纪晚期盛行的种族隔离政策（2003：64）。

美式英语变体的形成受外部环境的制约，促使其变化的有三大力量，它们分别是高度发展的城市化建设、日益增长的国内外移民人口和少数民族聚集区人口的增加（Tillery，Bailey 和 Wikle，2004：228）。他们提供的数据有力地证明了这一点（2004：229ff）：1860 年 80％的美国人居住在乡村，现如今 80％的人口遍布在 280 个大都市。最新的数据显示，多数州存在乡村和城镇口音的差异，过去的 125 年来，城市化建设加速了南方美式英语的变化（2004：244）。作者进一步指出，在第一次世界大战和上个世纪 70 年代，1500 万南方白人和 500 万南方黑人移居到北方。这种人口流动现在正好相反，人们正纷纷迁徙至南方阳光温暖地带。美国的主要城市也受到了影响，洛杉矶、休斯顿、达拉斯、圣地亚哥、迈阿密和纽约市等主要城市的人口增长完全依靠移民。这就意味着在某些情况下，大多数人口并非当地居民，反过来说，这些地区的语言将经历前所未有的变化。城市口音变化显而易见，然而在乡村，尤其是在相对偏远的地区口音相对要更加稳定（Dubois 与 Horvath，203：202）。

殖民时期之初，语言变体的多样性是一大特征。每个殖民地都发展了不同的语言变体，Dillard(1992)对这一时期颇有研究，有兴趣的读者可以参考其相关著作。现在美国有4大主要方言区，分别是内陆北部、南部、西部和中部地区(Labov，Ash与Boberg，2005)，也有其他方言区，例如，纽约市就拥有很多方言包括布鲁克林语和美国黑人英语。Labov等人研究发现，很多城市相继发展自己的方言，费城、匹兹堡、哥伦布、辛辛那提、印第安纳波利斯、圣路易斯和堪萨斯市都有自己独特的方言特色。如前所述，美国黑人英语，顾名思义，主要是居住在城市的美国黑人，而说南方美国英语的人多为美国南部的白人。

在继续深入叙述之前，需要提醒读者注意的是，人们用不同的缩写和术语来描述美式英语的某些变体。例如，美国黑人说的语言变体被称为美国黑人英语(BEV)，非洲英语方言(AEV)，非裔美国英语(AAE)，非裔美国英语方言(AAVE)和黑人英语(Ebonics)。术语Ebonics原指黑人美国英语，实际上是非洲语言变体而并非英语变体(Green，2002)。但是这种分析仍有争议(cf，Mufwene，2001)。除非引用作者使用不同的名称，本文将称这种变种为美国黑人英语(AAVE)。同样，标准美国语被称为标准美国英语(SAE)，白人美国英语方言(WAEV)，通用美国语(GA)和美国主流英语(MUSE)。同样除非引用作者使用不同的名称，本文将称这种变种为通用美国语(GA)。本章所说的标准美国英语(SAE)是指白人所说的南部美国英语。

第二节　美国黑人英语(AAVE)

如前所述，早期的美国并没有某一种口音可以享受特殊待遇，可以让别人高看一眼的情况发生。但是这种情况在近期发生了变化，美国黑人英语便首当其冲，成了众矢之的。Lippi-Green(1997)曾坦言，操美国黑人英语的人充其量只能从事某种类型的工作。例如，说美国黑人英语的人主要在运动和娱乐领域出类拔萃，表现不俗，但是在其他领域却黯然失色。她引用了某学校管理员的一句话，可谓一语道破天机：

操黑人英语口音对于从事体育的 教师自然无可非议，但对一个教授语言的教师无疑大煞风景，伤风败俗。

(1997：122)

在世界其他地区情况也大同小异，有时说某个特定语言变体的人群往往遭到他人的歧视甚至讽刺。

不可否认，对美国黑人英语态度最消极、嘲讽的言辞最激烈恰好是来自他们同类的其他美国黑人。

(1997：200)

一次加州奥克兰市民投票，在决定是否把美国黑人英语作为当地学校第二官方语时，偏见终于激化了矛盾。以下两篇报道概述了互相对立的观点，第一篇报道发表在1996年12月24至25日国际前锋论坛报上，而第二篇发表在约翰·坦伯顿于12月26日写给纽约时报的文中。麦克阿瑟节选并重印了这两篇报告：

牧师杰西·杰克逊周日称，加州奥克兰市学校董事会对于全美黑人后裔的言行举止既愚蠢又粗暴，他们妖言惑众，说什么黑人学生讲的英语与传统英语背道而驰……

"这是误人子弟的蠢行。"杰克逊说,"奥克兰学校董事会现已经成为笑柄,他已经催促董事会的成员撤销这项决定"。

杰西·杰克逊牧师是个好出风头的人,殊不知他已经落伍,不能顺应当今人们对一流教育的诉求。

(麦克阿瑟,1998:218)

几个世纪以来,在是否让学生母语合法化这个问题上,一直是人们争论的焦点。苏格兰学校就曾下令明文规定学生在校禁止用方言土语。Lippi-Green(1997:241)认为,每个人都有说自己母语的权利,这种权利应该像宗教和肤色一样神圣不可侵犯。

显然,在对美国黑人英语的讨论中,人们不应该对诸如身份、权力、文化和文体等问题忽略不计,它们应与语言享有同等重要的地位。在一定意义上,美国黑人英语可以被视为黑人对主流文化的抵制,Kretzschmar 引用 McDavid 这样评论道:

城市化和城市化发展带来的种族隔离催生了新的语言变体,美国黑人英语的兴起其实是文化认同和相互团结的象征。如果教育工作者认为黑人英语不能登大雅之堂的话,那么说黑人英语的人绝不会因此就放弃他们选择文化财富的权利。

(Kretzschmar,1997:315)

正是这种文化认同,美国黑人作家兼诗人 June Jordan 编写了黑人英语写作指南,共 19 条。她从其学生写作中总结出这些法则,并收录在她的散文集 On Call 中(Jordan,1985:131-2)。

1. 用最少的文字表达一个观点;
2. 表述力求简明扼要;
3. 尽可能少用动词"to be"形式;
4. 只是在你想描述事物发展缓慢与持续状态时,才用"be"或者"been";
5. 尽量不用系动词(在动词"to be"与其他动词搭配使用时,将它删除);
6. 删除不用动词或助动词"do";
7. 尽量用否定结构来表达肯定的观点;
8. 强调效果时多用双重或三重否定句型;
9. 切忌用-ed 词尾来表明动词的过去时态(即使在标准英式英语中也不用);
10. 只用第三人称单数、现在时和陈述句;
11. 动词词形变化越少越好;
12. 不要用省略符号('s)(因为黑人英语中很少出现这类所有格形式);
13. 碰到修饰部分是复数时,该名词依然要用单数形式;
14. 坚持黑人英语特殊的过去时态表达(如 losted);
15. 对于词藻要不拘一格,要勇于发明新词;
16. 除非需要强调过去时,否则尽量用现在时态;
17. 忌用副词-ly 词缀;
18. 不用不定冠词 an;
19. 句法保持不变:在同一句中尽量用命令句、疑问句和陈述句。

虽然这些规定本意是让黑人作家充分彰显独特的黑人英语特色,但需要说明的是,有些条款其实是对英语历史的传承,尤其是英语屈折的简化,屈折的简化是英语自然发展的一部分,也是英语很多变体的共同特征。

在审视美国黑人英语典型例子前,值得注意的是,虽然有学者称黑人英语变体之间有很多惊人的相似之处,而且它已经发展为一种超越益格鲁方言的地区方言(Trillery, Bailey and Wikle,2004:243),但是这些变体之间有社会和地区上的差别(Lippi-Green, 1997)。在评价美国黑人英语今昔发展时,人们应该考虑其地域性、乡土气和文化认同(Wolfram,2003:126)。和其他英语变体一样,美国黑人英语也随着时间的变化而变化。就以屈折的简化为例,Poplack 和 Tagliamonte(1991)的研究显示,现在时态中第三人称单数需加-s 的做法,曾经是黑人英语语法的一部分。它具有可变性,但并非随意变化,它是黑人英语明显的标记。但是 Cukor-Avila 研究显示,在 1920 至 1940 期间,在德克萨斯州诗普林维尔的黑人居民典型日常语言中,动词-s 的屈折形式并无系统性可言。

S:What's her,what's her name that cooks them? She a real young girl. She bring 'em in every morning'. An'they,an' they sells 'em,an' they sells'em for that girl there in that store.

上述引用的这个例子现在仍在黑人英语中国广泛使用,例如,she a real young girl 省略了系动词 is,"and"一词中的/d/也省略了。

正如 Cukor-Avila(1997)指出,现在时态-s 的省略从某种意义上讲是语言变化的缩影。在她对德克萨斯州诗普林维尔的社区研究中,她发现,单数第三人称动词词缀-s 的消失经历了三个阶段:70 后的人群使用它所占的时间为 17%,城市化的进程越是加速,单数第三人称动词词缀-s 的使用频率越低。然而有趣的是,-s 的使用与语言环境有关,它的消逝与语序有一定关系。

Cukor-Avila 指出,"它先是从第一人称单数中消失,接着是第三人称复数,最后是第三人称单数"(1997:304)。换句话说,屈折词缀-s 出现在现在时态的第一人称单数(I cooks for him)和现在时态下第三人称复数('they fools with em')的情况下居多。南部白人英语中也出现这种复数词缀-s 的用法,下文将详述。Cukor-Avila 还举了它用在第一人称复数的例子(we does all that stuff)(1997:297-8)。这些用法佐证了上文中英式英语现代方言中屈折缀-s 的用法变化。说现代黑人英语的人们越来越多地遵守 Jordan 的第十一条规定,即少用或不用词形变化。

Jordan 的第四条规定称,只是在你想描述事物发展缓慢与持续状态时,才使用"be"。Green(2002)对美国黑人英语研究中还发现,动词 be 有表示习惯性发生的动作的含义。正如 Jordan 第八条规定所说,强调效果时多用双重或三重否定句型。下面的例子就论证了同一句中使用习惯动作的 be 和含多重否定的句子:

If you don't do nothing but farm work,your social security don't be nothing.

If you only do farm work,then your social security isn't usually very much.

(Green,2002:77)

其他表示 be 的习惯用法的例子有:

They be waking up too early(they usually wake up too early).

Those shoes be too expensive(those shoes are usually too expensive)

(Green,2002:25)

虽然,系动词 be 很少在标准美国英语中使用,它经常与第一人称单数代词连用(I'm)以及中性第三人称单数代词搭配(it's),在过去时态中 was 不能省略,但是 was 即用于单数和也用于复数 Green,2002:38)。

Be 偶尔也与屈折词缀-s 连用,Green 认为,这种-s 动词词缀是一个多余的习惯性标记,如:

"Well,that's the way it bes"(Well,that's the way it usually is)

(Green,2002:101)

Bernstein(2003:117)提出,南部白人英语有时也有此类用法,如(sometimes it bes like),他认为这种用法受到了苏格兰和爱尔兰英语变体的影响。

可以肯定的是,美国黑人英语拥有一套即复杂又系统的语法,与美国标准英语有很大差异,但与其他英语变体又有某些共性。同时,它也有其独特的词汇和韵律特色。自然,多数词汇来自其他的语言,尤其以非洲语为主,例如:

单词	含义	语言
tote	carry 装载	Bantu(tota)班图语
goober	peanut 花生	Bantu(nguba)班图语
gumbo	spicy stew 辣汤	Bantu 班图语
bogus	fake 假的	Hausa(boko)豪萨语
dig	like,appreciate 喜爱	Wolof(deg)沃洛夫语

美国黑人英语将美国标准语常用词汇赋予新的内涵,并创造了与众不同的词汇,这里人们不妨举两例说明(Green,2002:22-3)。例 1,在 mash the accelerator 词组中,mash 一词在这里变成了按压的意思 press,这句话的意思是加大油门或用力踩油门。这种用法现在也出现在其他英语变体当中,例如,"mash the pedal"意即加快行驶,它已经成为澳大利亚英语的习惯语。第二个例子是关于动词 stay 的用法,它有很多含义,可以表示居住 live,如"I stay in Robertson Road",类似的句子也出现在新加坡英语中。但是黑人英语中的 stay 还有习惯的含义,在 "he stay in the air" 和 "he stay hungry"中,这两句分别表示"他总是飞来飞去"和"他不时忍饥挨饿"。

俚语和造词是黑人英语词汇的第三大来源,下面这些单词都与金钱一词有关:

greens,bills,dividends,benjis,cabbage,cheese,cream,duckets,franklins,paper,scrila,bucks,dead presidents,dime,knot and dough.

(Green,2002:29-30)

可以说,借用外来词、现有词汇含义的扩展或延伸以及新词汇的发明,都是英语变体词汇来源的渠道。

黑人英语也有很多独特的韵律特色,它不使用辅音连缀,尤其是在词尾。如前所示,连词 and 中的/d/不发音,被读作 an。类似还有其他一些例子,如 west 读成 wes,boyfriend 读作 boyfren 等。与其他语言变体一样,黑人英语中没有/θ/和/e/的音,像 the,this,和 that 等词分别读成了 de,dis 和 dat,nothing 和 south 发成 nufing 和 souf。

第三节　标准美国英语(SAE)

迄今为止,争论之大,研究之广莫过于标准美国英语,仅仅有关标准美国英语语音学的书籍就多达成百上千册(Thomas,2003),标准美国英语成了语言研究的实验室和资料库(Thomas,2003：166)。

美国南部无论从地理还是从文化上都难以界定,它由弗吉尼亚州、北卡莱罗纳州、南卡莱罗纳州、田纳西州、乔治亚州、佛罗里达州、阿拉巴马州、密西西比州、阿肯色州、德克萨斯州和路易斯安那州组成(Wolfram,2003)。由于其地理面积的原因,自然标准美国英语不可能囊括所有的英语变体。Algeo(2003)提出,标准美国英语涵盖四个主要等级:沿海、内陆、三角洲和南部内陆。这四个等级可以进一步地被划分为18个次语言变体区,这里,我将介绍标准美国英语和主要的次语言变体的共同特点。

有三大因素在标准美国英语的发展进程产生过重大影响:一是英语本身,二是爱尔兰苏格兰方言,三是非洲语(Algeo,2003：9-12)。

标准美国英语的最大特点是所谓的"拖音",它是通过延长某些元音或同时把双元音发成三合元音导致的结果(Thomas,2003：156)。例如,there 发成了/ðajæ/的音,bad发作/ bæeɛd /的音。pass,bath 和 after 等词分别发成了/æɛ/和/æy /上滑双元音(2003：163)。标准美国语的另一个特点是/□/和/e/不分,合二为一,如 pin 和 pen 两个单词中(Bailey,1997：255)。这种独特的拖音招来不少的奚落与讽刺,从下文 Lippi-Green(1997)引述中可见一斑。第一种表现了发言人的惊讶,认为说话拖音的人还会如此聪明,而第二种是受过良好教育的、曾一度担任美国总统的人居然说话土里土气,也会拖长音:

...Beneath that deceptive North Carolina drawl,there's a crisp intelligence.

在那蛊惑人心北卡莱罗纳州拖长音的背后,却暗藏睿智。

Governor Clinton,you attend Oxford University in England and Yale Law School in the Ivy League,two of the finest institutions of learning in the world. So how come you still talk like a hillbilly?

克林顿州长,您曾经就读牛津大学和耶鲁大学法学院,两大世界顶尖学府,怎么您说起话来也居然像个乡巴佬?

(Lippi-Green,1997：210-12)

这些言论表明,凡是说话带有南方口音的人都有可能被贴上缺少文化的标签,上述这些言论针对的是男性发言人。现在人们不妨看看来自一位女士的表白,由于她说话带有南方口音,因此她担心她的演讲听众会当耳边风,她有无地自容之感。

他们非但没有听我说什么,反而将手机传递给办公室其他人员并说道,"你们听听,听听这只来自南卡莱罗纳州小蜜蜂的叫声"。

还有另一件有趣的事。一位来自东北部缅因州的女士将自己改口音成功的例子刻在 CD 上,以此宣传和示范标准美国音,她说她厌倦了别人对口音的偏见,最后下决心改掉了缅因口音。女士说话带南方口音尤其会惹来各种麻烦,一次一位电话销售员正好碰到了这样的尴尬局面,她是这样描述她的南方口音给她带来的"负面"影响:

"真是太滑稽了,这些人听我说话后爱搭不理,我感到他们有点麻木不仁,于是改用比南方柔和的口音和他们交谈,以此降低他们的心率,这样我就可以向他们销售心脏起搏器了"。

(Johnstone,2003：203)

从上述言论人们可以看出,对于南方口音人们的态度并不总是消极。南方人被喻为具有"礼貌端庄"的品行（Johnstone，2003：192），而且比北方人更礼貌、更善辩、更委婉。现在人们不妨看看标准美国语的句法，下方是德克萨斯州南部语言中的句法特点，这些例证引自 Bailey（1997：259-60）。以下例句让人们再次领略到英语语言变体之间丰富的变化：

特点	例证
a-动词-ing	he left a-running
复数动词-s	folks sits there
完成时态 done	she's done left
you-all，yall	we saw yall
fixin' to	I'm fixin' to eat
情态动词重叠	we might can make it
一般过去时 dove	they dove in
一般过去时 drug	he drug it

Bernstein（2003：107）认为，在所有这些变化中，其中有三种形式最具特色的。他们是"you-all"或"yall"、多或双重情态动词以及"fixin' to"，其中"yall"的用法最特别，它是南部语言标志性符号"（Berstein，2003：107）。Berstein 解释道，标准美国语的流行部分原因是代词 you 缺乏复数形式，人们需要它有相应的复数形式。在北部各州，短语 you guys 可以满足这一诉求，而且它既可以指代男士也可以指女士。至于双情态动词的例子，Bernstein 列举了 might could，意思类似 maybe I could，被南方人用来表达一定程度的不确定和礼貌用词（2003：109），其实它源自苏格兰英语。

第三个特点 fixin' to 在 I was just fixin' to leave 中意思是 about to（2003：114）。动作必须是即将发生的，但如果放在 I was fixin' to travel to Canada in ten years' time 句中则不恰当。

本章简明扼要地介绍了部分美国英语变体的发展与变化，在一定程度上展示了美国英语独具特色的一面。在此需要强调的是，快速的城市化建设加速了美式英语的变化，城市的发展催生出明显的语言变体，国内的人口流动与国外的移民潮使情况变得异常复杂。这说明，那种认为通用美国英语变体能通行无阻的说法只能说是一厢情愿。

第九章 实战通用语

第一节 非 洲 英 语

■ 20130101 West African

The rebel coalition warned that it will act soon if President Bozize doesn't stop what it calls a campaign against its supporters. It says it's still committed to talks but accused Mr Bozize of sending out contradictory messages. The main human rights group in the Central African Republic told the BBC that dozens of people suspected of supporting the rebels have been arrested in the capital. There was not possible to confirm these reports and the government has denied them.

■ 20130101 Ghanaian

I know some investors have already drawn up plans to come and visit Ghana to see how they can go ahead. So it is not a matter of stopping some business but it rather encouraging manufacturing. I think manufacturing will create more jobs than importation of second-hand of refrigerators.

■ 20130211 West African correspondent Thomas Fessy

There is heavy gunfire coming from different parts of town. A Malian soldier who is holding the position where we are told me that some of Islamist fighters are driving by motorbikes. People are now barricaded into their houses as the situation remains unclear. But the fear that Islamist militants had infiltrated the town seems to have become reality as they are waging a guerrilla war here in Gao.

■ 20130215 South African President Jacob Zuma

In particular we agreed to work together to strengthen collective bargaining, to address the housing problems in the mining towns, to support the national infrastructure programme, to address youth unemployment and to identify measures to reduce inequalities.

■ 20130219 South African, PumzaFihlani

At least 13 mine workers have been injured at the Anglo American Platinum mine's Siphumelele shaft in Rustenburg after security guards allegedly shot rubber bullets to disperse a crowd of feuding miners from rival unions. South African police spokesperson Brigadier ThulaniNgubane told the BBC that four security guards also suffered machete wounds. The mine is a few kilometres away from the Lonmin mine where police shot and killed 34 striking miners last August.

■ 20130224 Egyptian, Mohamed ElBaradei

We need to send the message loud and clear, to the people here, to the people outside of Egypt, that this is not a democracy, that we have not participated in an uprising two years ago, to end up with, you know, a recycling of the Mubarak regime, when torture still there, when abduction is still there, when a lack of social justice-basic needs. So, I took the decision that we will not participate in a sham election.

■ 20130225 South African, June Steenkamp

... and he said is that Reeva, and I said yes, and he said there's been an accident and she's been shot. And I said all I want to know now is she alive or is she dead. The man says he was a police and say: I'm sorry to have to tell you, but I don't want you to go up and read in the paper that she's dead.

■ 20130310 South African

"Former President Nelson Mandela was admitted this afternoon to hospital in Pretoria for a scheduled medical check-up in order to assist doctors in managing his existing conditions which are very much in line with his age. The doctors are conducting tests and that's why they have been indicated there is no reason for any alarm."

■ 20130415 Somalian correspondent, Mohammed Moalimuu

Recently, the situation of Mogadishu was improving and many people were coming back from outside Somalia, some were coming back from Europe, some were coming back from the United States and elsewhere. So there has been rehabilitation and rebuilding of Mogadishu, and people were so happy and just were feeling some sort of relative calm, but these attacks are causing some worries to the people who have been trying to build Somalia after two decades of civil wars.

■ 20130416 Senegalese correspondent, Thomas Fessy

Karim Wade presented detailed documents of his assets to a Senegalese special court tasked with investigating cases of corruption. He'd been given one month to prove that he legally acquired over MYM1bn while his father was in power. CW was nicknamed the minister of the sky and the earth, as he held the infrastructure, urban planning, air transportation and international cooperation government portfolios at the same time. He was then in charge of 1/3 of the state expenditure. The Senegalese court has yet to announce the reason behind this detention as CW's lawyers claimed he's been forcibly taken away.

■ 20130430 Ghanaian, Naba Henry AbawineAmenga-Etigo

"No child should suffer any form of abuse as a result of whatever circumstances he or she is born(with). The God produce life and only God who can take away life. So no child should be killed because they say the spirit child. That is not good."

■ 20130503 Kenyan correspondent, MwachiroBusadi

The two Iranians, Ahmed Mohammed and Sayed Mansour Mousavi were found guilty of processing 15 kilos of powerful explosives allegedly for use in bomb attacks. Nairobi judge KaireWaweru said the prosecution had proved beyond any reasonable doubt that the two were planning to attacks on Israel, American and British installations in Kenya. The two Iranians denied the allegations and judge Kaire would sentence them on Monday.

■ 20130506 Libyan correspondent, Rana Jawad

The law could potentially see the removal of the figures currently serving in both the congress and the cabinets. Although officials and the public at large generally see the law as a necessary measure, many believe that there are other interests being pursued on all sides under the guise of demands for this law to be adopted. And it includes militias afraid of losing power and political infighting within the congress itself. Human rights watchdogs say the law is too sweeping and vague.

■ 20130515 Nigerian President, Goodluck Jonathan

"The activities of the insurgents and terrorists have been reprehensible causing fear among our citizens and a near-breakdown of law and order in parts of the country, especially in North. We have taken robust steps to unravel and address the root causes of these crises, but it would appear that there is a systematic effort by insurgents and terrorists to destabilize the Nigerian states and test our collective resolve."

■ 20130526 Kenyan, MuthuiKariuki, spokesperson of Kenya's government

"I have been in touch with our security people and I have been assured by all the relevant departments that Michael has never been to this country. And his friend is claiming that the man was at least in this country. I can assure you that if we have ever laid our hands on Michael we would never have let him go."

■ 20130610 Libyan correspondent, Rana Jawad

Libya's army chief, Youssef al-Mangoush, was due to be replaced soon, but the deadly events in Benghazi appear to have accelerated the process. The General National Congress has adopted a six-point decree which includes accepting the chief of staff's resignation, breaking up militias and three days of mourning over the deaths in Benghazi.

■ 20130613 South African, grandson of Nelson Mandela

"We are particularly honoured to have received many prayers and messages from South Africans at large as well as the global community. We want to say thank you and we appreciate all the support that you show towards our grandfather."

■ 20130630 Somalian correspondent, Abdullah Abudishak

Hours after his arrival in Mogadishu Aweys was still at the airport. He was negotiating with government officials led by Somalia's interior minister. The spokesman of the Somali president says the government is ready to give him amnesty provided he denounces violence. Aweys is seen by many as the father of Jihadists in East Somalia since early 1990s after the collapse of Somalia's last functioning government. He is considered a terrorist by both the UN and the United States.

■ 20130703 Senegalese correspondent, Thomas Fessy

The victims' main lawyer, Jacqueline Moudeina has told the BBC that 13 years after Mr. Habre's first indictment which was then dropped by the Senegalese authorities, these charges came as a great relief. Mr. Habre has been living in exile in Senegal ever since he was overthrown in a coup in 1990. One of his lawyers, El HadjiDiouf said he remained confident the truth would eventually emerge for Mr. Habre to be cleared.

■ 20130704 Egyptian

"Those who attended have agreed a roadmap that includes initial steps that would have achieved the building of a throne and consolidated Egyptian society that nobody is excluded or rejected. This roadmap includes the following: to dissolve the constitution on a temporary basis; to hold early presidential elections while the head of the constitutional court will manage the affairs of the state during the transitional period."

■ 20130715 Nigerian, Chino Obiagwu, spokesman of an organization of human rights

"It sends a very wrong signal to all African countries that the international sanctions of court could be ignored. It's a strong signal that African nations don't need to cooperate with ICC. And if that impression continues, then we're going to have a serious problem dealing with impunity in Africa."

■ 20130727 Egyptian correspondent, Yasmine Abu Khadra

The atmosphere now is very solemn as the protesters here have started to do the night prayers of Ramadan, the holy month. Before, at this period of time, the atmosphere here was very festive, was very energetic. People were chanting all of the songs. They were saying "down with the military rule". They were saying that we are against this what they have called the military coup. As for securing the Rabaa al-Adawiya, some of the protesters here are manning the checkpoints here to make sure that there isn't any invaders are trying to come into Rabaa al-Adawiya and they may trigger any kind of clashes.

■ 20140806 Nigerian correspondent, TomiOladipo

In separate incidents, gunmen raided a police post and a military base in Borno state, reinforcing fears that the Boko Haram sect is still active there. Security forces recovered ammunition and several vehicles from the defeated fighters. The north-east of Nigeria is under a state of emergency as the authorities battle the Islamist insurgency led by Boko Haram. There's been a recent decline on the frequency of attacks, but the threat still remains.

■ 20130807 Ugandan, Maria Magezi

"Is this law advancing the Uganda's democratic governance or it is taking it backwards? This is a law which is going to be used by the government to really crack down on any other people who are not supported the government."

■ 20130819 Egyptian correspondent, Youssef Taha

"During the transfer, some inmates took one of the officers securing the convoy as hostage. These security services fired tear gas to release him, he was seriously injured in the process, but the security services manage to release him alive. But shortly afterwards, a group of unknown gunmen attacked the convoy and the security services responded with gunfire as well. And in the process, those 30 out inmates, 36, 38, we are not sure the exact figure yet, have been killed."

■ 20130821 Egyptian, Hazem Al Beblawi

"We are all unhappy with what happened, but the question is who provoked it? When people insisted that we were not respect all of the country, we will cut the seats, we will occupy for many times, we will make life very difficult to all that surrounded, all the neighbours."

■ 20130825 African American, Martin Luther King III

"The vision preached by my father a half century ago was that his four little children would one day live on a nation where they would not be judged by the colour of their skin but by the content of their character. However, sadly, the tears of Trayvon Martin's mother and father remind us that far too frequently the colour of one's skin remains a license to profile, to arrest and to even murder with no regard for the content of one's character. "

■ 20130827 Libyan Education Minister, Etmonia David Tarpeh

"I know there are a lot of weaknesses in the schools, but for a whole group of people to take exams and every single one fail(ed), I have my doubts about that and I'm trying to meet with the university to find out what actually happened. "

■ 20130830 Rwandan, Olivier Nduhungirehe

"The persistent shelling on Rwandan territory is unacceptable, as it would be to any, any sovereign nation. Rwandan civilians are being targeted by DRC forces and we have remained restraint for as long as we can, but this provocation can no longer be tolerated. "

■ 20130922 Kenyan

"Suddenly we heard three, four blasts again and then a lot of gunshots and that's when we realize that we've probably having a, perhaps a bank rubbery but then I saw a whole crowd of people ran out from the exit area into the parking lot and they were followed by two gunmen dressed in black with banner on their head showing automatic weapons and they shooting indiscriminately. And we saw people being shot under a tent where the children were having a cookery competition. And we suddenly realized that we were under attack. "

■ 20130924 Kenyan Interior Minister, Joseph Ole Lenku

"Our business and our intention to go to Somalia was for some very clear reason. We have unfinished business there. We are going to continue to be there. And this attack would only make our resilience and our position very clear that al-Shabab posed a real threat not only to Kenya, but East Africa. And therefore, we would not be cowed and would not consider whether we need to rethink our activities there. If anything, using the aim of Amisom, we are only going to intensify our presence. "

■ 20131107 Malian correspondent, Thomas Fessy

The statement says the French and UN peacekeepers are committing daily crimes against the people of Mali and Muslims in the northern region. This killing, the statement reads, remained just more price to pay for the French crusades. Fighters loyal to AbdelkrimTarki, a senior commander of al-Qaeda in the Islamic Maghreb are believed to have sent this statement. It remains unclear whether those who shot the two journalists died had set out to kill them or instead wanted to kidnap them for a ransom.

■ 20141205 Eritrean ambassador to Britain, TesfamichaelGerahtu

"The Eritrean government has been working with Sudan, Egypt, Libya in this area on how to cooperate on this issue. We have been aggressively trying to control our borders with Sudan, we have been raising awareness, we have been bringing the criminals that caught unarmed on border into justice."

■ 20141207 South African president, Jacob Zuma

We sincerely thank all South Africans for the dignified manner in which they have respected and responded to the monumental loss of this international icon who is(are) the symbol of reconciliation, unity, love, human rights, and justice.

■ 20141208 Middle African correspondent, Thomas Fessy

Bossangoa is now clearly divided. Tens of thousands of Christians have sought refuge around the church while around 7,000 Muslims are stranded at a school located on the other side of the town. Not a soul is moving on the main thoroughfare between. Reprisal attacks continue. African peacekeepers have been holding out on their own so far but they are relieved to see the arrival of French troops here in Bossangoa and further military action is now crucial. Violence has taken a dangerous religious turn.

■ 20131215 Kenyan police commander, Benson Kibui

"According to investigation, initial investigation is that somebody might have entered in this minibus with an explosive then that person blew himself or herself. All the other angle that we are looking to earth is that an idea was planned by those people we are looking for."

■ 20140103 Rwanda, General FaustinNyamwasa

The motive, I think, is a political assassination because Rwanda's got threat out of political assassinations over the years. Dissidents in Kenya, generals in Uganda had attempted on my life in South Africa. Definitely the Patrick's life of Rwanda is not different from that.

■ 20140107 Ethiopian, Emmanuel Igunza

After several false starts, the two negotiating teams have today finally sat down together and discuss how the talks will proceed. But the real work starts on Tuesday when they talk on more contentious issues that have threatened the talks-how to implement a ceasefire and the release of political detainees. Both teams have publicly announced support for a ceasefire and access humanitarian assistance for the thousands displaced by the fighting. But they have been at odds over the release of senior opposition figures who were arrested when fighting broke out in mid December.

■ 20140117 West African, Thomas Fessy

Only the gun makes a difference in front of a youth mob, there are 11 African U-nion soldiers here, they have just prevented a man from being killed, but can they save the next one? More than 1,000 Muslims were evacuated this week, time seems up for some. But for the Christians displaced, this could mean a safe passage back to their neighbourhoods. But with ever stronger international force around, who will avert the hatred that has emerged in the last months? Mass killings remain a major risk.

■ 20140123 South African, MogomotsiMogodiri

We never could mention a statue which would have a rabbit hid on its ear. So we are really unhappy that somebody decided on their own to put some to which we'd met with respect, so it is not right, we'd want people to see that statue as a symbol of hope not about something like a rabbit.

■ 20140126 Egyptian, Sally Nabil

This news about clashes arrests and injuries has no influence whatsoever on the crowds behind me, thousands of people are here in Tahrir Square, celebrating the anniversary of the 25th of January revolution. This place is packed with people who are supporting the army and the Minister of Defence General Abdel Fatah al-Sisi. We have his pictures, we have signs saluting him, and others asking him to run for presidency.

■ 20140304 Nigerian Interior Minister, Abba Moro

This is a world blamed series of attacks and activities by the Boko Haram. The civilian activity in Nigeria for which these government was not completely prepared to tackle. But at least that this government was accepted by the crowd. Every resource that is valuable to combat our Nigerian rebel.

■ 20140316 Nigerian

"Everyone was so rowdy and you get a lot of smoke, you have to lock up the gate, and you know there where women here were pregnant when many people had to push, forced their way to. . and people are falling down, there was no air, no breath I have to use my hands to push my fellow "

■ 20140320 Zimbabwean

"It was their long offered duty. It was supposed to be done a long way better, because people are suffering, because some other people are gaining at the expense of us. "

"I feel it's like another way of cheating us. You might let all people see 6,000, yet we don't know about their benefits. What are they getting behind these safe salaries?"

■ 20140427 Zimbabwean correspondent, Harare Brian Hungwe

The news is come as a shock to many. The suspension was announced at the time the party leader Morgan Tsvangirai was addressing at a party rally in dissolving machine powders. He is expected to defend the suspension. The party is for another split that will weaken the main party and strengthen President Robert Mugabe's group in power.

■ 20140430 Zimbabwean prime minister, Morgan Tsvangirai

As far as I'm concerned, this is a week of our opponents. It doesn't not make Mguabe stronger, far from it. Mugabe's strength cannot be based on power, it has to be based on popularity, and I don't believe that President Mugabe has the popular support of the people of Zimbabwe.

■ 20140504 Somalian correspondent, Mohamud Ali

According to the police boss in Mombasa Robert Kitur, one person tried to get access to a bus in the evening, the explosives exploded killing three people in a busy market in the coastal town of Mombasa. There was also a simultaneous attack on a resort hotel that frequented at by tourists in N * beach, nobody was inside are killed in that blast and the police at the scene.

■ 20140505 Nigerian correspondent, Mansur Liman

"The president has not given any detail on what the government is doing. He said the government is doing its best and will continue to do its best. He said that the government has used aircrafts and helicopters in order to locate where these girls are, but they were not able to locate where they are. So, this is the problem now, I think Nigerians while looking before the broadcast to hear something new, whether there is a new operation or anything else but there isn't anything in the broadcast to suggest that the government is going to do something even more than what it has done before."

■ 20140510 South Sudanese correspondent, Emmanuel Igunza

This is a really huge step in such aim finding a solution to the political crisis and the bloody conflict that has engulfed South Sudan for the past 5 months. And this has been so important because they say there would be a next talk, both teams have been agreed to a ceasefire. They have also undertaken to issue orders to the military commanders on the ground in South Sudan to stop all combat and to allow humanitarian aid to get to those people, 3 million people in need of emergency food aid in South Sudan. So allowing that, food should get to them.

20140511 South Sudanese, Ateny Wek Ateny

Whether the government that is going to be formed in South Sudan, the fact is that you know the gap now between the leaders, especially the rebel leader and his commanders. And the people are so right, so this is something that the rebel the rebellion will have to build, they have to build the trust if they had, to remain in the political as a spectral means in South Sudan.

20140513 Nigerian Senator, Ali Ndume

What is the most important one is that a channel of communication has been established that is one to they are talking and our people and I, myself, this encouraged the government to continue talking because that way you'll reach somewhere because in this type of situation, it is on the negotiation that helps to bring solution to the problem.

20140515 Nigerian correspondent, M. Limon

They were trying to express their own dissatisfaction in the way they are being handled. They specifically gave an example of the killings of some of their colleagues overnight because there are police arrested an area which is suspected to be infiltrated with Boko Haram members. They wanted to spend the night without travelling but then I think the senior military officers insisted that they should come back to the barracks in the night. And they complain that they do not have night vision goggles to see. They were ambushed on the way as some of them were killed, so the soldiers today at the barracks were expressing their dissatisfaction the way thing are being handled in the barracks.

20140520 Libyan correspondent, Rana Jawad

In a televised statement, the head of Benghazi special forces WanisBukhamada says he supports operation dignity in his city. He added that his men had been fighting for a year and a half against terrorism. This operation has been led by a retired general KhalifaHaftar whose forces launched an air and ground assault against Islamist militias in Benghazi on Friday. The move was condemned by the Libyan government because they didn't authorize it, saying it amounted to attempted coup. The government has also proposed a recess in a bid to stay off descent into renewed civil war.

20140523 Malawian, Judge MaxonMbendera

"Wherever the polling was taking place, there were monitors. As the close of the polling, the counting took place in the polling centres. As us pushed it right at the polling station and monitors of all parties were required to sign and everyday in fact they've approved the results. "

■ 20140608 Nigerian editor, Mannir Dan-Ali

All the distribution vehicles that were impounded, they were checked, nothing was found of them yet. They are not allowed to proceed to their destinations, and the newspapers did not reach the readers. The fact is that in spite of their protestations, that actually they are not trying to prevent journalists from doing their work, they are not trying to stifle the media. Yet that is the message that people seem to be getting from these signals.

■ 20140713 Nigerian correspondent

"Whoever is working as a journalist in Maiduguri is taking a great deal of risk. It's difficult to get there. The airport has been closed since December last year and there's virtually only one road that leads to Maiduguri. You don't know when or where you'll be blocked by Boko Haram's soldiers. And once they block you, they have no mercy. They'll slaughter you like a sheep." We also hear allegations of unjustified detention and brutality by Nigeria security forces.

■ 20140724 Nigerian correspondent, Washier Assad

The attack target is clearly the Islamic clergy as he was living in the square at the centre of Kaduna where he had been preaching. Thousands of people had attended the prayers. Sheikh Dahiru Bauchi escaped unhurt, but 25 people were killed and many others were injured. Shortly after that came a second attack, this time, the apparent target was the country's foreign ministry ruler General Mohamed Ruhani. Again, he escaped. But his car was damaged and 90 people were killed.

■ 20140727 Sierra Leone correspondent, UmaruFofana

A Health Ministry spokesman told the BBC that the 33-year-old hairdresser and her parents who are suspected to have the virus have been taken to the east of the country where the only Ebola treatment centre and laboratory are located. S. Family's Town, a Chinese-run public hospital in the west of Freetown on Thursday evening had removed her after she had tested positive for Ebola.

■ 20140813 Libyan Health Minister, Walter Gwenigale

Let me say how many doses of the drug I will give. This is an ethical issue. So if someone asks that they want me to try on them, I will have to see the chances of adequacy of giving. It depends on the stage of the disease. If it rose that they will not live whatever we do, we will be wasting the drug that we have given to them.

■ 20140910 Libyan, SedarioBalezin

The situation here is really bad. It is completely out of control and we foresee and need at least 1,000 beds. We have in totally in Monrovia about 240 beds. That means that meantimes people who have come to here we have to tell them to turn them away. They come back home, they are still sick people. They can in fact die in their home. And so it is a literally bad way for the disease to spread.

■ 20140914 Ugandan Assistant Commissioner, Fred Enanga

"There are some leads of course let us to have been followed and we cannot yet say that we have concluded, because you know when you have a threat that was quite imminent like this one, because it was at the verge of happening. So we moved in at the very opportunity time, broke into this terrorist cell, and arrested some suspects with explosive materials. "

■ 20140921 Sierra Leone correspondent, UmaruFofana

"Almost 900 emergency calls are put through to them to either pick up their bodies or sick people. The response for these calls is now being questioned. Only a few dozen people could be picked up and taken to very few facilities that exist as holding centres in the capital, there are only two treatment centres for Ebola in the whole country and they're based in the east. Reports from one of those centres in Kenema say that the clinic is overflowing with patients being brought in across the country. "

■ 20141008 Kenyan correspondent, Peter Mzambi

"Mr Kenyatta arrived in Amsterdam at Schiphol Airport, but he and his family were whisked away, even though he's here at his capacity as a citizen, as he said, not as a president. So tomorrow he will appear before the court, and it is expected that he will be questioned over allegations by the Chief Prosecutor that his government has been withholding crucial evidence. It is only after tomorrow's status conference that the judges are going to decide later the future of this case against Mr. Kenyatta. "

■ 20141010 Sierra Leone President, Ernest Bai Koroma

Our people are dying, children are being orphaned. Most of the deaths are women and over 2/3 of those infected belong to the most economically active age category of 15 to 50. Children are not going to schools, doctors and nurses are dying. And the non-Ebola illnesses are adding to the toll of death and suffering due to further weakening of the healthcare system in the country.

■ 20141021 Ghanaian President, John Mahama

In a war that knows no boundaries, so we need to keep preparing for any eventuality. Nigeria was able very quickly to snuff it out and I think that that was very positive move that, we all need to learn from how they managed to track and trace and quarantine people and be able to deal with, with the virus.

■ 20141022 Sierra Leone correspondent

Her son refused to have her taken away, and when police and soldiers went there to forcibly remove her as well as quarantine the house as something that was required, the youth, and according to the police local unit's commander superintendant David Kuruma, the youth had started pelting stones at them, and they also have to defend themselves; it led to serious riots in Koidu, which have led the police imposing a day-time curfew.

■ 20141024 Nigerian, Michael Merry

We are condemning it and the issue would be investigated. Whoever is found to be accountable or perpetrating it will be brought to book. Investigations are still ongoing to verify because reports from D. is given from 15 figures and situation of the event. So let us get our own proper commission for what happened.

■ 20141104 Burkina Faso correspondent, Immanuel Egunza

The AU Peace and Security Council says the transitional period should be led by a civilian and the current military takeover is an unconstitutional change of government. A communiqué issued at the end of a special sitting of the council also expressively diluted the people of Burkina Faso and condemned acts of violence against peaceful demonstrators. Together with the UN the African Union has already deployed agenda mission to Burkina Faso to assess the current situation.

■ 20141108 African, AU's deputy chairman

I think at this time we want to refrain from putting a gun on their head and allow them to discuss. But of course, I mean, at the end of the two-week period, we will meet and reveal and obviously the sanctions will kick in. And the standard of sanctions of course we start with the suspension from membership of the African Union and then other sanctions would follow.

■ 20141112 Sierra Leone correspondent, UmaruFofana

"There have been mixed emotions for health workers in Sierra Leone today. One of their colleagues doctor Martin Salia, who have been admitted to hospital in Freetown, become the sixth doctor to contract the disease with all five having died of it. His blood sample has returned a false negative result for Ebola on Friday, but the signs of the symptom persisted. Hence a further test, which returned a positive result this morning."

■ 20111124 Kenyan Deputy President, William Ruto

"Following the Mandera bus attack, our security forces initiated emergency action. They subsequently managed to identify, follow and strike the perpetrators of these senseless murders. Two successful operations in the hideouts of the perpetrators of the Mandera executions were swiftly carried out across the border. Our retaliatory action left in its train more than 100 fatalities. " Al-Shabab later issued a statement denying there had been any military response from Kenya.

■ 20141215 Libyan, LeymahGbowee

"The conflict in Ukraine is trampling the stability of Europe, and is undermining its capacity to play a positive role in the world. The events in the Middle East are taking an increasingly dangerous turn. They are assisting or smuggling conflict in many parts of the world, particularly in Syria, Iraq, Israel, Palestine, Afghanistan, South Sudan and Ukraine. "

■ 20150102 Gambian president, Jammeh

The Gambia armed forces are very loyal men, as far as we are concerned that any single participation of the armed forces and I said not find an attack. So, the colonial calling military coup is obviously an attack by terrorist group not by some foreign unnamed power. But of course we know we have dissidents like this.

■ 20150125 Nigerian president, Goodluck Jonathan

Presidential Jonathan arrived in Maiduguri on a very heavy security. This city is in lockdown with heavy presence of soldiers, some of whom appeared well-kitted with brand new rifles. This is the president's second visit to the city in only 2 weeks. Just 2 days ago, suspected insurgents have attacked a village a few kilomitres from Maiduguri killing at least 15 people including the traditional ruler of the village and setting the houses ablaze.

■ 20150214 Sierra Leone correspondent, UmaruFofana

They include pockets of ambulances, burial vehicles and even the construction of Ebola treatment centers. Millions of dollars were also allegedly withdrawn from the Emergency Health Response and Miss Selina's account just set up to respond to the outbreak. And the auditory journal report says what follows that was done without a proper compliance procedure, no invoices or receipts, or even delivery notes. This kind of indictment reports on its auditor also talks about the Ebola Response Center itself that received about 8 million dollars and the auditors couldn't find any receipts or payments, or how that was really disposed.

■ 20150215 South African President, Jacob Zuma

"Land has become one of the most critical factors in achieving redress for the wrongs of the past. In terms of our new proposed laws, a ceiling of land ownership will be set at a maximum of 12 000 hectares. Foreign nationals will not be allowed to do own land in South Africa but will be eligible for long term lease. "

■ 20150224 Kenyan correspondent, Maria Mcdonald

High Court judge Isaac Lenaola flew out 10 out of the clauses submitted by the country's opposition and some civil societies, amongst them is strict control on the media that would have made it harder for their present the country to expose and criticize human rights violations. A clause on the limitations on the number of refugees allowed in the country has also been timed unconstitutional that the decision is seen as a blow the government which has insisted that it needs more powers to counter the increased terrorism threats from the Somalia-based jihadist group Al-Shabaab.

■ 20150310 Nigerian, Nicolas Henin

These jihadists have little to do with the local culture, Arab or Muslim. They are children of our societies. They speak our language. They have the very same cultural reference that we have. They watch the same movies we watch. They play the same video games our kids play. They are products of our culture.

第二节　亚洲英语

■ 20130101 Pakistan

Among those released according to Pakistani officials, are the former Taliban Justice Minister Mullah Nooruddin Turabi and the former governor of Helmand province, Abdul Bari. Mullah Turabi is told to be in poor health. But Pakistan's most high-profile Taliban detainee, former deputy leader, Mullah Abdul Ghani Baradar remains in custody. Last month Pakistan freed at least nine other Afghan Taliban following a visit to Islamabad by the head of the Afghanistan peace council.

■ 20130107 Turkish

"Assad is denying the initiative of Mr Lakhdar Brahimi. He is refusing the political solution. So he is sending a message to international committee that he will not compromise with the international committee to sit with the Syrian opposition and discuss the situation. "

■ 20130112 Afghan

"We agreed on allowing a Taliban office in Qatar, in Doha, where the Taliban will engage in direct talks with the representatives of the Afghan High Council for Peace, where we will be seeking the help of relevant regional countries including Pakistan. "

■ 20130127 Afghan

The attacker was driving a motorbike and targeted the counterterrorism chief in the heart of Kunduz city. The area was packed with civilians and police at the time of the attack. Afghan officials in Kunduz province say the assassinated counterterrorism chief, Abdullah Maray, was behind the killing and capture of key Taliban leaders and few commanders. Mr. Mari was a member of the northern lines and a key ally of the vice president Massoud Fahim.

■ 20130218 Bangladesh, Anbarasan Ethirajan

Tens of thousands of protesters gathered in a busy intersection of Dhaka burst into cheers after the Bangladeshi parliament approved changes to the existing law. The government can now appeal against verdicts at the international crimes tribunal set up in 2010 to try those Bangladeshis accused of collaborating with Pakistani forces and committing atrocities during the war for independence. Critics say the provision is aimed at the Jamaat-e-Islami which opposed to Bangladesh's independence from Pakistan.

■ 20130417 Pakistani, Ahmed Raza Kasuri, lawyer of former president Pervez Musharraf

"They are trying to establish that dictatorship or democracy is a frame of mind. A man in uniform can be democrat and a man in the shirt while can be a dictator. And they've also had dictatorship judicially.

■ 20130422 Indian correspondent, Sanjoy Majumder

The Prime Minister Manmohan Singh said the gruesome assault on a five-year-old girl was a reminder of the need to collectively work to root out what he described as depraved behaviour. The child was allegedly abducted last week and then sexually assaulted over a 48-hour long period. Doctors have been treating an intensive care, they announced her condition has shown signs of improvement, and she is conscious. On Saturday, a suspect was arrested in the eastern state of Bihar and brought to the capital to face questioning.

■ 20130427 Iraqi correspondent, Nahed Abouzeid

The Iraqi government's decision to act firmly to end the protests in Sunni areas has increased the level of tension in the country. Sunni leaders accused the army of committing a massacre when they stormed the protest camp in the town of Hawija. The

Shia-led government says, however, that soldiers were attacked and acted in self-defence. And the latest violence in Baghdad, a series of attacks on Sunni mosques, caused many casualties and the protests by the Sunnis have continued since the start of the year in the Anbar district and show little sign of stopping.

■ 20130429 Bangladesh correspondent, Anbarasan Ethirajan

Four firefighters were on the third floor of this collapsed building. They have been struggling for the last, the five, six hours to rescue one girl from a groove. And they were using a drilling machine and the sparks from the drilling machine triggered this fire because this is a clothing factory, there are lots of cottoned clothes all around the place. And in the fire, these four rescue members, rescue team members, were injured and the firefighters were rushed to the hospital immediately. The girl they were trying to rescue since morning has died.

■ 20130506 Malyasian, Anwar Ibrahim, opposition leader

"We want the Election Commission to give a satisfactory answer to why this fraudulent process was being condoned or done, and they are, clearly, or they were, complicit to the crime."

■ 20130512 Pakistani, Nawaz Sharif, former premier

"That is what our people would expect for. So we have to change, and people have shown their confidence in us. They've expressed their confidence in us. They know that we have changed this country in the past. We've done it, we've shown it to the people of this country and we'll do it in the future as well."

■ 20140512 Turkish correspondent, Judy Sopra

The bombs struck at the heart of Reyhanli, a town close to the Syrian border. One car was parked outside the post office and another sandwiched between a municipal building and police headquarters. The area hosts an estimated 25,000 Syrian refugees and is a sensitive place in terms of Turkish support for the Syrian opposition. Syrians seek safety here and if this attack was carried out by their aggressor, they will fear extremely nervous about what happened as well the Turkish public who will have largely been against Turkish involvement in the Syrian conflict.

■ 20130518 Iraqi correspondent, Rami Ruhayem

There will be speculation that this is all sectarian in nature. There's probably an element of truth to that, but it doesn't explain the whole picture. There are still many questions which are not yet answered about all of this. And most specifically, what is the strategy behind such violence? There doesn't seem to be a clear answer to that except, of course, the will to destabilise the country. But to what end? That remains unclear.

■ 20130519 Pakistani correspondent, Shahzeb Jillani

Zahra Shahid Hussain was 60 years old. She was the senior vice-president of Imran Khan's party. Initial reports suggested that it may have been a case of robbery. But later we are hearing that the gunmen try to snatch home a mobile phone of hers and then shot her in the head at a close range, which gives rise to suspicion that this was actually a targeted attack. It was a murder. Imran Khan has been quick to point a finger at MQM party, which dominates Karachi's politics. MQM has denied any involvement.

■ 20130530 Syrian, Gen Salim Idriss

"The situation of Qusair is very, very complex. It is very dangerous and these fighters of Hezbollah are very well organised and very well armed, and they are supported by the air force of the regime. And the air force of the regime is using vacuum bombs and very powerful bombs, and the regime is using the long-distance artillery and the missiles, the Scud missiles, against al-Qusair."

■ 20130614 Persian, Sadeq Saba

They have been threatened. They have been pressurized to talk to us, and staff in London to tell them that they should stop working for the BBC. For the first time, they use threats against the relatives themselves, including they will lose their pensions, their passports; and also again, for the first time, they threaten families in Teheran if staff in London continue working for the BBC, their own lives would be in danger, and they said they will do everything to get off the staff in London.

■ 20130622 Indian correspondent, Nitin Srivastava

The extent of damage is enormous looking at villages which have been wiped off the map and the road network which has been completely destroyed. We had the opportunity to visit two of these sites today in an air force chopper. And the damage is frightening, because areas which were swarming with people less than a week back are devoid of any inhabitation and it's only the stranded survivors whom you get to meet who have not had food, water and the basic communities nor medical aid for the last more than four days.

■ 20130707 Jordanian, Ahmad Ziadat, Justice Minister

"He will not be mistreated and this is guaranteed by Jordanian laws and the constitution. His trial may shed more light on his role in financing terrorist acts and planning terrorist acts."

■ 20130724 Israeli, Efraim Zuroff

"These are the last people are not to deserve any sympathy because first of all,

135

they had no sympathy for their victims. And second of all, in the cases I've got with personally I have never encountered a Nazi war criminal whoever expressed any regret or any remorse if anything just the opposite. Many of these people are proud till this day of what they did."

■ 20130725 Arabian, Lakhdar Brahimi

"As far as the United Nations is concerned, the position is really clear. Sending arms is not the solution. The flow of arms has to stop to all sides, and what you need is work harder at making that political solution possible."

■ 20130730 Israeli, Tzipi Livni

"There's a lot of cynicism and scepticism and pessimism, but there is also hope. And I believe that by re-launching the negotiations we can recreate hope for Israelis and for Palestinians as well. And I truly believe that peace between Israel and the Palestinians is in the Israeli interest and Palestinian interest, the interest of the international community."

■ 20130806, Indian correspondent, Rahul Tandon

The young girl was attacked last Wednesday near her house on the outskirts of Kolkata. She fought off her attacker, but scared that she would be able to identify him. He doused her with kerosene and set her on fire. She was rushed to a government hospital in Kolkata, but died from her injuries on Sunday. Police have arrested a local man and are questioning him. The girl's family have demanded that the death penalty should be given to whoever killed their daughter.

■ 20130811 Iraqi correspondent, Alhassan Sillah

The car bombs were parked in alleys, restaurants and cafes to cause as many casualties as possible. Families were all celebrating the third day of the Eid al-Fitr holiday marking the end of holy month of Ramadan. At least eight districts were hit, most of them Shiite. To the north of capital in Tuz Khurmato a suicide bomber blew up a car bomb near a police checkpoint. Blame has fallen on al-Qaeda and the Sunnite minority especially supporters of Saddam Hussein's Baath Party that many Iraqis suspect foreign agents are trying to provoke a resumption of sectarian thrive.

■ 20130812 Israeli, Mark Regev

"The truth is that in every peace plan even those put on the table by the international community, whether you're talking about the Geneva Initiative, or the Clinton parameters, all those different international ideas to solve the solution, in all of them that the Jewish neighbours of Jerusalem and the large blocks remain part of Israel in final status at peace. Now, I'd ask you once again, If we are building in areas that in any way going to stay part of Israel, why is it such a problem?"

■ 20130818 Pakistani correspondent, Anbarasan Ethirajan

The cleric had said to people around in that area that she was burning the pages of Koran allegedly was put inside her bag. But it did cause an international concern because very few people have survived after being accused of blasphemy in Pakistan. Dozens of people were lynched to dead by mob of vigilantes let along it went to the court and the case was dropped. In turn, the Muslim cleric who accused of blasphemy he was arrested on charges of trying to fabricate evidence against this young girl and now the lawyers told us they say that the case against this cleric has been dropped because of lack of evidence.

■ 20130901 Indian

"I am very disappointed with the verdict. He committed a great crime, he deserves life imprisonment if not death penalty. This was sent a message that every teenage criminal can get away. I have lost fate in our judicial system."

■ 20130904 Korean, UN Secretary General Ban Ki-moon

"I take no to the argument for action to prevent a future uses of chemical weapons. At the same time, we must consider the impact of any punitive measure on efforts to prevent further bloodshed."

■ 20130916 Syrian

"It's a victory, they managed to kill 1,500 people with chemical weapons in the 21st century and they got away with it, just like they killed over 150,000 people. And until now, no one puts an end for this savage, brutal, fascist regime, so they are absolutely correct, they have won."

■ 20130923 Pakistani correspondent, Shahzeb Jillani

"It's been described as the deadliest attack on Christians in Pakistan. Police say two bombers targeted Peshawar's historic All Saints Church when hundreds of worshippers were attending Sunday Mass. Angry scenes were witnessed outside the church, where friends and relatives of the victims protested against the government's failure to protect their loved ones. The attack has outraged many Pakistanis. But there's also a sense of helplessness about the government's apparent inability to prevent such atrocities."

■ 20131017 Iranian Foreign Minister,

"We had two days of extensive and fruitful conversations with the E3＋3, which will hopefully be the beginning of a new phase in our relations towards closing an unnecessary crisis and opening new horizons. "

■ 20131031 Georgian president, Bidzina Ivanishvili

"We want to stabilize our relationship with Russia to decrease the tension that we have since 2008 and even before. We want to enhance our bilateral relationship with them but furthermore we want to stabilize Georgia's Europe-Atlantic environment. "

■ 20131117 Maldives correspondent, Anbarasan Ethirajan

It was a sharp defeat for Mohamed Nasheed who had been seen by many as a clear front runner. But the latest results had showed that Mr. Yameen has secured more than 51% of the votes. Just days before the run-off, Mr. Yemen was able to get the support of other political parties which seemed to have turned the result in his favour. The immediate challenge for Mr. Yameen will be to convince the international community that he is not simply a puppet of his half-brother and former President Maumoon Abdul Gayoom. With Mr. Nasheed accepting defeat there is hope that there will be political stability in the Maldives.

■ 20131120 Iranian Foreign Minister, Javad Zarif

"This past summer, our people chose constructive engagement through the ballot box and through this they gave the world a historic opportunity to change course. To seize this unique opportunity, we need to accept equal footing and choose a path based on mutual respect and recognition of the dignity of all people's. "

■

20131213 Bangladeshi, Anbarasan Ethirajan

"He was accused of carrying out mass murder and rape in the suburbs of Dhaka in the 1971 war when Bangladesh was trying to get off from Pakistan. At that time, the Jamaat-e-Islami opposed to the independence of Bangladesh because it said going away from Pakistan will not do any good to Muslim, said only to strengthen India. So this tribunal was set up in 2010 by the present government headed by Prime Minister Sheikh Hasina. It was one of thee election pledges that they will try all those Bangladeshis are accused of carrying out atrocities. "

■ 20131226 Turkish correspondent, Aslan

None of those who have resigned so far are directly implicated. But all of them have fell the impact of the investigations that are now underway. Economy Minister Zafer Caglayan said he had resigned to help unearth the truth about what he called an ugly plot. Interior Minister Muammer Guler had come under intense pressure of the several police chiefs who had authorized the corruption investigation's role sect. And Environment Minister Erddogan Bayraktar called for the resignation of Prime Minister

Erdogan, said he acted under the Prime Minister's orders. The Prime Minister has gone to see President Abdullah Gul, sparking speculation that the cabinet reshuffle is imminent.

■ 20140103 Beirut, Lebanon, Rami Ruhayem

The explosion happened in the business street full of shops, restaurants and residential buildings. Reports suggested it was caused by a four-wheel-drive freight car. Hezbollah media denied that the target was Hezbollah office and said that the nearest one was hundreds of meters away. Hezbollah is heavily involved in the conflict in Syria, fighting alongside government forces. Some Syrian groups have threatened to revenge on the streets of Beirut and many would be quick to say this attack is another retaliation for Hezbollah's role in Syria.

■ 20140105 Iraqi, Ahmed Maher

A security source told the BBC that a militant group linked to al-Qaeda, the Islamic State of Iraq and Syria is controlling the southern part of the western city of Fallujah. Journalists in the city also gave the BBC a first-hand account saying that al-Qaeda militants were seen on pick-up trucks mounted with anti-aircraft guns and black flags while asserting control over the main highway leading to Baghdad when journalists said that the Shia-led central government has now lost Fallujah to Sunni tribesmen and al-Qaeda militants.

■ 20140105 ISIS, Rami Ruhayem

The spokesman called on rebel groups fighting ISIS to lift checkpoints that have been stopping ISIS fighters and to release all ISIS prisoners who have been detained during the battles. He said that ISIS had been stabbed in the back and their supply lines could collapse under pressure from the rival Islamist frigates. In that event, he added, ISIS would have no choice but to pull back from the front lines of Aleppo in northern Syria. And ISIS's pull back, he said would mean a swift take-over by government forces.

■ 20140106 Iraqi, Ahmed Maher

Residents in Fallujah told the BBC that at least five key districts to the east, west and north of the city have come under heavy artillery fire in what they described as indiscriminate attacks by military jets since last Monday when tribesmen and al-Qaeda militants joined forces against the regular army troops. They were incensed at the breakup by force of an anti-government protest camp in the city of Ramadi.

■ 20140115 Indian, Kuldeep Singh Brar

This is the first time I'm hearing of it since this morning, it's on the media, it's in the newspapers, it's on television, but I've never heard of it before. But as far as we're concerned, as far as the Indian army is concerned, they will not mention of this ever.

■ 20140123 Syrian, Bashar Jaafari

The Syrian people are the only party that will decide for the future of Syria, it's not up to this minister or that minister to decide for the future of our own country. The process endorsed by the Security Council, mediated by Mr. Lakhdar Brahimi, endorsed by Sergei Lavrov, speaks about a Syrian-led political process.

■ 20140204 Afghan, Anders Fogh Rasmussen

Personally, I have an excellent relationship with President Karzai, but having said that, I also have to say that such statement is something like playing with the fire. Because we should estimate the damaging effect on public and political support for our presence in Afghanistan when people hear such statement.

■ 20140205 Pakistani, Rahimullah Yusufzai

"We have been in touch after that, and we have told them that now that one of the issues has been clarified, and you can represent the Taliban in formal negotiations, we don't have any objection in meeting you. So we can meet whenever they want and wherever they want. And I think eventually, we will meet maybe in a day or two."

■ 201402009 Syrian, Khaled Erksoussi

"As their team managed to get out to safety eventually, it was really a challenge even doing that because even when they were getting out, mortars were still falling, and there were often gunfire on the cars. Our driver was slightly injured and we managed to get him to be treated."

■ 20140214 Afghan President, Hamid Karzai

"If the Afghan judicial authorities decide to release a prisoner, it is of no concern to the US and should be of no concern to the US. And I hope that the United States will stop harassing Afghanistan's procedures and judicial authority, and I hope that the United States will now begin to respect Afghan's sovereignty."

■ 201403013 Turkish, Elle Pei

"Today we are here to protest the government's, their fascist behaviour, actually to mourn the death of a young boy, a young adult, all his guilt was to buy a loaf of bread and we are here so this doesn't repeat."

■ 20140323 Turkish finance minister, Mehmet Simsek

"I'm not saying a complete ban on any social media platform reflects well. It doesn't reflect well. (Full stop)But at the same time I don't think any global compa-ny,whether it's a media company,whether it's an industrial company,it shouldn't see itself above the law. "

■ 20140325 Malaysian Prime Minister,Najib Razak

This is a remote location,far from any possible landing site. It is therefore with deep sadness and regret that I must inform you that according to this new data,flight MH370 ended in the southern Indian Ocean.

■ 20140417 Pakistani correspondent,Haroon Rashid

The Pakistani Taliban had announced a ceasefire on the first of March this year, which came as a big relief for ordinary Pakistanis. Negotiations between the gunmen and the Taliban continued for some time,but lately reports of a deadlock had emerged. The Taliban said its Central Council took a unanimous decision not to extend the cease-fire,but still wants to continue with the talks. It complained that the government was completely silent on its initial demands.

■ 20140704 Palestinian,Ismail Patel

Well,let me step up the ⋯ by condemning the tragic death of the three people;but we should also remember that during the same period,Israel has killed six Palestinians and just this morning an 18-year-old boy you saw had been murdered by the Israelis. And this relentless force against,eh,the Palestinian communities has to also be con-demned. And we being an international community should rise up against it,taking sides on this. This cycle of violence must stop and we must bring the two sides to the negotiation table. The fact that Israel has blamed Hamas is unsubstantiated;there is no evidence. And they are using that as a pretext to continue their relentless attack and collective punishment of the people in Gaza.

■ 20140712 Korean,Ban Ki-moon

Gaza is on a knife edge,the deteriorating situation is leading to a what downward spirals how which could quickly get beyond anyone's control. The risk of violence ex-panding further still is real. Gaza and the region as a whole cannot afford any other full-blown war.

■ 20140712 Palestinian politician,Mustafa Barghouti

Hamas says it's ready to stop all attacks of that because everything they do as this here is in self-defence. And they obviously accept that the problem to here that I'm telling you is what Americans told us. Israel refuses to stop this operation and now they are preparing a ground operation which could lead this place into a huge massa-cre.

■ 20140718 Iranian Foreign Minister, Mohammad Javad Zarif

"I see an inclination on the part of my negotiating partners that they believe more time may be useful and necessary, but we haven't made that determination yet as Secretary Kerry said earlier today that we haven't made that determination yet, we are still consulting, associating, looking still at the possibility of trying to finish this."

■ 20140724 Israeli, Khaled Meshaal

We don't have any sensitivity at all at anyone including the Egyptians. And we expect the initiative of others, but as they said, we want to break though that seizure on Gaza. There are elderly, there are children, there are women who are suffering a lot from this seizure. And it is a border seizure; our resistance is to break the seizure on Gaza.

■ 20140815 Pakistani correspondent, Shahzep Jilani

The man leading the crowd is the opposition politician Imran Khan. He emerged as the biggest challenge yet to the government of the Prime Minister Nawaz Sharif. It will be a while before Mr. Khan and his convoy of supporters reach Islamabad. But when they do, they plan to hold a sit-in until the government steps down. Many here have a fear that if the standoff drags on for days, it could potentially bring the country to a standstill.

■ 20140820 Israeli, Mark Regette

Today rockets' attack on the Israeli city of Beersheba is a grave and direct violation of the ceasefire that Hamas committed to. This is eleventh Hamas either rejected or violated. And it's clear that the ceasefire has to be a two-way straight. It's just Israel has to hold its fire. Hamas must hold its fire too.

■ 20140831 Pakistani, Tahir-ul-Qadri

For 17 days, there was not a single, minor act of violence. And up to now, not a single person of the marches is armed. But the government has started state terrorism, first of all they started the shelling, then they started tear gases, and then they started violent fighting. The whole thing is by God unimaginable.

■ 20140901 Pakistani correspondent, Shahzeb Jillani

"The army sought to ease fears of military intervention by reaffirming its support for democracy, but the powerful army leadership indirectly urged the government to resolve the situation politically and without further recourse to use of force. Government ministers have said they are willing to hold talks with the two opposition figures leading the sit-ins, Imran Khan and Tahir-ul-Qadri. But both politicians have rejected the fresh government offer, saying that unless the Prime Minister Nawaz Sharif is ready to step down, any discussions will remain pointless. "

■ 20140908 Afghan

"We want the perpetrators to be punished because if this act goes unpunished like a number of other acts, then it will only keep continuing. And as a result the women of Afghanistan in particular will continue to be the victims. Here in Afghanistan, it is an Islamic society; and if a woman committed this kind of crime, then she would be stoned. So what we want, without any further delay of their cases, there should be their public execution. "

■ 20140911 Arabian correspondent, Youssef Taha

The Footage showed was Osama Mohamed Uthman beating the children who are aged between 4 and 7 with a wooden stick and kicking them like a football. The crime, according to him, was turning on a television set and opening a fridge without his permission. The video, which was widely circulated in social media, provoked such an outcry that President Abdel Fattah el-Sisi intervened. Mr. Uthman has been convicted of assault, forced child labour and violating child laws.

■ 20141026 Iraqi correspondent, Sally Napil

After weeks of fierce fighting, Kurdish Peshmerga forces have retaken the town of Zumar northwest of Mosul. Kurdish fighters supported by air cover from the international coalition manage to drive the so-called Islamic State militants out of the town. Zumar was one of the first towns that fell to IS when they overran much of northern Iraq last June. News of its recapture came as the Iraqi Prime Minister Haider al-Abadi announced that the Iraqi army had retaken J. , south of Baghdad.

■ 20141103 Pakistani correspondent, Shahzeb Jillani

The suicide bomber struck at the end of a parade at the Wagah Border Crossing. It's the only crossing between Pakistan and India, and hundreds gathered there daily to watch soldiers conduct a flag lowering ceremony as the border closes. Among those killed are women and children. A militant group linked to a fraction of the Taliban Jundullah said the bombing was the retaliation against the Pakistani military's offensive in the North Waziristan tribal region.

■ 20141116 Georgian

"This is the clear message on Georgia Republic that we will never accept the fact of dismantling our sovereignty by Putin's friend and Russia. And that we will never withdraw the path we have chosen to go back as a natural part of a free world, natural part of Europe. "

20141207 The Phillipines

People hardly have left, because winds are still howling, you don't itch all hosh night there * threatening marching in our hides and nobody can really sleep. After we go out of the building, we know that we see that the 3 ? were ? dead. It's easy, it's almost like a ghost town outside.

20141220 Pakistani correspondent, Antirugion

The hanged militants had no links to this week's Taliban assault on Pershwar. But the execution scheme at the time when there has been an increasing pressure on the government to send out a pathy messege to the militants. One of the man had been convicted of masterminding and an attack on headquarters of the Pakistani army in ?. The other had been found guilty of trying to assassinate the former president Pervez Musharraf. The announcement of the death came just hours after the UN Human rights office appeal to Pakistan to refraining from resuming executions saying this would not stop terrorism.

20141222 Pakistani Interior Minister, Chaudhry Nisar Ali Khan

Those suspects have been taken into custody. Cryingly allow me not to divulge either the number or their identities. But quite a few suspects who've facilitate us in some day or other. And the interrogation is moving ahead in a very positive manner. Kindly wait for just a few days before we reveal the details, because there are still certain arrests have been made as a reserve of them from all over the country.

20141225 Pakistani correspondent, Senjay Duscouper

Reports from Pakistan said agreement was reached after intensive negotiations at the Prime Minister's home in Islamabad in which most of the country's main stream political parties were presented. Announcing the move, Mr. Sharif leaked few details but said changes to current laws would be to be made. The main opposition Pakistan people's party, which earlier express preservations, gave its backing for the proposal. Another leader, the quick detained politician, Imbrandcum said his party would support all the steps aimed at controlling terrorism. The Pakistani government has already ended a moratorium on the death penalty, resetting it for terror-related cases.

20150313 Iraqi correspondent, Ahmed Maher

"Iraqi army soldiers and their alliance have made it into Tikrit. They are hoisting both the national flag and the flags of Shia Islam on their Humvees. It took them nearly two weeks to enter the city, they are still held back in the center of Tikirt by roadside bombs and booby-trapped cars. The visit by top army generals on the battlefield is not only a show of force, but also gives the very troops a big boost and their plan to recapture the entire city. "

■ 20150321 Yemeni, Nabakiti

What they did, they put their bombs inside a cast like you know for a broken leg, and that's why the security couldn't see what they were hiding inside. That's why the casualty so high and the number is raising because the mosque was so crowded, and it's like kids, young man, old man and you know all types of age inside that mosque. From the footage, under videos of that scene it looked like a massacre.

■ 20150322 Yemeni correspondent, Arachi Shani

The American troops have been stationed at the Al-Anad air base in southern Yemen where they have been training Yemeni pilots to fight Al-Qaeda. It's understood that all those still stationed in the country will now be withdrawn, though this has not been confirmed by the pentagon. Yemen had been a key base in the US's war against Al-Qaeda, but that conflict is now of less importance than the struggle to prevent the country fracturing into rival states.

第三节　欧 洲 英 语

■ 20130104 Italy

"Boateng called one the outside coach, so dislike, you know, like hoo-hoo, like monkey. They spoke with the referee. Their director say Ok. They are going to talk to him, you know. After few minutes later, they did the same thing with Prince. Prince was angry and we went out, to stop the game and go into our dress room. "

■ 20130123 Serbian

Young King Peter Ⅱ fled in 1941, days after Nazi aerial bombardment flattened many parts of Belgrade ahead of a ground invasion. He never returned because by the end of the conflict Yugoslavia was no longer a kingdom but a Communist Republic led by Marshall Tito. King Peter lived in London. The British royal family were his cousins but his son says he never got all but the fact that he couldn't go back. He died in the United States where he was buried in a Serbian monastery. His son Prince Alexander who now lives in Belgrade wanted the remains to be laid to rest alongside his ancestors in the royal crypt in central Serbia.

■ 20130202 French, Dayan Radosevich

President Hollande's office said France was proud to be the first country in the world to sign this deal with Google. It came after months of negotiations and threats by the government in Paris that it would pass a law targeting the internet giant. French news websites had demanded a share of advertising revenues that Google earns by providing links to their content. The search engine reportedly rejected the idea under grounds that it would threaten its very existence. In the end, it seems they've met somewhere in the middle.

■ 20130210 Russian

Mr. Udaltsov is not a stranger to the court hearings or temporary detentions but never before has he pointed any other Russian opposition activists been placed under house arrest. The court ruled that he stayed inside his flat, limited his communications to just his closest relatives and his lawyers. Additionally he is not allowed to use the Internet. Speaking to journalists before the verdict, Mr. Udaltsov said that he considered the new restrictions a purely political move.

■ 20130216 Russian

It was quite extraordinary. We saw a very bright light and then there was a kind of a track, white and yellow in the sky. It was a very broad track. And then in several seconds, there was a strong explosion.

■ 20130217 Portuguese

They have been elected but that doesn't mean they can do anything they want and they are going far beyond their powers and far beyond what's here.

■ 20130220 Romanian, Dean Rodoyaevch

A statement said a number of properties in Romania have been searched and arrests have been made. But the authorities gave no details because they said the operation was continuing. The group is alleged to have been recruiting young women mostly from Romania's impoverished rural areas and paying them up to 1,000 dollars to harvest their eggs. These were then sold for five times the amount to childless women chiefly from Israel who wanted to attempt to conceive through in vitro fertilization. Selling eggs is illegal under Romanian law.

■ 20130223 Russian, Dan Rodjevich.

The three-year-old Maxim Shatto born as Maxim Kuzmin died a month ago. His adoptive mother in Texas says she found him unconscious in the family's garden. Investigators in the U. S. are yet to announce their findings about the cause of death. Yet in Russia just weeks after the country decided to ban American citizens from adopting Russian children officials immediately said they suspected the boy might have died because of cruel treatment by his adoptive family. On Friday the Russian parliament fully backed the allegation.

■ 20130417 European, Tonio Borg from EU Commission for Health

"The incidents of the presence of bute in the horsemeat were extremely low, less than 0.5%. And also the fraudulent link within the percentage was an original 4.6%. Still this has been a serious violation of the labelling in this nation and we intend to impose and to propose new measures."

■ 20140423 European, Katherine Ashton, EU Foreign Policy Chief

"We know that much remains to be done on human rights, on democracy, fighting poverty and achieving lasting peace. We don't underestimate the challenges. But we believe that now it is time to engage more and to help move the transition move ahead. All these challenges can be better addressed in an open democratic society. And we look forward to working closely with the government and all other stakeholders."

■ 20130523 European, Herman Van Rompuy, president of the European Council

"We've seen headline-after-headline highlight loopholes in the tax system, fuelling public indignation, and rightly so. The amounts are staggering: hundreds of millions of euro go missing each year. At a time of fiscal pressure and social tensions, fighting this is a matter of fairness and a matter of credibility."

■ 20130605 European, Karel De Gucht, EU trade commissioner

"If European enterprises want to be innovative, they, of course lead a level playing field so that they compete. Because you have new developments and you need new developments in the sector. So it's really about creating the right conditions so that European and Chinese companies can compete on equal footing."

■ 20130612 Greek, Odin Linardatou

"It's without logic you know, I mean the people would happily see any active that is new, is a restructure maybe but not close down. Of course we had huge cuts in our salaries and we would have accepted it also if some of us were fired but that they cannot accept in a democracy, in Greece is that Greece we not have a public broadcaster."

■ 20130710 Russian, Vitaly Churkin, Ambassador to the UN

"The results of their analysis clearly indicate that the ordnance used in Khan al-Assal was not industrially manufactured and was filled with sarin. The sarin technical specifications prove that it was not industrially manufactured either. The absences of chemical stabilizers in the samples of the detected toxic agents indicate they are relatively a recent production. The projectile involved is not a standard one for chemical use. Therefore there is every reason to believe that it was the armed opposition fighters who used the chemical weapons in Khan al-Assal.

■ 20131128 European, Jose Manuel Barroso

"Prime Minister Cameron called me yesterday informing me about the intentions he has on these issues. And I had the occasion to underline to Prime Minister Cameron that free movement is a fundamental treaty principle that must be upheld. At the same time I took good note that the United Kingdom wants to ensure that measures it plans to take respective European law."

■ 20140120 Russian

If you want my personal attitude, I would tell you that I don't care about a person's orientation, and I, myself know some people who are gay, we are on friendly terms, I'm not prejudiced in anyway and I've honoured several members of the gay community in this country, but for their personal achievements, regardless of their sexual orientation."

■ 20140124 European, Leonardo Rocha

The main allegation against the Barcelona president is that Neymar cost the Spanish club nearly 40m Euros or MYM50m more than officially announced. The money is alleged to have been given to Neymar's father, who's also his agent, and to other people involved in the negotiation in secret contract. The rumours have been reported in the Spanish media for several weeks, but on Monday it was revealed that an official investigation is underway. Supporters of Barcelona in Santos, the Brazilian striker's former club, have reacted in anger.

■ 20140129 French, Gerard Araud

People forget also that basically what the Seleka did when they arriving Bangui is that in a very deliberate way they destroyed everything which was linked to the state, you know, they burnt the archives, they are burnt the registries. So there is no state left. So it means that the international community, the UN but also the European Union, we have to start I think, a long-term and ever to rebuild state, you know, really in Central African Republic.

■ 20140507 Ukrainian Interim Foreign Minister, Andriy Deshchytsia

We consider that these groups are terrorist and extremists. Because how you can call the people who are seizing the buildings and terrorized people. If these people will surrender and leave the buildings, these gunmen will know that I will offer amnesty for them.

■ 20140512 Ukrainian correspondent, Aethon Les

"If you believe people who were organizing this referendum, then they are saying the turnout has been spectacular. Figures were well above 70% if these were they are saying. Whether or not, it actually means that as many people as they say turned out to vote I think they will find out fairly shortly within the next few days. One of the main people who organized that, leader of the self-styled electoral commission of the Donetsk republic said this vote, whatever it is in the end, does not mean that was still being parts of Ukraine, neither does it mean that we suddenly become a part of Russia. Is this can be a process? What process exactly where we will be at a lead? I think these are all the things which we should not be able to know the answer, too. "

■ 20140609 Spanish tennis player, Rafael Nadal

"Novac Djokovic always is a big, big challenge for me and I was losing against him the last four times, so every time that I have the chance to beat him is because I played to my limit. Now I think both of us are for the last couple of years we are playing at very, very high level so for him today I think he deserves to win this tournament time, and I'm sure he will in the future. "

■ 20140729 Dutch, Pieter-Jaap Aalbersberg

It is frustrating to have to wait to do the job they came to do. Their motivation comes from the deep conviction that the relatives in all the different countries are entitled to have their loved ones and the personal affects returned to them. If the experts find remains, they will be recovered immediately. We will not leave any remains behind.

■ 20140821 European

For Medicin Sans Frontier we feel very much alone in this crisis, we are really at the forefront with almost no organization doing isolation in treatment centres and basically we are still quite amazed by the lack of response from the UN system and also the WHO so far.

■ 20141020 Spanish correspondent, Nicolas Rusher

Teresa Romero tested positive of the virus two weeks ago. She contracted it while caring for two infected priests in a Madrid hospital. They both died. The 44-year-old has been treated with a drip of human serum containing antibodies from Ebola-sufferers who have survived the disease and that of the drugs. Now a committee set by the Spanish government to monitor the virus says she has tested negative. Fifteen people who should have come into contact with her before she was diagnosed, including her husband, had not yet shown any symptoms, but are being kept under observation in the hospital.

■ 20141029 Ukrainian correspondent, Dina Newman

"Despite the warnings from the US Secretary of State John Kerry and President

Poroshenko of Ukraine, Russia insists it will recognize the results of the separatists' elections in Donetsk and Lugansk regions. This threatens to undermine the fragile cease-fire agreement signed last September. Armed rebels in eastern Ukraine say the polls will give them legitimacy and will allow them to negotiate with Kiev as equals."

■ 20141107 European, Fatou Bensouda

After carefully assessing all relevant considerations, I concluded that the potential case or cases likely arising from an investigation into this incident would not be of sufficient gravity to justify further action by the court. Without, in any way, minimizing the impacts of the alleged crimes on the victims and their families, I have to follow the guidance of the Rome Statute that the International Criminal Court shall prioritize war crimes committed on a large scale or pursuant to a plan or policy.

■ 20141113 European, Sephan Wulemeke

We had a very clear signal there, we also received data from the lander, housekeeping data and also science data, that's the very good news. Not so good news is that the anchoring harpoons apparently didn't file, so the lander is not anchored to the surface. Now we start to think about what could be the situation did, we just land in a soft sand box and everything is fine although we are not anchored. And the ATS did not fire or is there something else happening.

■

20150107 European, Fadi Abdullah

As we indicate in our statement that the legislate has afforded Mr. Yebei some security measures, including a safe residence and a new location with a safeguard and alarms. However, he appears to have returned to Eldoret, prior to his abduction. And we hope that thorough investigation would reveal the reasons of this breach of the security measures.

■ 20150112 French

"My religion is Islam. But I lam French. I live here. I eat the French bread and I love my country. And I walk against terrorism because these are what happened in this week. We all are victims of this. There are Jews. There is Christian. There are some people who don't believe in Gods. But they are human. We all are humen. We all are brothers."

■ 20150122 German correspondent, Dina Numen

"The image and the comments provoked widespread anger after they appeared in the German press. Another Pegida cofounder Kathrin Oertel described the photo as satire and said the movement will go on. Pegida has always denied any Nazi-sympathies. The group has attracted thousands of people to its weekly marches in Dresden. ”

■ 20150130 European , Federica Mogherini

“We decided today , so before they expire on 15 March , the extension of the existing restrictive measures. And let me also underline three different things : extension in the time of the existing sanctions when it comes to the list , preparation for decision in 10 days next week , proposal and decision in next 10 days of new names to add to the list , which is additional ; and third , to start the preparation of any further measure. ”

■ 201500201 Spanish , Pablo Iglesias

“Today we have the dream of a better country , but we haven't filled the square to keeping dreaming. We're here to make our dreams come true in 2015. Dreams have to be pushed , and this year we're going to fight to make the political change arrive. This year we're starting on something new. This is the year of change. And this year we're going to beat the Partido Popular in the elections. ”

■ 20150202 Greek Finance Minister , Yanis Varoufakis

“It is not that we don't need the money. We are desperate because of certain commitments and liabilities that we have. But my message to our European partners is that for the last five years Greece has been living for the next loan tranche. As I said to Mr Sapin we have resembled drug addicts craving the next dose. What this government is all about is ending the addiction. ”

■ 20150208 Ukrainian President , Petro Poroshenko

“I take with me the passport(s) and military ID of Russian soldiers , Russian officers who come to us. This is the best evidence for the aggression and for the presences of Russian troops killing my soldiers and killing Ukrainian civilians , dozens , hundreds , thousands. ”

第四节　拉丁美洲英语

■ 20130204-Cuban

It's not a frequency to vote here , but the turnout is always around 95%. So it's a very Cuban experience. It's not necessary that every candidate is from the Communist Party itself. But at this polling station , all three candidates are from the Party. Cuba says it is democratic because it says that the candidates are not imposed by the Party that they come from the people. But of course there is no organized opposition here in

Cuba, so everyone in some sense or other, is approved by the Party.

■ 20130417 Venezuelan correspondent, Irene Casella

Nicolas Maduro who was proclaimed the president on Monday after a narrow victory blamed the deaths and violence on opposition candidate Henrique Capriles. Mr. Maduro said the pattern of violence was similar to that of the coup attempt in 2002 when Hugo Chavez was deposed for two days. Mr. Capriles has not accepted the results of Sunday's election. He asked supporters to carry out peaceful protests by banning pots and pans around the country.

■ 20130429 Venezuelan correspondent, Irene Caselli

Timothy Tracy is being held at the headquarters of Venezuela's political police. He's due to remain in custody for 45 days, while a judge rules on the charges against him. Mr Tracy was arrested at Caracas International Airport by the political police as he was about to leave the country. The government has said he had already been apprehended twice before—once while filming at a pro-government rally and another time outside the presidential palace. President Nicolas Maduro said earlier this week that he had personally asked for Mr Tracy's arrest for his acts of conspiracy.

■ 20130701 Brazilian correspondent, Julia Carneiro

"The protesters started up early and started moving towards the Maracana before the area was blocked. But as soon as they approached the stadium massive police lines formed at every crossing keeping them away. Eleven thousand police officers have been deployed to ensure safety for the Confederations Cup final outnumbering the few thousand at the protest. They marched against the privatization of the Maracana recently handed over to private concession by the state and the frictions related to the World Cup and Olympic projects."

■ 20130722 Colombian correspondent, Arturo Wallace

An angry Juan Manuel Santos warned the Farc this was not the way forward. It was, he said, plain terrorism—more than 70 Farc members ambushing a group of 26 Colombian soldiers that were guarding an oil pipeline in Arauca close to the Venezuelan border. But the Colombian president, who on Saturday said he was willing to risk everything for peace, insisted the latest events hadn't changed his mind, which means peace talks in Havana should continue normally.

■ 20140104 Mexican, Nicholas Rocha

State prosecutors say 6 gunmen entered the jail, posing as public officials, delivering a prisoner. Once inside, they opened fire on a group of inmates, killing 4 of them. They then took aim at prison guards on a security tower, but 5 of the gang were cut down when the guards returned fire. Prisons in Mexico are notoriously violent, but even so, this was an attack that could have been scripted in Hollywood. The authorities do not know yet what the motive of this slay was, but rivalries between drug gangs have often been played out in prisons.

■ 20140113 Haiti, Leonardo Rocha

It is a day for remembrance and reflection in Haiti. Disaster struck on a Tuesday afternoon with a shallow earthquake that had its centre just outside the capital Port-au-Prince. It is believed that at least 250,000 people died. No one knows for sure. President Michél Martelly laid a wreath at a , in Saint Christophe, where many of the victims were buried. People attended special religious ceremonies across the country. Four years after the quake, the signs of destruction are everywhere. Reconstruction has been slow and many are still living in temporary accommodation.

■ 20140217 Venezuelan correspondent, Irene Caselli

"Leopoldo, the people are with you. Students chanted in support of Leopoldo Lopez in the streets of Caracas. The opposition politician has an arrest warrant pinned against him. Mr. Lopez wrote on the social network Twitter that he had not left the country and would appear in public soon. He was last seen on Wednesday when three people died when marches turned violent. On Sunday, students said they won't stop marching until President Nicolas Maduro resigns. "

■ 20140817 Cuban correspondent, Arturo Wallace

"Many see this visit by 12 victims of the Colombian conflict to the peace talks in Havana as powerfully symbolic. President Juan Manuel Santos called it a historic step. He said it was necessary if the country was to achieve peace. They are the first of 60 victims who'll attend talks over the next few weeks. Among them are victims of the leftist guerrillas, but also of right wing Paramilitary group and the Colombia security forces. United Nations High Commissioner for Human Rights Navi Pillay praised the move calling it unprecedented and a potential model for all the countries dealing with issues of justice based on reconciliation. "

■ 20141223 Nicaraguan correspondent, Arturo Wallace

It has been built as the largest engineering project in the history of the region and will cost estimated 40 billion US dollars. The ground-breaking opening ceremony for Nicaragua canal is taking place 1 year and half after it was first awarded to a Hong Kong based international construction. However, the construction of this waterway's proving to be a controversial issue in Nicaragua. The government claims the project will lift the country out of poverty. But many feared the negative environmental impacts and undoubt, economic benefits.

■ 20150126 Argentine journalist, Damian Pachter

"I leave because the Argentine government pursue me because of my news report regarded the death of prosecutor Alberto Nisman, who died in an unresolved way last week. So I was the first who report that. Now, I cannot suffer the consequences."

■ 20150130 Mexican correspondent

Fifty percent of the building was destroyed by this blast. It happened at 7am in the morning here while the lorry was giving some gas, liquid gas, to the hospital. It was given to the kitchen. But the kitchen was very close to the area where the children were in their cribs. I have to say that the driver and two of the helpers have been arrested, and they are now being interrogated by the police about what happened there.

■ 20150227 Argentine correspondent, Leonardo Rocha

Judge Daniel Rafecas said he was throwing out the case because no crime had occurred. And the evidence against the President and her Foreign Minister was weak. The accusation came from special prosecutor Alberto Nisman, who was found dead last month in his flat, hours before he was due to testify in congress against Ms. Fernandez and Mr. Timerman. It's not clear whether he was murdered or killed himself. President Fernandez has always rejected the allegations. She said Mr. Nisman had been fed misleading information by a rogue intelligence Agent, as part of a plot to discredit her government.

■ 20150302 Argentine correspondent, Ignacio de los Reyes

"Christina Fernandez de Kirchner's speech was criticized by the opposition for not mentioning the high inflation or poor foreign investments in the country. For the first time, Mrs. Fernandez said she regrets the death of prosecutor Albert Nisman, but argued his acquisitions were based on lies and asked not to use the 1994 bombing with political motivations."

附录一　参考译文

第一节　非洲英语

■ 20130101 West African

叛军联盟警告称，如果总统博齐泽不停止对其支持者的袭击，那么它将快速反击。叛军声言仍愿意和谈，但指责博齐泽释放了相反的信息。BBC 从驻中非共和国的人权组织获悉，数十名涉嫌支持叛军的人已在首都班基被捕。目前尚无法证实这些报道的真实性，政府对此也予以否认。

■ 20130101 Ghanaian

我知道有的投资者已经准备来加纳了解情况，但此举并非是为了阻止某些商业活动，而是鼓励制造业的发展。与进口二手冰箱相比，制造业可以带来更多就业岗位。

■ 20130211 West African correspondent Thomas Fessy

城区周围枪声四起，一名坚守阵地的马里士兵告诉记者称，他目睹了伊斯兰武装分子驾驶摩托车。由于局势不明，人们纷纷关门闭户。原来担心伊斯兰武装分子渗透到市内的恐惧现已成为现实，因为他们正在 Gao 展开游击战。

■ 20130215 South African President Jacob Zuma

双方同意加强集体协商、解决矿区住房问题、加强基础设施建设、解决青年就业问题、确保社会公平正义。

■ 20130219 South African，PumzaFihlani

据称保安在使用橡皮子弹驱赶前来滋事报复的矿工时，致使 Rustenburg 的英美铂矿 13 名矿工受伤。南非警察局发言人 ThulaniNgubane 告诉记者，4 名保安人员同时被砍伤。该矿离 Lonmin 矿几公里，去年 8 月警察在此枪杀了 34 名罢矿工人。

■ 20130224 Egyptian，Mohamed ElBaradei

我们应旗帜鲜明地告诫国内外埃及民众，这是假民主，两年前我们没有参加任何游行示威，没有采取使穆巴拉克政府重返政坛的举动。目前埃及国内严刑逼供还在蔓延，绑架还在继续进行，公平正义没有保障，生活必需品匮乏。因此，我们决定不参加这一虚伪的大选。

■ 20130225 South African，June Steenkamp

他问你是 Reeva 吗，我回答说是，他说出了事儿，她被打死了。我说能否告诉我她已经死了还是活着。那人说他是警察并接着说：很遗憾地告诉你，但我并不想让你知道她的确已经死了。

■ 20130310 South African

"前总统纳尔逊？曼德拉配合医生进行老年常规检查，随后将在比勒陀利亚住院疗养。医生正对其进行检查，因此大家无需惊慌。"

■ 20130415 Somalian correspondent，Mohammed Moalimuu

最近，摩加迪沙的局势有所改善，人们纷纷开始从索马里境外、从欧洲、从美国等国返回。如此看来，目前摩加迪沙正在恢复重建，人们对久违的平静兴奋异常，而这次袭击事件让那些试图重建经历了 20 年内战的索马里的人们感到忧虑。

■ 20130416 Senegalese correspondent，Thomas Fessy

Karim Wade 向塞内加尔负责调查腐败案件的特别法庭递交了财产详细清单。法庭同意他在一个月内证明在其父执政期间，他获得十多亿美元是合法的。CW 是这位一手遮天部长的昵称，因为他同时掌管基础设施，城市规划，航空和国际合作等多个政府部门。当时他负责国家开支的三分之一。塞内加尔法庭目前还没有宣布他被拘留的原因，因为 CW 的律师声称他是被强行带走的。

■ 20130430 Ghanaian，Naba Henry AbawineAmenga-Etigo

"任何一名儿童都不应该因出生时的身体状况而遭受任何形式的虐待。上帝创造了生命，只有上帝有权夺走生命。将儿童视为鬼魂附体并将其杀害这是不人道的。"

■ 20130503 Kenyan correspondent，MwachiroBusadi

两名伊朗人艾哈迈德·穆罕默德和赛义德·曼苏尔·穆萨维因犯制造 15 公斤强力炸药罪而被指控，据称这些炸药是用来进行炸弹袭击的。内罗毕法官 KaireWaweru 说，控方证据确凿、事实清楚，两名嫌疑分子正策划袭击以色列、美国和英国在肯尼亚的设施。两人否认指控，法官 Kaire 称将在周一对他们做出判决。

■ 20130506 Libyan correspondent，Rana Jawad

该法有望将目前国会和内阁的旧人物清除出去。尽管官方和公众均认为有必要采取该措施，不少人认为，在要求实施该法的背后，涉及了各方的利益群体驱动，其中包括民兵组织担心失去权力，以及国会自身的政治内讧。人权观察机构称该法打击面太大且不明确。

■ 20130515 Nigerian President, Goodluck Jonathan

"叛乱分子和恐怖分子的行径罪责难逃,它使人民生活在白色恐怖之中,它造成部分地区,特别是北方的法律秩序瘫痪。对此,我们已经采取了强硬措施来平息和铲除这些罪恶的根源,但是叛乱分子和恐怖分子蓄谋已久,有备而来,意在颠覆尼日利亚政权,挑战我们集体的决心和勇气。"

■ 20130526 Kenyan, MuthuiKariuki, spokesperson of Kenya's government

"我一直在与安全人员取得联系,相关部门也对我保证,迈克尔从未来过肯尼亚。他的朋友称此人仍在本国,我可以向你们保证,一旦遇到迈克尔,我们绝不会放过他。"

■ 20130610 Libyan correspondent, Rana Jawad

利比亚陆军参谋长 Youssef al-Mangoush 即将辞职,但班加西的致命事件无疑加快了这一进程。国民大会通过了一项六点法令,其中包括接受参谋长的辞呈,解散民兵组织,并对班加西死难者哀悼三天。

■ 20130613 South African, grandson of Nelson Mandela

"我们很荣幸收到来自南非和世界各地人们的祈祷和慰问,我们对此表示感谢,感谢你们对我祖父的支持!"

■ 20130630 Somalian correspondent, Abdullah Abudishak

Aweys 抵达摩加迪沙数小时后仍留在机场,他与索马里内政部长带领下的政府官员进行了协商。索马里总统发言人说,只要他谴责暴力,政府就立即赦免他。自 20 世纪 90 年代初索马里最后一个执政政府倒台以来,Aweys 被很多人视为索马里东部圣战组织之父。联合国和美国都视他为恐怖分子。

■ 20130703 Senegalese correspondent, Thomas Fessy

受害者的首席律师 Jacqueline Moudeina 告诉 BBC,13 年前哈布雷首次遭起诉,但遭到了塞内加尔当局的驳回,如今这些指控令人非常欣慰。哈布雷自 1990 年政变下台以来一直流亡在塞内加尔,他的一位律师 El HadjiDiouf 说,哈布雷一直坚信总有一天会真相大白,不白之冤会被洗刷。

■ 20130704 Egyptian

"与会各方就路线图达成了一致,其中包括建立王权、团结埃及社会各界的首要措施。该路线图包括以下内容:临时解散立法委员会;提前举行总统选举;过渡期间的国家事务由最高法院院长暂时管理。"

■ 20130715 Nigerian, Chino Obiagwu, spokesman of an organization of human rights

"这向非洲各国传递了错误的信号,那就是,国际法庭的制裁可以忽略不计,非洲国家无需与国际刑事法庭合作。如果这种情况继续发生,那么我们在处理非洲无罪案件上就会出现严重的问题。"

20130727 Egyptian correspondent，Yasmine Abu Khadra

现在抗议者开始做圣月斋节的晚间祷告，因此气氛很庄重。此前这个时段的气氛非常活跃，热闹非凡，人们唱着歌，高喊"打倒军阀统治"。他们称此举是在反对所谓的军事政变。为了保证拉比亚清真寺的安全，抗议组织者在检查站安插了抗议者，确保无任何企图挑起事端的外人混入。

20140806 Nigerian correspondent，TomiOladipo

在这两起事件中，武装分子分别袭击了博尔诺州一处派出所和一处军事基地，加剧了人们的恐惧心理，博科圣地在当地仍很猖獗。安全部队从击溃的武装分子手中收缴了弹药和几辆汽车。由于当局与博科圣地领导的伊斯兰叛乱正在交战，尼日利亚东北部目前处于紧急状态。最近袭击发生的频率有所下降，但威胁仍然存在。

20130807 Ugandan，Maria Magezi

"该法是促进了乌干达的民主治理还是使之倒退？其实，政府正利用该法来压制任何反对它的人。"

20130819 Egyptian correspondent，Youssef Taha

"在转移过程中，囚犯们将一名负责护送的官员挟为人质，负责安全的警卫动用催泪弹来解救这名官员，该官员在解救中受伤，但警卫人员最终将他安全救出。但很快，一群身份不明的武装分子袭击了护送队，安全部队再次用催泪弹还击。在此过程中，36抑或是 38 名囚犯（具体数字不详）中的 30 名被击毙。"

20130821 Egyptian，Hazem Al Beblawi

"我们对所发生的事情都感愤愤不平，人们坚持认为我们没有尊重各国，我们会削减席位，我们会为此周折，让周边国家不得安宁。但问题是，是谁挑起的呢？"

20130825 African American，Martin Luther King III

"早在半个世纪前我常听到父亲的谆谆教导是，他的四个孩子将来会生活在一个依据品行评判人而不是以肤色为依据来评价人的国家。然而令人痛心的是，Trayvor Martin 父母的眼泪向我们警示，迄今为止，肤色仍然决定一个人的命运，是逮捕甚至谋杀的许可证，丝毫无崇尚品行可言。"

20130827 Libyan Education Minister，Etmonia David Tarpeh

"我知道学校存在很多薄弱环节，不过一大批学生参加考试，竟全部名落孙山，我对此表示怀疑，希望与校方交涉查明真相。"

20130830 Rwandan，Olivier Nduhungirehe

"对卢旺达边界的持续轰炸令人忍无可忍，任何主权国家都不可能接受。卢旺达平民受到刚果民主共和国军队的炮击,长期以来我们尽可能地保持克制,但再也不可能继续容忍这样的挑衅。"

📧 20130922 Kenyan

"突然我们听到三四起爆炸声,然后是一连串的枪声,我们意识到可能发生银行抢劫案了,但我看到一群人从出口处跑到停车场,随后是两名头上系着标语绷带的黑衣男子,他们手持机关枪不分青红皂白地扫射。我们看到一座帐篷下的人们中了弹,孩子们正在那里举行烹饪竞赛。我们突然意识到发生了袭击事件。"

📧 20130924 Kenyan Interior Minister, Joseph Ole Lenku

"我们去索马里的任务和意图很明确,那里有我们未完成的事业,我们将继续完成未尽事宜。这次袭击只会让我们更坚韧,立场更鲜明,即 al-Shabab 不仅对肯尼亚,而且对东非都构成了真正的威胁。因此,我们不会被吓倒,也不会重新考虑我们在那里的行动,相反,我们将与非盟索马里特派团一道加强在当地的力量。"

📧 20131107 Malian correspondent, Thomas Fessy

声明称法国和联合国维和人员在北部每天都对马里人民和穆斯林犯下罪行;同时还称这次事件使得法国入侵者将付出更惨重的代价。据悉这份声明是效忠伊斯兰马格里布高级军官 AbdelkrimTarki 的武装分子发出的,目前尚不清楚杀死两名记者的凶手意在杀人还是想通过绑架索要赎金。

📧 20141205 Eritrean ambassador to Britain, TesfamichaelGerahtu

厄立特里亚政府一直与苏丹、埃及、利比亚和以色列政府合作解决这一问题,我们已全力以赴控制与苏丹接壤的边境,我们已经提高警惕,已经将在边境抓获的没有携带武器的罪犯绳之以法。

📧 20141207 South African president, Jacob Zuma

我们衷心地感谢所有南非人向这位国际领导人逝世表达出的尊重之情。他是和解、团结、友爱、人权、和正义的象征。

📧 20141208 Middle African correspondent, Thomas Fessy

Bossangoa 目前已经分裂。成千上万名基督徒已在教堂周围寻求避难,约 7000 名穆斯林滞留在该镇另一端的一所学校里。中间的大街上空无一人,报复性的袭击仍在继续。非洲维和人员仍在坚持战斗,但他们终于盼到了法国军队抵达 Bossangoa,目前的关键是进行军事干预。暴力的矛头已经指向宗教,这很危险。

📧 20131215 Kenyan police commander, Benson Kibui

经过最初调查,了解到有人可能携带炸弹上了这辆车,目的是制造车毁人亡、同归于尽的惨案。我们正在要查明幕后的凶手并将其逮捕归案。

■ 20140103 Rwanda, General FaustinNyamwasa

我认为这是一次政治暗杀，卢旺达多年来受政治暗杀相威胁。肯尼亚持不同政见者、乌干达官兵在南非早已暗杀过我。毋庸置疑，卢旺达人帕特里克的死因也不外乎如此。

■ 20140107 Ethiopian, Emmanuel Igunza

经过几轮失败，今天双方终于坐在谈判席上商讨和谈进程。但实质性会谈将于周二开始，届时双方会就阻碍和谈进程的症结——停火计划的实施与释放政治犯问题进行集中会谈。双方均公开宣布支持停火，对成千上万在战火中无家可归的人提供人道主义援助。但是双方对于是否释放自12月中旬战争爆发以来被捕的反对派高级官员的问题仍存在分歧。

■ 20140117 West African, Thomas Fessy

在一群年轻暴徒面前只有枪才有威慑力，11名非洲联盟战士刚刚挽救了一个人的性命，但是他们能保证挽救其他人的性命吗？1000多名穆斯林信徒本周被疏散，时间已所剩无几。对于无家可归的基督徒们而言，这意味着重返家园的安全通道。但是，除了周围逐渐强大的国际部队外，谁能消除这几个月来的积怨与仇恨呢？大屠杀仍不可避免。

■ 20140123 South African, MogomotsiMogodiri

谁也不愿看到一尊塑像的耳朵上藏有一只小兔。我们不乐意看到，有人擅自在我们尊重的神像上自作主张，这不像话。我们要人们目睹的一尊塑像是希望的象征，而不是像兔子之类的东西。

■ 20140126 Egyptian, Sally Nabil

我身后的示威群众对于冲突、逮捕和流血事件毫不畏惧，成千上万的人们聚集在解放广场，庆祝1月25日革命胜利一周年。广场上人山人海，人们对军队、国防部长西西将军表示大力拥护。有人高举他的画像，有人手持标语向他致敬，有人高喊他竞选总统。

■ 20140304 Nigerian Interior Minister, Abba Moro

博科圣地所进行的一系列恐怖和袭击活动无不遭到世人谴责。尼日利亚政府没有做好充分准备来保护平民。不过至少这个政府是为民众所接受的。对于打击尼日利亚叛军来说每一项资源都是无价之宝。

■ 20140316 Nigerian

"当时人声嘈杂，烟雾弥漫，不得已只好锁上大门，人们推推嚷嚷，人群中有孕妇，有人被挤倒，室内令人窒息，呼吸困难，我只好用双手推开人群逃生。"

■ 20140320 Zimbabwean

"这是他们早已做出的承诺,他们本应该做得更好,人们苦不堪言,每况愈下,而有人却以牺牲我们的利益为代价获得高额利润。"

"我感觉这是在变相地欺骗我们,虽然表面上只有 6000 美元,但对于他们的福利我们全然不知,在这些薪水之外他们的灰色收入是多少谁知道呢?"

■ 20140427 Zimbabwean correspondent,Harare Brian Hungwe

人们听到这个消息深感震惊,停职这一消息恰值该党领袖 Morgan Tsvangirai 在南部全党大会就如何解决机械粉尘事宜发表演说时宣布的,他可能拒绝接受这一决定。该党目前处于分裂状态,主要的一派可能会受到削弱,而 Robert Mugabe 集团的执政力量将会加强。

■ 20140430 Zimbabwean prime minister,Morgan Tsvangirai

在我个人看来,这是我们反对派值得庆贺的一周。它不仅不会增强穆加贝的实力,相反会削弱他的实力。穆加贝不能指望通过权术增强他的实力,而应通过民众拥护,我认为穆加贝总统失去了津巴布韦人民的拥护。

■ 20140504 Somalian correspondent,Mohamud Ali

蒙巴萨岛警长 Robert Kitur 称,在海岸城市蒙巴萨岛一个繁华的集市上,有人企图在夜间搭乘一辆公交车,炸弹爆炸,致使位于蒙巴萨沿海小镇一繁华市场内的三人当场死亡。海滩上一处游人频繁出入的度假酒店也同时遭到袭击,酒店内无人伤亡,现场的警察也安然无恙。

■ 20140505 Nigerian correspondent,Mansur Liman

总统没有透露政府目前所采取的举动,他说政府在竭尽全力并且继续全力以赴继续搜寻。他说政府已动用了飞机和直升机来搜寻这些女生的位置,但无功而返。看来这是个问题,我想尼日利亚人在收听广播关注新闻,关注政府是否采取新的举措,但政府所做的无非是重复此前所采取过的行动而已。

■ 20140510 South Sudanese correspondent,Emmanuel Igunza

这次会谈取得了重大突破,它为解决南苏丹长达五个月以来的政治危机和流血冲突迈了一大步。它之所以很重要,是因为双方表示愿意进行下一轮会谈,双方均同意停火。双方已向南苏丹国内交战的军事将领下达停火命令,下令允许 300 万急需粮食援助的南苏丹人得到人道主义援助,有了这项命令食物才能抵达这些难民手中。

■ 20140511 South Sudanese,Ateny Wek Ateny

南苏丹是否准备组建政府,这取决于领导内部是否团结,因为事实上领导人之间还存在各种矛盾,尤其是叛军首领和他的将领之间。他们组建政府的意图这毋庸置疑,不过如果叛军希望在南苏丹制造政治影响,它必须赢得人们的信任。

■ 20140513 Nigerian Senator, Ali Ndume

最重要的是现在已经建立了沟通的渠道,也就是说双方已经展开对话,我个人则积极主张政府继续谈判,因为在这种情况下只有协商才有助于问题的解决。

■ 20140515 Nigerian correspondent, M. Limon

这些士兵对调遣极为不满,纷纷抱怨,他们以夜间一些同事被杀为例,因为这些人是在一个地区被捕的警察,有人怀疑他们与博科圣地武装分子有牵连。他们不愿夜行军,而这些上司坚持要他们夜间返回兵营。他们抱怨说没有夜视镜;途中他们遭到了伏击,部分人被杀,所以今天士兵对兵营的管理牢骚满腹。

■ 20140520 Libyan correspondent, Rana Jawad

班加西特警最高指挥官 WanisBukhamada 在电视声明中称,他支持该市采取的这一行动,他说他的部下已经进行了一年半的反恐。该行动是在退休将军 KhalifaHaftar 的领导下发起的,他的部队周五在班加西对伊斯兰反叛武装分子发动了空中和地面打击。这次行动遭到利比亚政府的谴责,因为它没有得到政府授权,这就构成了政变未遂。政府一直提议休整,目的是避免再次陷入内战。

■ 20140523 Malawian, Judge MaxonMbendera

"投票所设之处都有监督员。投票一结束,便立刻进行唱票工作。我们规定在投票站清点票数,并要求各党监督员签名,事实上每天的选举结果都得到了认可。"

■ 20140608 Nigerian editor, Mannir Dan-Ali

所有的运输车不是被扣留就是被搜查,但一无所获。由于不允许它们前往目的地,所以这些报纸无法送到读者手中。事实上,尽管这些报纸表示抗议,但军方并没有阻止记者进行报道,也没有钳制媒体,这是人们目前了解的情况。

■ 20140713 Nigerian correspondent

凡在 Maiduguri 工作的记者都要担很大的风险,人们很难抵达那里,自去年12月起机场就一直关闭。事实上只有一条通往 Maiduguri 的道路,不知不觉你就会被博科圣地叛军包围,一旦被他们包围,他们杀人不眨眼,杀你就像杀羊羔一样。据说,尼日利亚保安部队肆意拘留,暴戾成性。

■ 20140724 Nigerian correspondent, Washier Assad

袭击目标显然是伊斯兰阿訇,因为他正好住在卡杜纳中心广场附近,这也是他长期在此传道的所在。数千人参加了祈祷仪式,Sheikh Dahiru Bauchi 安然逃离,丝毫无损,但25人不幸遇难,多人受伤。紧接着发生了第二次爆炸,这次的目标明显是针对该国外长 Mohamed Ruhani 将军,他本人安全逃生,但他的汽车受损,另有90人丧命。

20140727 Sierra Leone correspondent, UmaruFofana

BBC 记者从卫生部发言人获悉，一名 33 岁的理发师及其父母都因疑似感染病毒而被送往东部，因为这里有唯一一家埃博拉治疗中心和实验室。她住在城西，经化验查出埃博拉结果为阳性后，一家中国医院周四晚对她采取了隔离措施。

20140813 Libyan Health Minister, Walter Gwenigale

我来说明一下我为病人开的剂量，这是个伦理道德问题。如果病人要求我在他身上做实验，我会考虑适当给药的可能，一切取决于患者的病情。一旦所有的药用了之后对病人仍旧无效，那我们岂不浪费了这些药物。

20140910 Libyan, SedarioBalezin

这里的情况非常糟糕，已完全失控。我们预测至少需要 1,000 张病床。而在蒙罗维亚我们总共只有大约 240 张病床。这意味着我们不得不将期间前来就医病人拒之门外。他们回到家中，仍然病入膏肓，他们只能在家中坐以待毙，这其实是助长疾病传播。

20140914 Ugandan Assistant Commissioner, Fred Enanga

当然，我们事先已经有了一定线索，但我们还不敢说行动已经结束，大家知道，当你面临类似一触即发的威胁时，爆炸有随时被发生的可能。所以，我们抓住良机迅速采取行动，闯进恐怖分子巢穴，逮捕了一些藏有爆炸装置的嫌疑人。

20140921 Sierra Leone correspondent, UmaruFofana

"要求处理尸体和救治病人的紧急电话拨打了近 900 次，目前有关部门正在核实电话的回复工作。只有十几个人被送往首都为数有限的几个医疗中心，全国目前只有两个埃博拉治疗中心，而且都设在东部。来自 Kenema 的报道称这些治疗中心人满为患，全国各地的患者被源源不断地送来。"

20141008 Kenyan correspondent, Peter Mzambi

"肯尼亚总统 Kenyatta 抵达了阿姆斯特丹史基浦机场，他和家人很快就急匆匆地离开机场。尽管他此番来阿姆斯特丹是作为平民而不是以总统的身份。明天他将出庭，据推测检察长将指控其政府隐瞒关键证据。明天讨论会结束后，法官才会决定肯雅塔一案的命运。"

20141010 Sierra Leone President, Ernest Bai Koroma

我们的人民在死亡线上挣扎，儿童变成了孤儿。多数死难者是妇女，三分之二以上的患者年龄正处在 15 到 50 岁之间，恰值年富力强的劳动力。儿童们不再去上学，医生、护士死在医院。由于本国医疗系统的进一步削弱，非埃博拉疾病死亡人数也在上升。

▓ 20141021 Ghanaian President，John Mahama

这是一场无国界的战争，我们要做到有备无患，防患于未然。尼日利亚有能力遏制病毒的蔓延，我想这是非常积极的举措，我们需要学习各国如何跟踪、查验并隔离感染者，有效遏制这一势头。

▓ 20141022 Sierra Leone correspondent

她儿子拒绝医务人员把她带走，为此警方和士兵赶赴现场，强行将其带走，同时按规定将房间进行了隔离。根据当地警察长 David Kuruma 所说，小青年开始向警察投掷石头，警察不得不自卫。事态恶化导致了严重的暴乱，警察被迫实施日间宵禁。

▓ 20141024 Nigerian，Michael Merry

我们对此事件表示谴责，将对它展开调查。无论犯罪分子身为何人都将被绳之以法，调查仍在进一步核实之中，因为有报道称有 15 人被绑架，现在我们需要各行其是，各司其职。

▓ 20141104 Burkina Faso correspondent，Immanuel Egunza

非盟和平与安全委员会称过渡期将由一位平民领袖领导，目前的军管制不合法。委员会特别会议结束时发布的公报也表达了对布基纳法索人民的支持，并谴责对和平示威群众的暴力行为。非盟和联合国一道已经为布基纳法索制定了议程来评估目前的局势。

▓ 20141108 African，AU's deputy chairman

我想此时，我们不希望把枪口对准他们的脑袋让他们磋商。但两周结束后，我们将举行会议，制裁将被提到议事日程。制裁将从暂停非盟成员国资格开始，然后其他制裁措施亦将跟进。

▓ 20141112 Sierra Leone correspondent，UmaruFofana

"今天，塞拉利昂的医务人员情绪异常复杂，他们的同事 Martin Salia 医生刚被送往弗里敦一所医院治疗，他是感染该病毒的第六位医生，其他五位已被病毒夺去了生命。他的血液样本周五显示为埃博拉假阴性，但其症状仍然没有改变。后来又做了一次化验，今天早上得到结果显示是阳性。"

▓ 20111124 Kenyan Deputy President，William Ruto

"继曼德拉公交车爆炸案后，我们的安全部队就采取了应急措施，他们最终找到了那些十恶不赦的凶手，并进行追踪打击。他们立即越境对凶手的老巢进行了两次成功的围剿，我们的报复袭击导致 100 多武装分子伤亡。" Al-Shabab 随即发表声明否认肯尼亚的军事报复。

■ 20141215 Libyan，LeymahGbowee

"乌克兰的冲突正在削弱欧洲的稳定，也削弱了其在全球的正能量。中东局势也在越发步入危险的境地，它们挑起世界各国的地区间冲突，尤其是叙利亚、伊拉克、以色列、巴勒斯坦、阿富汗、南苏丹和乌克兰。"

■ 20150102 Gambian president，Jammeh

冈比亚武装力量非常忠诚，据我们所知，不可能有任何军队参加这次袭击。显然，这起军事政变是由恐怖组织发动的，而不是境外无名势力所为。不过，我们国内的确存在这样的异见分子。

■ 20150125 Nigerian president，Goodluck Jonathan

总统乔纳森抵达 Maiduguri 时戒备森严，该市正处于一级戒备状态，驻扎着大批官兵，有些挎着崭新的冲锋枪。这是两周内总统第二次访问该市，武装嫌疑分子袭击了距离 Maiduguri 不远处一个村庄，杀害 15 人，包括村庄的老庄主，还放火焚烧了房屋。

■ 20150214 Sierra Leone correspondent，UmaruFofana

资金去向不明包括救护车、掩埋运送车辆，甚至涉及埃博拉治疗中心的建设。据称，卫生应急机构已拨款数百万美元，Selina 女士也已建立了应急拨款账户。据审计方面透露，拨款违反了正当程序，没有开具收据、发票，也没有提货单。对其审计员的指控同时称，埃博拉应急中心接收了 8 百万美元的拨款，但并没有开具任何收据或付款证明，甚至连这些拨款的去向都是一笔糊涂账。

■ 20150215 South African President，Jacob Zuma

"土地已成为纠正我们过去所犯的错误的一个关键因素。新近实施的土地法规定，个人所有土地最多不得超过 12000 公顷，外国投资者不得占有南非土地，但可长期租用。"

■ 20150224 Kenyan correspondent，Maria Mcdonald

最高法院法官否决了反对派和一些民间团体递交的 10 条条款，其中包括对媒体的严格限制，阻挠媒体报道和批评侵犯人权问题。有关限制允许进入该国难民人数的条款也被认定为违宪，该决定对政府是一次打击，因为政府一直坚持需要投入更多力量来对付日益加剧的恐怖威胁，这些威胁来自总部在索马里的圣战组织阿尔沙巴布。

■ 20150310 Nigerian，Nicolas Henin

这些圣战分子和当地阿拉伯文化或穆斯林文化风马牛不相及，他们是我们这个社会中的成员，他们讲的是和我们同样的语言，他们有着和我们同样的文化背景，他们和我们观看相同的影片，他们玩的是我们孩子也玩的游戏，他们是我们文化的产物。

165

第二节 亚 洲 英 语

▪ 20130101 Pakistan

据巴基斯坦官员称,获释人员中包括塔利班前司法部长图拉比及赫尔曼德省前省长 Abdul Bari。据悉图拉比健康欠佳,但巴基斯坦最受关注的塔利班囚犯即前副领袖 Mullah Abdul Ghani Baradar 目前仍在押。上月,就在阿富汗和平委员会主席访问伊斯兰堡后,巴基斯坦释放了另外 9 名阿富汗塔利班成员。

▪ 20130107 Turkish

阿萨德拒绝接受卜拉希米的建议,拒绝接受通过政治协商解决分歧。他向国际委员会传递的信息无非是,他不愿向国际委员会妥协,不愿与叙利亚反对派和谈。

▪ 20130112 Afghan

"我们同意在卡塔尔多哈设立塔利班办事处,以便塔利班与阿富汗高级和平委员会代表直接会谈,以便我们寻求包括巴基斯坦在内的地区相关国家的支持。"

▪ 20130127 Afghan

在昆都士市中心,袭击者驾驶一辆摩托车袭击了反恐局长。袭击发生时现场挤满了平民和警察,昆都士省官员称被杀害的反恐局长 Abdullah Maray 是杀害并逮捕塔利班核心领导人和几个指挥官的幕后凶手。Maray 是北方联盟成员,也是副总统 Massoud Fahim 的得力助手。

▪ 20130218 Bangladesh, Anbarasan Ethirajan

当获悉孟加拉国国会对现行宪法修改的消息,达卡闹市街头成千上万的示威游行者欢呼雀跃。政府现在可以对国际法庭 2010 的裁决提出上诉,对在独立战争期间协助巴基斯坦军队犯下暴行的孟加拉国人进行审判。评论家称此条款是针对伊斯兰党,该党反对孟加拉国从巴基斯坦独立出来。

▪ 20130417 Pakistani, Ahmed Raza Kasuri, lawyer of former president Pervez Musharraf

"他们想向人们灌输的是独裁或民主是一种心态,穿制服的人可能是民主人士,而穿 T 恤的人可能是独裁者,他们的司法体系也是独裁的。"

▪ 20130422 Indian correspondent, Sanjoy Majumder

总理曼莫汉·辛格说,这名 5 岁女孩遭受的袭击令人发指,它警示人们必须同心协力铲除这种堕落行为。据悉,这名儿童上周被劫持后遭受了长达 48 小时的性侵。目前她在重症监护室接受治疗,医方称目前情况已有好转,女孩现在神志清醒。周六,一名嫌犯在东部比哈尔州被捕,随后被带到首都受审。

■ 20130427 Iraqi correspondent, Nahed Abouzeid

伊拉克政府决定采取强硬手段结束逊尼派地区的抗议活动,这加剧了该国的紧张局势。逊尼派领袖指责军队在夺取哈威加镇的抗议营地时实施了大屠杀。而什叶派政府称,士兵受到了袭击,采取了自卫还击。巴格达最近的暴力事件,即对逊尼派清真寺若干袭击事件中的一起,引发了大量的人员伤亡。自年初以来,逊尼派在安巴尔省的抗议不断,且抗议浪潮仍在继续。

■ 20130429 Bangladesh correspondent, Anbarasan Ethirajan

当时 4 名消防员正在倒塌大楼的第三层,为了将一名女孩从凹槽中救出,他们已经奋战了五六个小时。他们使用了一台钻孔机,由于大楼是一家服装厂,遍地都是棉布,钻孔时冒的火花引起了大火。四名营救人员在大火中受伤,这些消防员被迅速送往医院。他们从清晨开始一直试图营救的女孩不幸已经丧生。

■ 20130506 Malyasian, Anwar Ibrahim, opposition leader

为什么要容忍这起诈骗并就此草草了结?我们希望选举委员会给出一个令人满意的答复,要不然,他们显然是沆瀣一气,狼狈为奸。

■ 20130512 Pakistani, Nawaz Sharif, former premier

"这正是民心所向,所以我们必须改革,我们赢得了人民的信任,人民对我们表达了信任。他们知道我们过去曾改变过这个国家,我们的确这样做过,我们已向国民证明了这一点,我们未来还会这么做。"

■ 20140512 Turkish correspondent, Judy Sopra

炸弹袭击了靠近叙利亚边境的城镇雷伊汉勒中心地区,一辆汽车停放在邮局外,另一辆夹在市政大楼和警察局总部中间。该地区有大约 2.5 万名叙利亚难民,在土耳其支持叙利亚反对派方面是一敏感地区。叙利亚人在这里寻求安全,如果这次袭击是由侵略者发起的,他们和土耳其民众一样会对所发生的一切表示极度的担心,而后者将会强烈反对土耳其政府卷入叙利亚的冲突。

■ 20130518 Iraqi correspondent, Rami Ruhayem

人们猜测这些爆炸是宗派势力所为,他们只猜对了一半,并不能令人心服口服。至于这背后的原因,目前还有很多问题悬而未决,重要的是:这些暴力事件背后的策略是什么?目前看来尚无明确的答案,(我看)目的只有一个就是破坏国家的稳定。但他们的最终目标是什么,人们仍不得而知。

■ 20130519 Pakistani correspondent, Shahzeb Jillani

萨拉·舍希德·侯赛因现年 60 岁,她是伊姆兰汗党副主席。初步报告表明,这是一起抢劫案,但随后我们听说枪手试图抢走她的手机,然后近距离向她开枪,这让人怀疑这是有目的的袭击,是一场谋杀。伊姆兰汗当即指出统领卡拉奇政界的 MQM 党有嫌疑,但 MQM 否认有任何牵连。

■ 20130530 Syrian, Gen Salim Idriss

"Qusair 的局势复杂异常,情况也非常危险。这伙真主党武装分子组织严明、装备精良,还得到政府空军的支持。政府空军使用真空炸弹和高强度炸弹,政府还用远程大炮和飞毛腿导弹来对付 al-Qusair。"

■ 20130614 Persian, Sadeq Saba

他们已经受到威胁,被迫告诉我们这些在伦敦的员工,应该停止为 BBC 工作。他们首次威胁了员工的亲属,威胁说他们将失去退休金、护照等。也首次威胁在德黑兰的家属,如果伦敦员工继续为 BBC 工作,他们的人身安全将受到危险,还说将尽一切办法让伦敦的员工不再工作。

■ 20130622 Indian correspondent, Nitin Srivastava

灾情十分严重,有些村庄已荡然无存,公路网已经遭到彻底摧毁。我们今天有幸乘坐空军直升机探访了两处灾区,其破坏程度触目惊心:不到一周前还是熙熙攘攘的居民区现在居然找不到一处房屋。到处是死里逃生的幸存者,一连四天他们粒米未沾、滴水未进,社区已不复存在,医疗救援无踪无影。

■ 20130707 Jordanian, Ahmad Ziadat, Justice Minister

"他会得到公平的待遇,这是约旦法律和宪法规定的。对他的审判有助于人们更好地了解有关他在资助恐怖和策划恐怖行动上所发挥的作用。"

■ 20130724 Israeli, Efraim Zuroff

"这些人是最不值得同情的,首先,他们对受害者根本没有同情心。其次,在我亲自处理的几起案件中我发现,从未有任何一名纳粹战犯(对犯下的罪行)表现出一丝后悔或悔恨。相反,不少人至今仍对所他们的作所为恬不知耻、感到骄傲。"

■ 20130725 Arabian, Lakhdar Brahimi

"至于联合国,其立场非常明确。提供武器不能解决问题,必须停止向任何一方输送武器,我们所需要做的是努力找到可行的政治解决办法。"

■ 20130730 Israeli, Tzipi Livni

"目前存在很多冷嘲热讽、相互猜忌和悲观失望情绪,但同时也存在希望。我认为通过重启和谈,我们能为以色列人同时也为巴勒斯坦人重新带来希望。我真心相信,巴以之间的和平符合以色列和巴勒斯坦的利益,也符合国际社会的利益。"

■ 20130806, Indian correspondent, Rahul Tandon

小女孩上周三在加尔各答郊区的住处附近遭到袭击,她挣脱了袭击者,袭击者唯恐小女孩将其认出，便恼羞成怒往她身上浇了柴油，点火焚烧了她。女孩立即被送往加尔各答一所政府医院，但终因伤势过重周日死亡。警方逮捕一名当地男子，目前正对他进行审问。女孩的家人要求不管是谁杀死了他们的女儿都应被处以死刑。

■ 20130811 Iraqi correspondent, Alhassan Sillah

汽车炸弹被停放在小巷、餐馆和咖啡馆附近周围，目的是尽可能造成更多的人员伤亡。在斋月结束之际，家家户户都在庆祝开斋节的第三天。至少 8 个街区遭到袭击，大多数是什叶派社区。在首都北边的图兹胡尔马图都，自杀式爆炸者在一处检查站引爆了一枚汽车炸弹。人们指责袭击是基地组织和逊尼派少数民族所为，尤其是萨达姆·侯赛因的阿拉伯复兴社会党的支持者，许多伊拉克人怀疑外国特工试图引发新一轮的宗派势力暴力。

■ 20130812 Israeli, Mark Regev

"事实上，在任何一项和平方案中，即使是经过在国际社会的努力下促成的和谈，无论是日内瓦倡议，还是克林顿提出的几点建议，所有这些国际上不同的理念都是为了解决一个问题，所有这些理念都认为，耶路撒冷的犹太邻居与部分地区是以色列最终实现和平要解决的问题。现在我想再请问各位，如果在这个终究将会成为以色列领土的区域建房，这怎么会是个问题呢？"

■ 20130818 Pakistani correspondent, Anbarasan Ethirajan

这名牧师对当地人说，女孩焚烧的可兰经的书页是从自己袋子里拿出来的。在巴基斯坦，几乎没有人因被指控亵渎罪而幸免于难，因此这一事件引发了国际上的关注。数十人被联防暴徒凌迟处死，更不用说案件上诉到法院且被驳回。那位指控她亵渎罪的穆斯林牧师因诬告罪已被捕，今天，律师说牧师一案因证据不足而予以驳回。

■ 20130901 Indian

"我对判刑非常失望，他罪大恶极，即便不判死刑，起码也要判终身监禁。这无疑向少年犯传达了这样的信息，他们即便是犯了法仍可以逍遥法外。我对国家的司法已经失去了信心。"

■ 20130904 Korean, UN Secretary General Ban Ki-moon

"对于防止将来继续使用化学武器的举措，我没有异议。同时，我们必须考虑任何惩罚性措施可能造成的负面影响，以防进一步的流血事件。"

■ 20130916 Syrian

"这是一次胜利，21 世纪他们居然敢动用化学武器杀害了 1500 人却逍遥法外，这与杀死 15 万人不受惩罚没有区别。时至今日，仍然无人结束这个野蛮、残暴的法西斯政权，所以他们绝对没错，他们胜利了。"

■ 20130923 Pakistani correspondent, Shahzeb Jillani

据称这是巴基斯坦有史以来基督徒遭袭最严重的一次。警方称，就在数百名信徒在白沙瓦历史悠久的圣徒堂做主日弥撒时，两枚炸弹爆炸。教堂外混乱不堪，惨不忍睹，受难者亲友抗议政府无能，没能保护其亲友。袭击使很多巴基斯坦人愤怒无比，但与此同时，人们对政府显然无力防止此类恶性事件的发生亦无可奈何。

■ 20131017 Iranian Foreign Minister,

我们与"欧盟3加3"等国进行了为期两天广泛而富有成果的对话，希望此举将结束不必要的争端，开创崭新的未来。

■ 20131031 Georgian president, Bidzina Ivanishvili

"我们希望与俄罗斯的关系保持稳定，缓解自2008年至今甚至更早以来的紧张局势。我们希望与俄方加强双边关系，但同时我们希望格鲁吉亚同欧洲与大西洋等国也保持稳定的关系。"

■ 20131117 Maldives correspondent, Anbarasan Ethirajan

这对于被大多数人看好的穆罕默德？纳希德来说是场惨败，但最新结果显示亚米恩获得51%以上的票数。就在选举的前几天，亚米恩获得了其他政党的支持，因为他的获胜将对这些政党有利。亚米恩所面临的挑战是说服国际社会，自己并非是同父异母兄弟、即前总统 Maumoon Abdul Gayoom 的傀儡，纳希德已宣告失败，因此马尔代夫有希望实现政治稳定。

■ 20131120 Iranian Foreign Minister, Javad Zarif

在今年夏天，伊朗人民通过投票支持建设性外交，此举给了全世界历史性的机会来改变进程。为了抓住这一良机，我们需要坚持平等协商的原则立场，选择一种相互尊重的方式来进行对话。

■ 20131213 Bangladeshi, Anbarasan Ethirajan

他被指控在1971年孟加拉国的独立战争中，在首都（达卡）郊外犯下大屠杀和强奸罪。当时，伊斯兰党反对孟加拉国独立，称脱离巴基斯坦对穆斯林无益，反而会使印度更强大。该法庭于2010年由现任总理 Sheikh Hasina 领导下的政府设立。它也是 Sheikh Hasina 当时竞选总理时的承诺之一，称所有孟加拉国人在独立时犯下的暴行将被绳之以法。

■ 20131226 Turkish correspondent, Aslan

目前辞职的人员中无一人直接参与此案，但都受到了目前正在进行的调查的影响。经济部长 Zafer Caglayan 称自己辞职是为了帮助揭开所谓丑陋阴谋的真相，内政部长 Muammer Guler 受到来自几位警察局长的压力，因为警方已授权进行腐败调查。环境部长 Erddogan Bayraktar 呼吁总理埃尔多安辞职，称自己唯命是从无非依照总理的命令行事。总理已前去总统府拜会古尔总统,人们纷纷猜测内阁重组即将来临。

■ 20140103 Beirut,Lebanon,Rami Ruhayem

爆炸发生在商店、餐馆、居民区密集的商业街。据报料,炸弹放在一辆四轮驱动货车里。(黎巴嫩)真主党媒体否认其办公楼是此次袭击的目标,称离爆炸现场最近的一幢楼远在几百米之外。真主党深陷叙利亚的冲突,与政府军一道镇压反叛武装。一些叙利亚组织威胁对贝鲁特街头进行报复,并称此次袭击是对真主党参与叙利亚的又一次报复。

■ 20140105 Iraqi,Ahmed Maher

BBC 从安全部门获悉,ISIS 与一个基地组织有关的武装分子正控制着费卢杰城西的南部地区。BBC 从获得的第一手资料称,基地组织武装分子乘坐皮卡车,上面架着高射炮,插着黑旗正巡逻在通往巴格达的主干道上。记者称,什叶派领导的中央政府已丢失了费卢杰,现已落入逊尼派和基地组织手中。

■ 20140105 ISIS,Rami Ruhayem

发言人呼吁,抗击 ISIS(伊拉克和大叙利亚伊斯兰国)的叛军撤销检查站,释放全部在押的 ISIS 人员。发言人称,ISIS 背后遭冷枪,补给线遭反叛武装的压力有可能被迫切断。一旦发生这种情况,ISIS 将不得不从叙利亚以北的阿勒波前线撤离。而撤离后意味着它将迅速落入政府军之手。

■ 20140106 Iraqi,Ahmed Maher

BBC 从法鲁贾居民获悉,该市东、西、北部至少 5 个重镇遭受重炮袭击。自上周部落与基地武装分子联合抗击正规军以来,军用飞机便在该地区狂轰滥炸。民众被拉马迪市反政府武装逼得流离失所,无家可归,他们对这一行径深恶痛绝。

■ 20140115 Indian,Kuldeep Singh Brar

这是我第一次听到这个消息,因为今天早上,各大媒体报道了它,报纸刊登了它,电视转播报道了它,但是之前我却闻所未闻。但是我认为,就印度军方而言,他们永远不会提及此事。

■ 20140123 Syrian,Bashar Jaafari

叙利亚人民才是唯一决定叙利亚前途命运的人,任何高官都无权主宰叙利亚的命运。由安理会授权的、Brahimi 先生调解的、Sergei Lavrov 支持的方案是以叙利亚人为主导的政治解决方案。

■ 20140204 Afghan,Anders Fogh Rasmussen

我与卡尔扎伊总统私交甚好,话虽如此,我不得不说这一声明无异于在玩火。因为我们应估计到当人们获悉此消息后,它将对公众带来消极影响,对美国在阿富汗驻军的支持会打折扣。

■ 20140205 Pakistani, Rahimullah Yusufzai

从那以后我们一直有接触，我们已告知塔利班方面既然问题已澄清，现在便可以正式谈判，我们愿意同其会谈，时间地点由他们选定。我认为最近一两天便可以开始。

■ 201402009 Syrian, Khaled Erksoussi

"联合小组最终安全撤离，但撤离过程十分很难，因为他们撤离时炮击还在不停地轰炸，车辆不断遭受枪击。我们车上的驾驶员受了轻伤，（不过幸亏）我们及时使他得到了救治。"

■ 20140214 Afghan President, Hamid Karzai

"如果阿富汗司法部门决定释放某个囚犯，这与美国无关，美国也无权干涉。我希望美国停止干扰阿富汗司法，我希望美国从现在开始尊重阿富汗的主权。"

■ 201403013 Turkish, Elle Pei

"今天我们来这里抗议政府的法西斯暴行，也是为了哀悼小男孩的不幸遭遇，这个年轻人的全部罪过不过是买了一块面包，我们来抗议，希望类似的悲剧不会重演。"

■ 20140323 Turkish finance minister, Mehmet Simsek

"我并不是说完全禁止媒体平台就会收到应有的效果，其实不然。但同时我认为任何跨国公司，无论是从事媒体还是从事实业的跨国公司，都不应凌驾于法律之上。"

■ 20140325 Malaysian Prime Minister, Najib Razak

这是个偏远的位置，远离任何可能的着陆点。因此我沉痛而且遗憾地告诉大家，根据最新的调查结果，MH370 航班已在南印度洋坠毁。

■ 20140417 Pakistani correspondent, Haroon Rashid

巴基斯坦塔利班于今年三月一日宣布停火，这令巴基斯坦普通民众如释重负。武装分子和塔利班的谈判已经继续了一段时间，可是近来报道称谈判陷入了僵局。塔利班称其中央委员会全体一致决定不再延长停火协议，但仍希望将和谈进行下去，并抱怨政府对其最初的要求置之不理。

■ 20140704 Palestinian, Ismail Patel

我要为这 3 人的惨遭杀害提出谴责；但是我们也应该记住，同一时期内以色列也杀害了 6 名巴勒斯坦人，就在今天早上，就有一名 18 岁的男孩被以色列人杀害。人们应该谴责针对巴勒斯坦人的一切暴行。国际社会应该奋起反抗，旗帜鲜明地反对这一暴行。这种无休止的暴力必须停止，我们必须使双方回到谈判桌前。以色列对哈马斯的谴责是莫须有的，他们并没有证据。他们无非以此为借口，继续其罪恶行径，对加沙地区的人们进行集体惩罚。

■ 20140712 Korean, Ban Ki-moon

加沙正处在风口浪尖之上,局势的进一步恶化将导致失控。暴力蔓延的风险切实存在。加沙以及其周边地区再也无力承受又一场全面爆发的战争。

■ 20140712 Palestinian politician, Mustafa Barghouti

哈马斯表示,他们已经准备好停止所有袭击,因为他们所做的一切无非是出于自卫。很明显他们接受了一个事实,也就是美国人提出的方案。以色列没有放弃攻击,他们现在正在发动一次地面行动,这一行动有可能会导致该地区惨遭屠杀。

■ 20140718 Iranian Foreign Minister, Mohammad Javad Zarif

"谈判各方的意愿表明,他们需要的是更多的时间,但我们尚未做出这一决定,因为国务卿克里今天早些时候说我们的决定仍在酝酿之中,我们仍在协商,希望能寻求解决这一问题的各种方案。"

■ 20140724 Israeli, Khaled Meshaal

我们不在意别人怎么看,其中也包括埃及人在内。我们希望有人提出,我们希望解除对加沙的封锁。加沙的老幼妇孺在封锁下饱受煎熬,痛苦不堪。这是对边界的封锁,我们抵抗就是为了打破对加沙的封锁。

■ 20140815 Pakistani correspondent, Shahzep Jilani

游行示威的领导人是反对派政要 Imran Khan,他的出现是对总理谢里夫政府的最大挑战。可汗和他的支持者抵达伊斯兰堡还需一段时间,达到后他们计划举行静坐,直到政府辞职下台为止。很多人担心如果僵持持续数天的话,可能会令整个国家陷入瘫痪。

■ 20140820 Israeli, Mark Regette

今天哈马斯对以色列城市 Beersheba 的火箭袭击是对其承诺的停火协议的公然违反,这是哈马斯第 11 次放弃或违背协议。很明显停火协议必须双方遵守,不仅以色列必须停火,哈马斯也必须停火。

■ 20140831 Pakistani, Tahir-ul-Qadri

17 天来,并没有发生任何一次小规模的暴力活动。到目前为止,游行队伍中并无一人携带武器。然而政府却开始实施国家恐怖主义,首先他们开炮射击,然后他们使用催泪瓦斯,接着又开始向游行者施暴,所有这些行为出乎人们想象。

■ 20140901 Pakistani correspondent, Shahzeb Jillani

"军方通过支持民主来解除人们对军事干预的恐惧,但是军界领导敦促政府通过协商缓解目前的局势,而不是诉诸武力。部长们已经表示,他们愿意与为首率领静坐示威的两位反对派人物 Imran Khan 和 Tahir-ul-Qadri 会谈。但是两位领导人都拒绝了政府新的建议,称除非总理谢里夫下台,否则讨论毫无意义。"

20140908 Afghan

我们希望将这些凶手绳之以法,因为像其他很多罪行一样,如果让这种犯罪逍遥法外,暴行将会不断。到头来,受害的将是阿富汗妇女。阿富汗是伊斯兰社会,如果女子犯了这种罪行,将遭受石刑。所以,我们希望加速这一案件的处理,将凶手公开处决。

20140911 Arabian correspondent, Youssef Taha

视频显示,Osama Mohamed Uthman 用木棍殴打儿童,这些儿童才 4 到 7 岁,像踢足球一样踢他们。据他所说,这些孩子的罪行仅仅是未经他同意便随意打开了电视和冰箱。视频在各大媒体传播引起人们公愤,总统塞西亲自过问。Uthman 被判殴打、滥用童工、违法儿童保护法罪。

20141026 Iraqi correspondent, Sally Napil

经过数周的激烈战斗,库尔德"自由斗士"武装重新夺回了摩苏尔西北部的 Zumar 重镇,在国际联盟空中力量的掩护下,库尔德武装力量正设法将 IS 武装分子从该镇驱除。Zumar 镇是 6 月份以来 IS 进攻伊拉克北部大部分地区时沦陷的第一批城镇,收复 Zumar 镇的消息传来时,伊拉克总理阿巴迪宣布伊拉克部队重夺了巴格达南部某镇。

20141103 Pakistani correspondent, Shahzeb Jillani

一名自杀式爆炸者袭击了 Wagah 边境站一个队伍的尾部,这是巴基斯坦和印度之间唯一的交叉口,每天近数百人在边界关闭时前来观看士兵降国旗仪式。受难者中有妇女和儿童,与塔利班分支组织"真主旅"有关联的一个武装组织称,爆炸是为了报复巴基斯坦军方对 Waziristan 部落地区的进攻。

20141116 Georgian

"这是格鲁吉亚共和国表达的严正立场,我们强烈反对普京的朋友和俄罗斯企图分解我国主权的行径。我们永远不会放弃我们选择的道路,我们要成为自由世界的一份子,成为欧洲不可分割的一部分。"

20141207 The Phillipines

几乎无人撤离,因为台风在不停地呼啸,我们的庇身处彻夜都在受到台风的威胁,无人能真正睡着。我们出外发现几具尸体,一切看上去活像个鬼城。

20141220 Pakistani correspondent, Antirugion

这些被处以绞刑的武装分子与本周塔利班对白沙瓦的袭击无关,但目前该国政府面临越来越大的压力,这次处决向武装分子传达了明确的信号。其中一人因策划袭击巴基斯坦军队总部所在地而获刑,另一人试图暗杀前总统穆沙拉夫。在宣告两人死刑的几小时前,联合国人权组织呼吁巴基斯坦不要恢复死刑,称这无助于遏制恐怖主义。

■ 20141222 Pakistani Interior Minister, Chaudhry Nisar Ali Khan

嫌疑犯已被羁押,恕我不便透露其人数或身份,但有不少嫌犯以不同的方式协助我们,审讯进展非常顺利。请耐心等待几天,我们会透露详情,因为全国各地还有他们的同伙,需要将他们绳之以法。

■ 20141225 Pakistani correspondent, Senjay Duscouper

巴基斯坦报道称,在伊斯兰堡总统府经过热烈讨论后终于达成了协议,大多数主流党派都参加了这次讨论。谢里夫在宣布这一举措时,没有透露更多细节,但表示会修改现有法律。此前持保留意见的主要反对派巴基斯坦人民党也表态支持该提议。另一位领导人表示他的政党将支持一切打击恐怖主义的行动。巴基斯坦政府已经暂停终止死刑,将其重启以便打击与恐怖主义相关的罪行。

■ 20150313 Iraqi correspondent, Ahmed Maher

"伊拉克士兵及其联盟已经挺进提克里特,他们将国旗和什叶派伊斯兰教的旗帜悬挂在军车上,他们用了近两周时间才攻进该市,目前仍被该市中心路旁的炸弹和陷阱汽车所阻碍。最高军事将领亲临战场不仅扬了军威,也鼓舞了士气,更给他们重新收复整个城市的战斗增添了斗志。"

■ 20150321 Yemeni, Nabakiti

他们将炸弹藏到石膏里,就像腿断时用的石膏,因此安全人员无法检察他们藏匿的炸药,因此伤亡惨重,人数还在增加。清真寺拥挤不堪,男女老幼,各个年龄段的人都有,从视频中看来现场简直像是大屠杀。

■ 20150322 Yemeni correspondent, Arachi Shani

美军一直驻扎在也门南部阿奈德空军基地,他们在那里培训也门飞行员来对付基地组织。据悉驻扎在该国的士兵将全部撤离,尽管该消息尚未得到五角大楼的证实。也门一直是美国对基地组织作战的基地,不过与防止该国发生内讧分裂成敌对派别相比,这种冲突变成了小巫见大巫。

第三节　欧　洲　英　语

■ 20130104 Italy

"Boateng 称场外教练像猴子一般令人厌恶,他们跟裁判言语了几句,他们的经理称没问题,他们会跟他谈。但几分钟后,他们同样侮辱了 Prince, Prince 很愤怒,因此我们都离场停止了比赛,来到更衣室。"

■ 20130123 Serbian

年轻的彼得二世国王于1941年逃离南斯拉夫,恰值纳粹地面进攻后的几天,那次空袭将贝尔格莱德许多地区都夷为平地。他之后再未返回,因为南斯拉夫自那次冲突后已不再是一个王国,而是一个由铁托元帅领导的共产主义共和国。彼得后来流亡英国伦敦,英国王室有他的表兄弟。他的儿子说他从未感受过有家难回,有国难投的窘境。彼得二世安葬在美国的塞尔维亚修道院。他在贝尔格莱德的儿子——王子亚利山大,一直想让这些骨灰日后同葬在塞尔维亚中心的皇室墓地中,与先辈入土为安。

■ 20130202 French, Dayan Radosevich

奥朗德总统办公室发言人称,法国为首个与谷歌签署协议的国家而感自豪。此举是历经数月谈判,并多次受到法国政府以颁布法律制裁相威胁后签署的。法国新闻网要求从其链接上刊登的广告收入中分一杯羹。谷歌拒绝了这一要求,称其生存会因此受到影响。最后,双方达成了某种妥协。

■ 20130210 Russian

乌达利佐夫对法庭听证、临时拘留并不陌生,但作为反对派积极分子被软禁还是头一回。法庭裁定,禁止他外出,只能与亲人、律师接触,不得使用互联网。判决前在回答记者提问时他说,他认为这种新的禁令完全是出于某种政治目的的。

■ 20130216 Russian

当时的情景触目惊心。我们先是看到了一道闪电,而后是一道黄白相间的电光,电光划破天空。几秒钟过后,爆发了一声巨响。

■ 20130217 Portuguese

他们是通过民主选举产生的,不过,这并不意味着他们就可以随心所欲。他们的所作所为实在超越了权限,超越了政府的职权范围。

■ 20130220 Romanian, Dean Rodoyaevch

声明称,罗马尼亚多处住所遭到搜查,一些人被捕。但官方对此未做出详细说明,理由是行动还在继续。据悉,该组织一直在贫困山区招揽年轻女子,从其身上取卵后,支付1000美金作为报酬。而后再以高出5倍的价格卖给主要是来自于以色列的不孕妇女,再通过试管受精。罗马尼亚法律规定,出卖卵子属于违法行为。

■ 20130223 Russian, Dan Rodjevich.

年仅3岁的Maxim Shatto,乳名Maxim Kuzmin一月前不明夭折。养母为得克萨斯州籍人士诉说道,等她在花园发现时他已不省人事。警察称死因不明,需有待进一步查明。而在俄国也就是刚刚颁布禁止美国公民收养俄国儿童令不到几周,官方立刻发表声明称男孩疑似死于收养家庭的虐待。星期五,俄罗斯联邦议会一致声讨了这一行径。

■ 20130417 European, Tonio Borg from EU Commission for Health

"马肉中出现保泰松的几率微乎其微,不到 0.5%,而此前谎称的比率是 4.6%。尽管如此,这种乱贴标签行为仍很严重,我们准备对此采取措施,加强管理。"

■ 20140423 European, Katherine Ashton, EU Foreign Policy Chief

"不言而喻,在人权,民主,消除贫困和实现永久和平方面仍有大量的工作要做。我们并没有低估所面临的挑战。但我们相信,现在应该更多地参与,更多地帮助缅甸平稳过渡。但所有这些只有在一个开放、民主的社会才能得到更好的解决。我们期待与缅甸政府和所有其他参与方密切合作。"

■ 20130523 European, Herman Van Rompuy, president of the European Council

"我们看到税收制度上一个又一个明显的漏洞,这理所当然地激起了公众的愤慨。数目巨大令人瞠目:每年有数百万欧元不翼而飞,它给财政带来压力,给社会制造紧张,因此打击偷税漏税是有关公平和信誉的一场战争。"

■ 20130605 European, Karel De Gucht, EU trade commissioner

"如果欧洲企业想要创新,当然他们需要营造一个公平的竞争环境。新的创新推动新的发展。所以,必须营造良好的环境,让欧洲和中国的公司进行公平的竞争。"

■ 20130612 Greek, Odin Linardatou

这不符合逻辑。我是说,人们更愿意看到的是新举措,新的重组,而不是关门闭户。当然,我们中有些人已被解雇,那么薪水大幅度削减,我们也可以接受,但人们无法接受的是像希腊这样的民主国家居然关停了广播公司。

■ 20130710 Russian, Vitaly Churkin, Ambassador to the UN

"他们的分析清楚表明,在阿萨尔镇使用的武器并非工厂制造,而是装满了沙林。通过对沙林的技术规格分析发现,它也不是工厂生产的。缺乏化学稳定剂的样本毒剂检测结果显示,这是最近生产的产品。其中所用的射弹不是标准的化学制品。因此我们完全有理由相信,在阿萨尔镇使用的化学武器是武装反对派所为。"

■ 20131128 European, Jose Manuel Barroso

卡梅隆首相昨天告诉我他对这些问题所持的态度,我向首相卡梅隆强调了行动自由是条约的基本准则,必须遵守。同时我还强调英国应该确保其即将出台的措施能遵守欧洲法律。

■ 20140120 Russian

如果你想知道我个人的态度,那我要说我不在乎别人的性取向,我本人也认识一群同性恋者,我们相处不错,我对他们不怀任何歧视,还曾为几位同志社区的成员颁发过嘉奖,但无非是奖励他们个人取得的成就,与他们性取向毫无关系。

■ 20140124 European，Leonardo Rocha

对巴塞罗那俱乐部主席的主要指控是，内马尔花了该俱乐部近 4 千万欧元，约合 5 千万美金，高出官方公布的数字。据称转会费给了内马尔的父亲，也是其代理人，以及其他促成秘密交易的谈判人员。西班牙各大媒体前几周一直在报道这个传闻，周一有消息称官方已介入调查。桑托斯的巴塞罗那球迷，巴西球员前俱乐部对这一事件表示了愤慨。

■ 20140129 French，Gerard Araud

人们忘了，塞勒卡叛军到达班吉后的所作所为是蓄意销毁所有与国家有关的文献资料，他们焚烧档案、烧毁户籍资料，国家名存实亡。因此国际社会、联合国、欧盟应从长远思考，重建中非共和国。

■ 20140507 Ukrainian Interim Foreign Minister，Andriy Deshchytsia

我们认为这些组织是恐怖分子和极端分子，他们占领政府机关，恐吓民众的行径不言而喻。如果他们投降并离开办公楼，我就会赦免他们。

■ 20140512 Ukrainian correspondent，Aethon Les

如果你怀疑这场公投的组织者，那么这次投票率却出乎寻常地高，投票率已超过70%。不管怎样，绝大多数人已前来投票，我想未来几天内会见分晓。一位自封是顿涅茨克共和国选举委员会领袖的组织者声言，不管结果如何，这次投票表明这里已不再属于乌克兰管辖，但也不意味它已经归属俄罗斯。这仅仅是走过场吗？我们的出路在哪里？所有这些问题仍悬而未决。

■ 20140609 Spanish tennis player，Rafael Nadal

与小德任何时候比赛都是巨大的挑战，在前四次比赛中我每次都败在他手下。每次我能要击败他都要打出我的极限。我觉得我们俩在过去几年属于顶尖对抗，今天获得冠军的应该是他，我肯定他将来会夺冠。

■ 20140729 Dutch，Pieter-Jaap Aalbersberg

人们现在要做的是耐心等待，这使人焦虑不安。遇难者亲属执意要求无论遇难者来自哪个国家，他们都有权要求归还亲人的遗体和遗留物。专家一旦找到遗体，便会立即将之带回，我们不会留下任何遗体。

■ 20140821 European

在这场危机中，无国界医疗组织孤立无援，我们身处最前线，没有任何一个组织能在医疗中心孤军作战，严格地说，我们对联合国和世卫组织至今为止的不作为深感惊讶。

■ 20141020 Spanish correspondent, Nicolas Rusher

Teresa Romero 两周前被诊断为埃博拉阳性,她是在马德里医院护理两名被感染的牧师时感染上这一病毒的,这两名牧师后来双双死于埃博拉。这名 44 岁的护士得到了救治,她获得一滴含有埃博拉幸存者抗体的血清。日前,西班牙政府负责研究该病毒的一个委员会称 Romero 呈阴性,在她确诊之前接触过她的 15 人中,包括她的丈夫在内,都未出现任何症状,但目前都在医院接受观察。

■ 20141029 Ukrainian correspondent, Dina Newman

无视美国国务卿约翰·克里和乌克兰总统波罗申科发出的警告,俄罗斯坚持认可顿涅茨克和卢甘斯克分裂分子的选举结果。此举将有损去年 9 月份才签署的仍很脆弱的停火协议。乌克兰东部武装反叛分子表示,选举将赋予他们合法性,使他们享有与基辅公平对话的权利。

■ 20141107 European, Fatou Bensouda

在详细审核所有相关材料后,我认为此案或可能因为调查此案引发的案例理由不充分,国际刑事法庭将不予采信。为了使受害者及其家属受的影响最小化,我必须按照罗马规约,即国际刑事法庭应该优先审理重大的战争罪,或对某一大案的审理有计划或有步骤地进行。

■ 20141113 European, Sephan Wulemeke

接收到的信号非常清晰,从着陆器上收到了基础数据和科学数据,这消息令人振奋。但遗憾的是,抛锚似乎不太理想,所以着陆器没有固定在表层上。现在令人不解的是,飞行器着陆在一个软砂箱,一切顺利,尽管抛锚出了问题。也许有可能是 ATS 出了故障,或者其他方面出了问题。

■ 20150107 European, Fadi Abdullah

正如我们在声明中所阐明的那样,地方官为 Yebei 提供了安全措施,包括安全的住所,新的地址,配备了一名保镖和警报装置。然而,他看似在遭绑架前返回了 Eldoret。我们希望彻底查清他违反安全规定的原因。

■ 20150112 French

"我信仰的是伊斯兰教,但我是法国人,我生活在法国,我吃的是法国面包,我爱这个国家。我参加游行是为了反对恐怖主义,因为本周就发生了恐怖袭击事件。我们都是受害者,这里有犹太人,有基督徒,还有无宗教信仰人士,但他们都是人,我们也是人,我们是兄弟姐妹。"

■ 20150122 German correspondent, Dina Numen

"这些图片和言论的出现在德国媒体引发了轩然大波,该组织另一位发起人 Kathrin Oertel 称图片带讽刺意味,称该运动还将继续。Pegida 一直否认是纳粹同情者,该组织吸引了数千人参加每周在 Dresden 举行的示威游行。"

20150130 European, Federica Mogherini

我们今天决定,在 3 月 15 日期满之前,将现有的限制性措施延期。在此我要强调三点,延长现有制裁措施的期限。关于制裁明细,十天之内将拿出方案,未来十天将考虑并决定新增的制裁详细清单。这是第二点。第三点,为进一步采取措施做准备。

201500201 Spanish, Pablo Iglesias

"今天我们梦想拥有一个更好的国家,可是我们并没有将它付诸实施,我们来此是想将梦想在 2015 年成为现实。梦想必须推进,今年我们力争让政治变革成为现实。今年我们有新的举措,这是变革的一年,今年我们将在选举中击败西班牙人民党。"

20150202 Greek Finance Minister, Yanis Varoufakis

"并不是说我们不需要钱,由于承诺与债务我们已陷入了绝境。但我要向欧洲伙伴们表明的是,在过去 5 年中希腊一直靠贷款度日。正如我跟萨潘表白的那样,我们就像瘾君子迫不及待地等待下一剂毒品。而本届政府所要做的就是戒掉这种毒瘾。"

20150208 Ukrainian President, Petro Poroshenko

我这里的证件是俄罗斯士兵和军官的护照及军官证,他们来到我们这里,这是他们侵略,强行进驻我国的最好证据,他们杀死我们数以千计的士兵和乌克兰平民。

第四节　拉丁美洲英语

20130204-Cuban

在古巴投票选举并不常见,但投票人数却往往高达 95％左右。可以说这是古巴式的投票选举。并非每个候选人都是共产党员,但在这个投票站 3 名候选人全都是党员。古巴政府解释称选举公开透明符合法律程序,因为候选人不是由党组织指定,而是从民众中产生的。古巴目前仍没有成气候的反对组织,因此从某种意义上来说候选人一般都能顺利通过。

20130417 Venezuelan correspondent, Irene Casella

以微弱优势取胜的尼古拉斯·马杜罗周一宣布为新任总统,他将死亡和暴力事件归咎于反对派候选人卡普里莱斯。马杜罗说这次暴力事件与 2002 年的那次政变同出一辙,当时乌戈·查韦斯被迫下台两天。卡普里莱斯不接受周日选举的结果,他呼吁支持者发起和平抗议,在全国禁止使用锅碗瓢盆。

■ 20130429 Venezuelan correspondent, Irene Caselli

蒂莫西·特雷西目前被拘留在委内瑞拉的政法警察总部,他将在这里被拘留 45 天,期间法院将对指控做出判决。特雷西是在离开该国时在加拉加斯国际机场被政法警察逮捕的,政府称特雷西之前曾被捕两次,一次是在拍摄一场政府支持者大会时,另一次是在总统府外。总统尼古拉斯·马杜罗本周早些时候说,他本人曾亲自请求以阴谋罪逮捕特雷西。

■ 20130701 Brazilian correspondent, Julia Carneiro

"抗议者一大清早在该地区被封锁之前就向马拉卡纳足球场挺进。但他们到了足球场后,在每个道口都遭到大批警力的驱赶。为确保联合杯决赛的安全,警方已部署了 1.1 万名警力,其人数超过抗议者人数。抗议者反对政府前不久将马拉卡纳私有化的决定,以及和世界杯和奥林匹克项目之间的冲突。"

■ 20130722 Colombian correspondent, Arturo Wallace

Juan Manuel Santos 愤怒地警告 Farc(哥伦比亚武装力量)不可一意孤行、肆意妄为,称这是彻头彻尾的恐怖主义行径。70 多名 Farc 成员伏击了守卫在与委内瑞拉接壤附近 Arauca 输油管道的 26 名哥伦亚士兵。但哥伦比亚总统周六称他愿意为实现和平做一切努力,他明确表示最近的事件不会动摇他的决心,这意味着哈瓦那的和谈将继续正常进行。

■ 20140104 Mexican, Nicholas Rocha

国家公诉机关称 6 名持枪歹徒闯进监狱,假扮押解入狱囚犯的公职人员。进入监狱后,他们立即向囚犯开枪射击,当场射杀 4 名囚犯。而后他们把枪口瞄准了控制塔上的狱警,5 名歹徒被开枪还击的狱警击毙。墨西哥监狱暴力冲突由来已久,臭名昭著,即便如此,这种场面也只能在好莱坞的影片中出现。墨西哥当局对枪杀动机还一无所知,但是贩毒团伙在监狱中争斗也是时有发生。

■ 20140113 Haiti, Leonardo Rocha

今天是海地哀悼与反思日。那是一个星期二的下午,灾难降临,浅震震中正好位于首都太子港郊外。据悉,至少 25 万人丧生,具体死亡人数不详。米歇尔·马尔特利总统向圣·科斯多夫的死亡者敬献了花圈。全国各地民众以不同的方式参加了宗教祭奠。4 年来,震后造成的破坏仍随处可见。重建工作进展缓慢,人们依然居住在临时搭建的简易棚里。

■ 20140217 Venezuelan correspondent, Irene Caselli

在加拉加斯大街小巷,学生高呼支持洛佩斯的口号。这位反对派领袖现被通缉,洛佩斯在微博上写道,他仍在本国并且将很快公开露面。他上次露面是在周三,当时有三人在激化为暴力冲突后的游行中丧生。周日,学生们称他们将继续游行,直到 Nicolas Maduro 总统辞职为止。

■ 20140817 Cuban correspondent, Arturo Wallace

多数人认为,在哥伦比亚冲突中受害的 12 名成员参加哈瓦那和谈极具象征意义。桑托斯总统称这是历史性的一步,认为这是该国家实现和平所必需的。这些成员是未来几周中参加和谈的 60 名受害者中的首批,其中有左翼游击队的受害者,也有右翼准军事组织和哥伦比亚安全部队的受害者。联合国人权事务高级专员 Navi Pillay 赞扬了此举,称之为史无前例,将来可能成为所有国家在和解基础上处理司法问题的典范。

■ 20141223 Nicaraguan correspondent, Arturo Wallace

这是该地区历史上规模最大的工程,预计将耗资 400 亿美元。就在尼加拉瓜运河动工仪式启动的一年半前,该项目最初由总部在香港的一家国际建筑公司承包。然而,在尼加拉瓜修建航道引发了争议,政府称该项目有助于脱贫,但人们普遍担心它对环境带来的负面影响,同时怀疑其经济效益。

■ 20150126 Argentine journalist, Damian Pachter

"我离开是因为阿根廷政府在通缉我,原因是我的新闻报道与检察官 Alberto Nisman 的死亡有关,他上周已神秘死亡。我是第一个报道此事件的人,现在我无法承担后果。"

■ 20150130 Mexican correspondent

50％的建筑在爆炸中被毁。事故发生在当地时间凌晨 7：00,这辆卡车正在为医院输送液化气,是为厨房提供的。但是厨房距离儿童病房很近。我敢说,司机和其中的两名帮凶已经被捕。他们现在正被审讯事发当时的情况。

■ 20150227 Argentine correspondent, Leonardo Rocha

法官 Daniel Rafecas 表示,他已经驳回了该案,因为没有任何犯罪事件根据。对总统和外交部长指控的证据不足。该指控来自特别检察官 Alberto Nisman。上月,在国会作证指控费尔南德斯和齐默尔曼之前几个小时,他在公寓中死亡。目前尚不清楚他是被谋杀还是自杀。费尔南德斯总统一直否认这些控罪。她说,尼斯曼受到一家无赖情报机构的误导,其阴谋是企图败坏政府名誉。

■ 20150302 Argentine correspondent, Ignacio de los Reyes

"克里斯蒂娜·费尔南德斯·德基什内尔的演讲受到反对派的批评,原因她未能提及该国的高通胀和可怜的外国投资。费尔南德斯首次表示对检察官尼斯曼的死亡感到遗憾,但声称他的断言是一派胡言,并请求不要用 1994 年爆炸案作为政治手段。"

附录二　国际翻译者协会译员职业操守

■ I. Purpose and Scope

Article 1

a. This Code of Professional Ethics(hereinafter called the "Code")lays down the standards of integrity, professionalism and confidentiality which all members of the Association shall be bound to respect in their work as conference interpreters.

b. Candidates shall also undertake to adhere to the provisions of this Code.

c. The Council, acting in accordance with the Regulation on Disciplinary Procedure, shall impose penalties for any breach of the rules of the profession as defined in this Code.

■ II. Code of Honor

Article 2

a. Members of the Association shall be bound by the strictest secrecy, which must be observed towards all persons and with regard to all information disclosed in the course of the practice of the profession at any gathering not open to the public.

b. Members shall refrain from deriving any personal gain whatsoever from confidential information they may have acquired in the exercise of their duties as conference interpreters.

Article 3

a. Members of the Association shall not accept any assignment for which they are not qualified. Acceptance of an assignment shall imply a moral undertaking on the member's part to work with all due professionalism.

b. Any member of the Association recruiting other conference interpreters, be they members of the Association or not, shall give the same undertaking.

c. Members of the Association shall not accept more than one assignment for the same period of time.

Article 4

a. Members of the Association shall not accept any job or situation which might detract from the dignity of the profession.

b. They shall refrain from any act which might bring the profession into disrepute.

Article 5

For any professional purpose, members may publicise the fact that they are conference interpreters and members of the Association, either as individuals or as part of any grouping or region to

which they belong.

Article 6

a. It shall be the duty of members of the Association to afford their colleagues moral assistance and collegiality.

b. Members shall refrain from any utterance or action prejudicial to the interests of the Association

or its members. Any complaint arising out of the conduct of any other member or any disagreement regarding any decision taken by the Association shall be pursued and settled within the Association itself.

c. Any problem pertaining to the profession which arises between two or more members of the Association, including candidates, may be referred to the Council for arbitration, except for disputes of a commercial nature.

■ III. Working Conditions

Article 7

With a view to ensuring the best quality interpretation, members of the Association:

a. shall endeavour always to secure satisfactory conditions of sound, visibility and comfort, having

particular regard to the Professional Standards as adopted by the Association as well as any technical standards drawn up or approved by it;

b. shall not, as a general rule, when interpreting simultaneously in a booth, work either alone

or without the availability of a colleague to relieve them should the need arise;

c. shall try to ensure that teams of conference interpreters are formed in such a way as to avoid the systematic use of relay;

d. shall not agree to undertake either simultaneous interpretation without a booth or whispered

interpretation unless the circumstances are exceptional and the quality of interpretation work is not thereby impaired;

e. shall require a direct view of the speaker and the conference room. They will thus refuse to accept the use of television monitors instead of this direct view, except in the case of video conferences;

f. shall require that working documents and texts to be read out at the conference be sent to them in advance;

g. shall request a briefing session whenever appropriate;

h. shall not perform any other duties except that of conference interpreter at conferences for which they have been taken on as interpreters.

Article 8

Members of the Association shall neither accept nor, a fortiori, offer for themselves or for other

conference interpreters recruited through them, be they members of the Association or not, any

working conditions contrary to those laid down in this Code or in the Professional Standards.

▮ IV. Amendment Procedure

Article 9

This Code may be modified by a decision of the Assembly taken with a two-thirds majority of votes cast, provided a legal opinion has been sought on the proposals.

附录三　澳大利亚翻译从业者职业操守

The Australian Institute of Interpreters and Translators Inc(AUSIT)was founded at a meeting in Canberra in 1987, convened by the National Accreditation Authority for Translators and Interpreters(NAATI)to establish a national association of interpreting and translation professionals in Australia. Central to the establishment of any profession is the codification of its practices not only in organisational matters, but also, and crucially, in matters of professional conduct. Adherence to a Code of Ethics represents an undertaking by the members of a professional association that they can be relied upon to behave according to rules that protect and respect the interests of their clients as well as those of their fellow members.

The development of the AUSIT Code of Ethics was completed in 1995, when it was endorsed by NAATI, adopted by AUSIT at the National General Meeting and presented to the International Federation of Translators at its World Congress in Melbourne in 1996.

In summary, the Code obliges members to:
- respect their clients' rights to privacy and confidentiality
- decline to undertake work beyond their competence or accreditation levels
- take responsibility for the work of people under their supervision
- decline to mix promotional activity for clients with interpreting or translation work
- guard against misuse of inside information for personal gain
- guard against encroaching on the work of co-members
- maintain professional detachment, impartiality and objectivity
- refer to arbitration by the National Council of any dispute with other members and to accept the Council decision as binding.

The development of the rules embodied in the Code has been a serious and painstaking undertaking, but its effectiveness is attested to by the fact that, apart from the NAATI endorsement, a number of major organisations have sought and been granted the right to adopt and reproduce it. They include interalia the Commonwealth Government's Translation and Interpreting Service(TIS), Centrelink Multicultural Services, the Refugee Review Tribunal.

GENERAL PRINCIPLES

1. PROFESSIONAL CONDUCT

Interpreters and translators shall at all times act in accordance with the standards of conduct and decorum appropriate to the aims of AUSIT, the national professional association of interpreting and translation practitioners.

2. CONFIDENTIALITY

Interpreters and translators shall not disclose information acquired during the course of their assignments.

3. COMPETENCE

Interpreters and translators shall undertake only work which they are competent to perform in the language areas for which they are "accredited" or "recognised" by NAATI.

4. IMPARTIALITY

Interpreters and translators shall observe impartiality in all professional contracts.

5. ACCURACY

Interpreters and translators shall take all reasonable care to be accurate.

6. EMPLOYMENT

Interpreters and translators shall be responsible for the quality of their work, whether as freelance practitioners or employed practitioners of interpreting and translation agencies and other employers.

7. PROFESSIONAL DEVELOPMENT

Interpreters and translators shall continue to develop their professional knowledge and skills.

8. PROFESSIONAL SOLIDARITY

Interpreters and translators shall respect and support their fellow professionals.

CODE OF PRACTICE

Annotations to General Principles of Code of Ethics

1. PROFESSIONAL CONDUCT

a) Standards of Conduct and Decorum

i. Interpreters and translators shall be polite and courteous at all times.

ii. Interpreters and translators shall explain their role to those unaccustomed to working with them.

iii. Interpreters and translators shall be unobtrusive, but firm and dignified, at all times.

iv. It is the responsibility of interpreters and translators to ensure that the conditions under which they work facilitate rather than hinder communication.

v. Interpreters shall encourage speakers to address each other directly.

b) Honesty, Integrity and Dignity

i. Interpreters and translators shall not allow personal or other interests to prejudice or influence their work.

ii. Interpreters and translators shall not solicit or accept gratuities or other benefits. [Cf. 6. Employment b)(iii)]

iii. Interpreters and translators shall not exercise power or influence over their clients.

iv. Interpreters and translators shall maintain their integrity and independence at all times.

v. Interpreters and translators shall frankly disclose any possible conflict of interest.

c) Reliability

i. Interpreters and translators shall adhere to appointment times and deadlines, or in emergencies advise clients promptly.

ii. Interpreters and translators shall undertake appropriate preparations for all translating and interpreting(T&I)assignments.

iii. Interpreters and translators shall complete interpreting and translation assignments they have accepted.

d) Infamous Conduct

Interpreters and translators shall refrain from behaviour which their colleagues would reasonably regard as unprofessional or dishonourable.

e) Disputes

i. Interpreters and translators shall try to resolve any disputes with their interpreting and translating colleagues in a cooperative, constructive and professional manner.

ii. Interpreters and translators shall refer any unresolved disputes with other AUSIT members to the Executive Committee of their professional association and the conclusive direction of the Executive Committee shall be binding on members, with the provision of appeal or review in the interests of natural justice.

2. CONFIDENTIALITY

a) Information Sharing

i. Information shared in interpreting and translating assignments is strictly confidential.

ii. Disclosure of information may be permissible with clients' agreement or when disclosure is mandated by law.

iii. Where teamwork is required, and with the clients' permission, it may be necessary to brief other interpreters or translators who are members of the team involved in the assignment. In such circumstances, the ethical obligation for confidentiality extends to all members of the team and/or agency.

iv. Information gained by interpreters and translators from consultations between clients and their legal representatives is protected under the common law rule of legal professional privilege.

v. Interpreters and translators shall not sub-contract work to interpreting and translating colleagues without permission from their client.

vi. Translated documents at all times remain the property of the client and shall not be shown or released to a third party without the express permission of the client, or by order of a court of law.

3. COMPETENCE

a) Qualifications and Accreditation

i. Interpreters and translators shall accept only interpreting and translation assignments which they are competent to perform.

ii. Acceptance of an interpreting and translation is an implicit declaration of an interpreter's or translator's competence and constitutes a contract(oral or written).

iii. Interpreters and translators shall clearly specify to their clients the NAATI level and direction in the languages for which they are accredited or recognised.

iv. If requested by clients,interpreters and translators shall explain the difference between NAATI "Accreditation" and "Recognition".

b) Level of Expertise

In the course of an assignment,if it becomes apparent to interpreters and translators that expertise beyond their competence is required,they shall inform the clients immediately and offer to withdraw from the assignment.

c) Prior Preparation

Interpreters and translators shall ascertain beforehand what will be required of them in a projected assignment,and then make the necessary preparation.

d) Second Opinions and Reviews

Any alterations made to interpreting and translation work,as a result of a second opinion and/or review by other interpreters or translators,shall be agreed upon by consultation between the interpreters and translators concerned.

4. IMPARTIALITY

a) Conflicts of Interest

i. Interpreters and translators shall not recommend to clients any business,agency,process,substance or material matters in which they have a personal or financial interest,without fully disclosing this interest to the clients.

ii. Interpreters and translators shall frankly disclose all conflicts of interest,including assignments for relatives or friends,and those affecting their employers.

iii. Interpreters and translators shall not accept,or shall withdraw from assignments in which impartiality may be difficult to maintain because of personal beliefs or circumstances.

b) Objectivity

i. A professional detachment is required for interpreting and translation assignments in all situations.

ii. If objectivity is threatened,interpreters and translators shall withdraw from the assignment.

c) Responsibility related to Impartiality

i. Interpreters and translators are not responsible for what clients say or write.

ii. Interpreters and translators shall not voice or write an opinion,solicited or unsolicited, on any matter or person in relation to an assignment.

iii. If approached independently by separate parties to the same legal dispute, an interpreter or translator shall notify all parties and give the first party opportunity to claim exclusive right to the requested interpreting or translation service.

5. ACCURACY

a) Truth and Completeness

i. In order to ensure the same access to all that is said by all parties involved in a meeting, interpreters shall relay accurately and completely everything that is said.

ii. Interpreters shall convey the whole message, including derogatory or vulgar remarks, as well as non-verbal clues.

iii. If patent untruths are uttered or written, interpreters and translators shall convey these accurately as presented.

iv. Interpreters and translators shall not alter, make additions to, or omit anything from their assigned work.

b) Uncertainties in Transmission and Comprehension

i. Interpreters and translators shall acknowledge and promptly rectify their interpreting and translation mistakes.

ii. If anything is unclear, interpreters and translators shall ask for repetition, rephrasing or explanation.

iii. If recall and interpreting are being overtaxed, interpreters shall ask the speaker to pause, then signal to continue.

c) Clear Transmission

i. Interpreters shall ensure that speech is clearly heard and understood by everyone present.

ii. A short general conversation with clients prior to an assignment may be necessary to ensure interpreter and clients clearly understand each other's speech.

iii. In a law court, simultaneous interpreting for clients shall be whispered.

d) Certification

Translators shall provide certification, if requested by their clients, that their translation is true and accurate so far as they know. Certification shall include the translator's name, details of NAATI accreditation/recognition, language and language direction, and be signed and dated.

6. EMPLOYMENT

a) Freelance and Agency-employed Practitioners

i. Interpreters and translators may work in interpreting and translation assignments as independent(freelance) professionals, or under contract to a commercial or government agency.

ii. In both instances, freelance and employed interpreters and translators shall abide by the AUSIT Code of Ethics.

iii. If this Code of Ethics and an employing agency's directions are in conflict, interpreters and translators shall abide by the Code of Ethics and, if necessary, withdraw from the assignment.

b) Fees and Payment in Kind

i. Members are free to set their own rates and conditions. AUSIT may provide information on ranges of rates charged by members.

ii. Interpreters and translators shall not accept for personal gain any fees, favours, commissions or the like from any person, firm, corporation or government agency, including another interpreter or translator, in connection with recommending to a client any person, business agency, substance, material matters, process or service.

iii. In general, gifts and tips in addition to the agreed fee shall not be accepted. However, some discretionary latitude may be exercised in accepting a gift as a token of gratitude, as this is obligatory in certain client cultures.

c) Accountability

i. Interpreters and translators shall be responsible for any services to or on behalf of clients by assistants or sub-contractors employed by the interpreters or translators.

ii. Interpreters and translators in the employment of another practitioner or interpreting and translation agency shall exercise the same diligence as in all professional contexts in the performance of their duties.

7. PROFESSIONAL DEVELOPMENT

a) Maintaining Skills

i. Interpreters and translators shall constantly review and re-evaluate their work performance to maintain acceptable standards.

ii. Practising interpreters and translators are expected to maintain and enhance their language skills by pursuing further relevant study and experience.

iii. Interpreters and translators shall maintain close familiarity with the languages and cultures for which they offer professional interpreting and translation expertise.

i. Interpreters and translators shall continually endeavour to improve their interpreting and translating skills.

b) Training and Practice

ii. It is incumbent on interpreters and translators to support and encourage the professional development of their colleagues.

8. PROFESSIONAL SOLIDARITY

a) Support of Colleagues

i. Interpreters and translators shall support and further the interests of the profession and their colleagues and offer each other reasonable assistance as required.

ii. Interpreters and translators shall refrain from making comments injurious to the reputation of a colleague.

b) Trust and Respect

i. Interpreters and translators shall promote and enhance the integrity of the profession by fostering trust and mutual respect between colleagues.

ii. Any differences of opinion interpreters and translators shall be expressed with candour and respect, rather than by denigration.

SUPPLEMENTARY NOTES TO THE CODE OF PRACTICE

Some useful suggestions follow which do not fit neatly into the Code of Practice, but which may help explain some clauses.

1. PROFESSIONAL CONDUCT

To determine the appropriateness or otherwise of a proposed course of action, consider whether or not it might impede or jeopardise effective communication.

If approached directly by a client, known to be a client or another interpreting or translation professional or agency, do not accept any assignments offered without first conferring with, and obtaining endorsement from, the other professional or agency.

3. COMPETENCE

It is more informative for interpreters and translators to use arrows <> rather than hyphens to specify in writing language directions for which they are NAATI "accredited" or "recognised". [cf3(a)(ii)].

The distinction between NAATI "accreditation" and "recognition" needs to be understood, and those who work with interpreters and translators should be given the opportunity to make informed decisions when seeking their services. [cf3(a)(iii)].

Interpreters and translators ought to be given the opportunity to comment on any alterations made to their work a result of a second opinion and/or review by other interpreters or translators. [cf3(d)].

6. EMPLOYMENT

When employed by an interpreting and translation agency for specific tasks, interpreters and translators may present business cards representing that agency only-do not use personal cards or cards which imply employment by any other organisation. [cf1(d)].

参 考 文 献

［1］Ahrens,B. 2005. Prosodic phenomena in simultaneous interpreting：A conceptual approach and its practical application. Interpreting,7,51-76.

［2］AIIC. 2002. Interpreter workload study. Retrieved from http：//www. aiic. net/ViewPage. cfm/article467

［3］AIIC. 2010. Directory. Geneva：International Association of Conference Interpreters

［4］AIIC. 2012. AIIC Assembly highlight. Retrieved from：http：//aiic. net/ViewPage. cfm/article2871. htm

［5］Albl-Mikasa M. 2010 "Global English and English as a lingua franca(ELF)：implications for the interpreting profession",trans-kom3(2),126-148.

［6］Albl-Mikasa,M. 2012a. Interpreting quality in times of English as a lingua franca (ELF)：New variables and requirements. In L. N. Zybatow, A. Petrova, & M. Ustaszewski(Eds.),Translation studies：Old and new types of translation in theory and practice(Proceedings of the 1st international conference TRANSLAT：Translation and Interpreting Research：Yesterday? Today? Tomorrow? May 12-14,2011,Innsbruck,Austria;pp. 267-273). Frankfurt am Main,Germany：Peter Lang.

［7］Albl-Mikasa,M. 2012b. The importance of being not too earnest：A process-and experience-based model of interpreter competence. In B. Ahrens,M. Albl-Mikasa, & C. Sasse(Eds.),Dolmetschqualit? t in Praxis,Lehre und Forschung. Festschrift für Sylvia Kalina(Interpreting quality in practice, teaching and research. Festschrift for Sylvia Kalina;pp. 59-92). Tübingen,Germany：Narr.

［8］Albl-Mikasa,M. 2013a. Express-ability in ELF communication. Journal of English as a Lingua Franca,2,101-122.

［9］Albl-Mikasa,M. (in press). The non-native ELF speakers' restricted power of expression-a handicap to the interpreters' processing. Translation and Interpreting Studies,8(2).

［10］Albl-Mikasa,Michaela(in preparation)："Professional and Non-Professional Uses of English as a Lingua Franca：From Interpreting Processes to a Cognitive-Psycholinguistic Orientation in the Study of ELF. "

［11］Albrow,M. 1996. The Global Age. Cambridge：Polity Press.

［12］Altman J. 1990. "What helps effective communication? Some interpreters' views",The

Interpreters' Newsletter3,23-32.

[13] Anderson-Hsieh, Janet 1992. Approaches Toward Teaching Pronunciation: A Brief History, in: "Cross Currents" 16/2,73-78

[14] Anderson-Hsieh, J., Johnson, R., & Koehler, K. (1992). The relationship between native speaker judgments of nonnative pronunciation and deviance in segmentals, prosody, and syllable structure. Language Learning,42,529-555.

[15] Anderson-Hsieh, J., & Venkatagiri, H. 1994. Syllable duration and pausing in the speech of Chinese ESL speakers. TESOL Quarterly,28(4),807-812.

[16] Appadurai, A. 1996. Modernity at Large: Cultural Dimensions of Globalization. Minneapolis: University of Minneapolis Press.

[17] Auer, P. 1999. From codeswitching via language mixing to fused lects: towards a dynamic typology of bilingual speech. International Journal of Bilingualism,6, 309-332.

[18] Auer, P. 2007. The monolingual bias in bilingualismresearch, or: why bilingual talk is(still)a challenge for linguistics. In M. Heller(ed.),Bilingualism: A Social Approach. Basingstoke: Palgrave,319-339.

[19] Baddeley, A. D. 1986. *Working memory* [M]. Oxford: Clarendon Press.

[20] Baddeley, A. D. 2000. The episodic buffer: A new component of working memory [J]. *Trends in Cognitive Sciences*,4,417-423.

[21] Bajo, M. T., Padilla, F., & Padilla, P. 2000. Comprehension processes in simultaneous interpreting[J]. In A. Chesterman, N. Gallardo San Salvador, & Y. Gambier (Eds.),*Translation in context* (pp. 127-142). Amsterdam: John Benjamins.

[22] Barik, H. C. 1994. A description of various types of omissions, additions and errors of translation encountered in simultaneous interpretation[J]. In S. Lambert & B. Moser-Mercer(Eds.),*Bridging the gap: Empirical research in simultaneous interpretation*(pp. 121-137). Amsterdam: John Benjamins.

[23] Basel, E. 2002. English as lingua franca: Non-native elocution in international communication. A case study of information transfer in simultaneous interpretation. Unpublished doctoral disseration, University of Vienna.

[24] Beck, U. 2000. What is Globalization? Cambridge: Polity Press.

[25] Bent T. and Bradlow A. 2003. "The interlanguage speech intelligibility benefit", The Journal of the Acoustical Society of America114(3),1600-1610.

[26] Blommaert, J. 2003. Commentary: A sociolinguistics of globalization. Journal of Sociolinguistics,7,607-623.

[27] Bohrn P. 2008. English as a Lingua Franca: Negotiation Common Ground in Business Interaction, Master thesis, University of Vienna, http://othes.univie.ac.at/3590/1/2009_01_27_0201393.pdf(10.03.2010)

[28] Brazil, D. 1997. *The communicative value of intonation* [M]. Birmingham: University of Birmingham.

[29] Brown, H. D. 2000. Principles of language learning and teaching(4th ed.). New

York: Pearson Education.

[30] Bruthiaux, P. 2003. Squaring the Circles: issues in modelling English worldwide. International Journal of Applied Linguistics, 13, 159-177.

[31] Brutt-Griffler, J. 2002. World English. A Study of its Development. Clevedon: Multilingual Matters. Information Transfer in Simultaneous Interpretation, doctoral thesis, University of Vienna.

[32] Carmichael C. 2000. "Conclusions: language and national identity in Europe", in S. Barbour and C. Carmichael

[33] Carroll, D. W. 2008. Psychology of language (5th ed.). Belmont, CA: Thomson Learning Inc.

[34] Celce-Murcia, M. (Ed.) 1996. Teaching English as a Second or Foreign Language, Boston, Heinle & Heinle Publishers.

[35] Celce-Murcia, M., Brinton, D. M., & Goodwin, J. M. (1996). Teaching pronunciation: A reference for teachers of English to speakers of other languages. Cambridge: Cambridge University Press.

[36] Chau, S. S. C. & Chan, A. Y. C. 1988. kǒu yì de lǐ lùn yǔ shí jiàn [The theory and practice of interpreting]. Hong Kong: The Commercial Press Ltd.

[37] Cheung, A. 2003. Does accent matter? The impact of accent in simultaneous interpretation into Mandarin and Cantonese on perceived performance quality and listener satisfaction. In á. Collados Aís, M. M. Fernández Sánchez, and D. Gile (Eds.), Evaluación de la calidad en interpretación de conferencias: investigación (Evaluation of quality in conference interpreting; pp. 85-96). Granada, Spain: Editorial Comares.

[38] Chincotta, D., & Underwood, G. 1998. Non temporal determinants of bilingual memory capacity: The role of long-term representations and fluency [J]. Bilingualism: Language and Cognition, 1, 117-130.

[39] Chouliaraki, L. & Fairclough, N. 1999. Discourse in Late Modernity. Rethinking Critical Discourse Analysis. Edinburgh: Edinburgh University Press.

[40] Christoffels, I. K., de Groot, A. M. B., & Kroll, J. F. 2006. Memory and language skills in simultaneous interpreters: The role of expertise and language proficiency [J]. Journal of Memory and Language, 54, 324-345.

[41] Christoffels, I. K., de Groot, A. M. B., & Waldorp, L. J. 2003. Basic skills in a complex task: A graphical model relating memory and lexical retrieval to simultaneous interpreting [J]. Bilingualism: Language and Cognition, 6, 201-211.

[42] Cohen, J. 1988. Statistical power analysis for the behavioral science (2nd ed.). Hillsdale, NJ: Erlbaum.

[43] Cook, G. 2012. ELF and translation and interpreting: Common ground, common interest, common cause. Journal of English as a Lingua Franca, 1-2, 241-262.

[44] Cooper C., Davies R. and Tung R. 1982. "Interpreting stress: sources of job stress among conference interpreters", Multilingual (2), 97-107.

[45] Crystal D. 1992. An Encyclopaedic Dictionary of Language and Languag.

[46] Crystal, D. 2003. English as a global language. Cambridge, UK: Cambridge University Press.

[47] Crystal, D. 2012. Keynote presentation given at the Bangor University Bilingualism Summer School. Retrieved from http://www. bangor. ac. uk/bilingualism-summerschool/keynote. php. en? subid=0.

[48] Cruttenden, A. 1997. *Intonation* (2nd ed.). Cambridge: Cambridge University Press.

[49] Daneman, M. , & Carpenter, P. A. 1980. Individual differences in working memory and reading[J]. *Journal of Verbal Learning and Verbal Behavior*, 19, 450-466.

[50] Darò, V. , Lambert, S. , & Fabbro, F. 1996. Conscious monitoring of attention during simultaneous interpretation[J]. *Interpreting*, 1, 101-124.

[51] Derwing, T. , & Munro, M. 2005. Second language accent and pronunciation teaching: A research-based approach. TESOL Quarterly, 39(3), 378-397.

[52] De Swaan, A. 2001. Words of the World. The Global Language System. Cambridge: Polity Press.

[53] Dewey, M. 2007. English as a lingua franca and globalization: an interconnected perspective. International Journal of Applied Linguistics, 17, 332-354.

[54] Dewey, M. 2012. Towards a post-normative approach: Learning the pedagogy of ELF. Journal of English as a Lingua Franca 1, 141-170.

[55] Dollerup C. 1996. "English in the European Union", in R. Hartmann (ed.) The English Language in Europe. European Studies Series, Wiltshire, Cromwell Press, 24-36.

[56] Fairclough, N. 2003. Analysing Discourse. Textual Analysis for Social Research. London: Routledge.

[57] Fairclough, N. 2006. Language and Globalization. London: Routledge.

[58] Feldweg, E. 1996. Der Konferenzdolmetscher im internationalen Kommunikationsproze? [The conference interpreter in the international communication process]. Heidelberg, Germany: Julius Groos.

[59] Firth A. 1996. "The discourse accomplishment of normality: on 'lingua franca' English and conversation analysis", Journal of Pragmatics 26, 237-259.

[60] Frauenfelder, U. H. , & Schriefers, H. 1997. A psycholinguistic perspective on simultaneous interpretation[J]. *Interpreting*, 2, 55-89.

[61] Frenck-Mestre, C. 2002. An on-line look at sentence processing in the second language[M]. In R. Heredia & J. Altarriba (Eds.), *Bilingual sentence processing* (pp. 217-236). North Holland: Elsevier.

[62] Garzone, G. and M. Viezzi (Eds.) 2006. Interpreting in the 21st Century: Challenges and Opportunities. Selected papers from the 1st Forlì Conference on Interpreting Studies, 9-11 November 2000, Amsterdam/Philadelphia, John Benjamins

[63] Gazzola M. 2006. "Managing multilingualism in the European Union: language

policy evaluation for the European Parliament", Language Policy5,393-417.

[64] Gerver, D. 1971. Aspects of simultaneous interpretation and human information processing. Unpublished doctoral dissertation, Oxford University, Oxford.

[65] Gerver, David. 1996. "Empirical studies of simultaneous interpretation: A review and a model". In Translation. Application and Research, R. W. Brislin(ed). New York: Garden Press. 165-207.

[66] Giddens, A. 1984. The Constitution of Society. Cambridge: Polity Press.

[67] Giddens, A. 1990. The Consequistics of Modernity. Cambridge: Polity Press.

[68] Gile D. 1995. Basic Concepts and Models for Interpreter and Translator Training, Amsterdam/Philadelphia, John Benjamins.

[69] Gile, D. 1997. Conference interpreting as a cognitive management problem[M]. In H. J. Danks, G. M. Shreve, S. B. Fountain, & M. K. McBeath(Eds.), *Cognitive processes in translation and interpreting* (pp. 196-214). Thousand Oaks, CA: Sage.

[70] Giles, H., & Coupland, N. 1991. Language: Contexts and consequences. Milton Keynes, UK: Open University Press.

[71] Gillies, Andrew 2013. Conference Interpreting: A Student's Practice Book. Routledge.

[72] Gnutzmann C. and Intemann F. 2005. "Introduction: the globalisation of English. Language, politics, and the English language classroom", in C. Gnutzmann and F. Intemann(eds) The Globalisation of Karin Reithofer 155 English and the English Language Classroom, Tübingen, Gunter Narr Verlag, 9-24.

[73] Godijns, Rita and Hinderdael, Micha? l, eds. 2005. : Directionality in Interpreting: The 'Retour' or the Native? Special issue of Communication & Cognition. 38(1/2).

[74] Graddol, D. 1997. The Future of English? London: The British Council.

[75] Graddol, D. 2006. English Next. London: The British Council.

[76] Hallé, P. A. , Best, C. T. , & Levitt, A. 1999. Phonetic vs. phonological influences on French listeners' perception of American English approximants. Journal of Phonetics, 27, 281-306.

[77] Halliday, M. A. K. 1967. *Intonation and grammar in British English*. The Hague/Paris: Mouton.

[78] Halliday, M. 1978. Language as Social Semiotic. The Social Interpretation of Language and Meaning. London: Edward Arnold.

[79] Halliday, M. 2007. Applied linguistics as an evolving theme. In J. Webster(ed.) Language and Education: Collected Works of M. A. K. Halliday. London: Continuum, 1-19.

[80] Hanks, W. 1996. Language and Communicative Practices. Boulder: Westview.

[81] Hardison, D. M. 2004. Generalization of computer-assisted prosody training: Quantitative and qualitative findings. Language Learning & Technology, 9(1),

34-52.

[82] Harmer J. 2009. "Interpreting tomorrow. What is in the pipeline?",in J. Matsunawa(ed.)East Meets West. Current Interpreting Trends. Selected Papers from the International Symposium at Kobe College,Japan,Tokyo,Entitle,127-205.

[83] Hasibeder M. 2010. Die Entwicklung der englischen Sprache zur internationalen Lingua Franca und die Auswirkungen auf das Konferenzdolmetschen. Am Beispiel Wiens als international führender Kongressstadt,Master thesis,University of Vienna, http: //othes. univie. ac. at/10009/1/2010-05-31 _ 0503601. pdf (10. 07. 2010).

[84] He,D. ,& Zhang,Q. 2010. Native speaker norms and China English: From the perspective of learners and teachers in China. TESOL Quarterly,44(4),769-789. doi: 105054/tq. 2010. 235995

[85] He,X. 2006. "Dynamics between language choice and politics in the EU",Forum4 (1),23-36.

[86] Held,D. , McGrew, A. , Goldblatt, D. & Perraton, J. 1999. Global Transformations. Politics,Economics and Culture. Cambridge: Polity.

[87] Hirst,P. & Thompson,G. 1996. Globalization in Question. The International Economy and the Possibilities of Governance. Cambridge: Polity.

[88] Hoover,M. L. & Dwivedi, V. D. 1998. Syntactic processing by skilled bilinguals [J]. *Language Learning* ,48,1-29.

[89] House,J. 2006. Unity in diversity: English as a lingua franca for Europe. In C. Leung & J. Jenkins(eds.),Reconfiguring Europe. The Contribution of Applied Linguistics. London: Equinox,87-103.

[90] House,Juliane 2010: *"The Pragmatics of English as a Lingua Franca."* Anna Trosborg(ed.): Handbook of Pragmatics. Vol. 7: Across Languages and Cultures. Berlin: Mouton,pp. 363-387

[91] House,J. 2012. English as a lingua franca and linguistic diversity. Journal of English as a Lingua Franca,1,173-175.

[92] Ingram,J. C. L. , & Park, S. -G. 1998. Language,context,and speaker effects in the identification and discrimination of English /r/ and /l/ by Japanese and Korean listeners. Journal of the Acoustical Society of America,103(1),1-14.

[93] Jacquemet,M. 2005. Transidiomatic practices: Language and power in the age of globalization. Language & Communication,25,257-277.

[94] James,A. 2005. English in the world and types of variety. In C. Gnutzmann & F. Intemann(eds.),The Globalisation of English and the English Language Classroom. Tübingen: Gunter Narr,133-144.

[95] James,A. 2006. Lingua Franca English as chimera: sociocultural and sociolinguistic perspectives. In W. Delanoy & L. Volkmann(eds.),Cultural Studies in the EFL Classroom. Heidelberg: Winter,221-232.

[96] James,A. 2008. New Englishes as post-geographic Englishes in lingua franca use:

genre, interdiscursivity and late modernity. European Journal of English Studies, 12, 97-112.

[97] Jenkins, J. 2006. Global intelligibility and local diversity: possibility or paradox? In R. Rubdy & M. Saraceni(eds.), English in the World. Global Rules, Global Roles. London: Continuum, 32-29.

[98] Jenkins, J., Cogo, A., & Dewey, M. 2011. Review of developments in research into English as a lingua franca. Language Teaching: Surveys and Studies, 44, 281-315.

[99] Jenkins, Jennifer. 2000. The Phonology of English as an International Language. Oxford: Oxford University Press.

[100] Jenkins, Jennifer. 2007: *English as a Lingua Franca*: Attitude and Identity. Oxford: Oxford University Press

[101] Jenner B. 1997. "International English: an alternative view", Speak Out! 21, 10-14.

[102] Jones, R. 1998. Conference interpreting explained. Manchester: St. Jerome Publishing.

[103] Just, M. A., & Carpenter, P. A. 1992. A capacity theory of comprehension: Individual differences in working memory[J]. *Psychological Review*, 99, 122-149.

[104] Kachru, B. 1985. Standards, codification and sociolinguistic realism: the English language in the Outer Circle. In R. Quirk & H. Widdowson(eds.)English in the World. Cambridge: Cambridge University Press, 11-30. 92 Apples-Journal of Applied Language Studies.

[105] Kachru, Y. & Nelson, C. 2006. World Englishes in Asian Contexts. Hong Kong: Hong Kong University Press.

[106] Kalina, S. 2000. Interpreting competences as a basis and a goal for teaching. The Interpreters' Newsletter, 10, 3-32.

[107] Kirkpatrick, A. 2007. World Englishes. Implications for International Communication and English Language Teaching. Cambridge: Cambridge University Press.

[108] Knapp K. 2002. "The fading out of the non-native speaker. Native speaker dominance in lingua-franca-situations", in: K. Knapp and C. Meierkord(eds)Lingua Franca Communication, Frankfurt am Main a. o., Lang, 217-245.

[109] Kodrnja D. 2001. Akzent und Dolmetschen. Informationsverlust beim Dolmetschen eines "non-native speaker's", Master thesis, University of Vienna.

[110] Kohn, K. 2007. Englisch als globale Lingua Franca. Eine Herausforderung für die Schule [English as global lingua franca. A challenge for schools]. In T. Anstatt (Ed.), Mehrsprachigkeit bei Kindern und Erwachsenen(Multilingualism in children and adults; pp. 207-222). Tübingen, Germany: Narr.

[111] Kohn, K. 2011. English as a lingua franca and the standard English misunderstanding. In A. De Houwer & A. Wilton(Eds.), English in Europe today. Socio-

cultural and educational perspectives(pp. 72-94). Amsterdam, the Netherlands: John Benjamins.

[112] Köpke, B. , & Nespoulous, J. 2006. Working memory performance in expert and novice interpreters[J]. *Interpreting*, 8, 1-23.

[113] Köpke, B. , & Signorelli, T. 2010. Methodological aspects of working memory assessment in simultaneous interpreters[J]. *International Journal of Bilingualism*.

[114] Kurz, I. 2005. "Akzent und Dolmetschen-Informationsverlust bei einem nicht-muttersprachlichen Redner", Bulletin Suisse de Linguistique Appliquée81, 55-70.

[115] Kurz, I. 2008. The impact of non-native English on students' interpreting performance. In G. Hansen, A. Chesterman, & H. Gerzymisch-Arbogast(Eds.), Efforts and models in interpreting and translation research(pp. 179-192). Amsterdam, the Netherlands: John Benjamins.

[116] Kurz, I. & Basel, E. 2009. "The impact of non-native English on information transfer in simultaneous interpretation", Forum7(2), 187-213.

[117] Ladefoged, P. 2001. A course in phonetics. Orlando: Harcourt College Publishers.

[118] Lambert, S. 1988. Information processing among conference interpreters: A test of the depth-of-processing hypothesis. Meta: Translators' Journal, 33 (3), 377-387.

[119] Lave, J. & Wenger, E. 1991. Situated Learning. Legitimate Peripheral Participation. Cambridge: Cambridge University Press.

[120] Lee, S. & Cho, M. 2002. Sound replacement in the acquisition of English consonant clusters: A constraint-based approach. Studies in Phonetics, Phonology and Morphology, 8(2), 255-271.

[121] Leppänen, S. 2007. Youth language in media contexts: insights into the functions of English in Finland. World Englishes, 26, 149-169.

[122] Lesznyák á. 2004. Communication in English as an International Lingua Franca. An Exploratory Case Study, Norderstedt, Books on Demand.

[123] Levelt W. J. M. 1989. Speaking: From intention to articulation. Cambridge, Ma: MIT. Press.

[124] Lin, Y. , Lei, T. , & Chen, J. (Eds.)2006. kǒu yì jiào chéng [A course in interpreting]. Shanghai: Shanghai Foreign Language Education Press.

[125] Liu, M. 1993. zhú bù kǒu yì yǔ bǐ jì—lǐ lùn shí jiàn yǔ jiāo xué [Consecutive interpreting and note-taking: theory, practice and teaching] . Taipei: Fu Jen Catholic University Press.

[126] Liu, M. 2001. *Expertise in simultaneous interpreting : A working memory analysis* [D]. Unpublished doctoral dissertation, The University of Texas at Austin.

[127] Liu M. , Chen, T. W. , Chang, C. C. , Lin, C. L. & Wu, F. 2007. jiào yù bù zhōng

yīng wén fān yì néng lì kǎo shì zhú bù kǒu yì zhī mìng tí yuán zé píng fēn gōng jù chéng xù jí jiàn hé jiàn yì shū [Proposal of testing principles, grading guidelines, examination procedure and effect evaluation methods for the "Examination in Consecutive Interpretation" of the Chinese and English Translation and Interpretation Competency Examinations]. Taipei: The National Institute for Compilation and Translation.

[128] Locke, J. L. , & Pearson, D. M. 1992. Vocal learning and the emergence of phonological capacity: A neurobiological approach. In C. A. Ferguson, L. Menn & C. Stoel-Gammon(Eds.), Phonological development: Models, research, implications(pp. 91-129). Timonium, Maryland,: York Press Inc.

[129] Lombardi, L. 2003. Second language data and constraints on Manner: Explaining substitutions for the English interdentals. Second Language Research, 19(3), 225-250.

[130] Macarena Pradas Macias. 2006. Probing quality criteria in simultaneous interpreting: The role of silent pauses in fluency. Interpreting. 25-43.

[131] Mackintosh J. 2002. "Workload Study: what it tells us about our job", Communicate!, February/March 2002, http: //www. aiic. net/ViewPage. cfm/article659 (01. 12. 2008).

[132] Major R. , Fitzmaurice S. , Bunta F. and Balasubramanian C. 2002. "The effects of nonnative accents on listening comprehension: implications for ESL assessment", TESOL Quarterly36(2), 173-190.

[133] Makoni, S. & Pennycook, A. 2007. Disinventing and reconstituting languages. In S. Makoni & A. Pennycook(eds.), Disinventing and Reconstituting Languages. Clevedon: Multilingual Matters, 1-61.

[134] Mauranen A. 2003. "The corpus of English as lingua franca in academic settings", TESOL Quarterly37(3), 513-527.

[135] Mauranen A. 2006. "A rich domain of ELF: the ELFA corpus of academic discourse", Nordic Journal of English Studies5(2), 145-159.

[136] Mauranen, A. 2012. Exploring ELF: Academic English shaped by non-native speakers. Cambridge, UK: Cambridge University Press.

[137] Mazzetti, Andrea. 1999. "The Influence of Segmental and Prosodic Deviations on Source-Text Comprehension in Simultaneous Interpretation. " The Interpreters' Newsletter 9: 125-147.

[138] McAllister, R. 2000. Perceptual foreign accent and its relevance for simultaneous interpreting. In K. Hyltenstam & B. Englund-Dimitrova(Eds.), Language processing and simultaneous interpreting(pp. 45-63). Amsterdam, the Netherlands: John Benjamins.

[139] McArthur, T. 2002. The Oxford Guide to World English. Oxford: Oxford University Press.

[140] Mead, P. 2000. Control of pauses by trainee interpreters in their A and B langua-

ges. The Interpreters Newsletter 10,89-102.

[141] Meierkord C. 2000. "Interpreting successful lingua franca interaction. An analysis of non-native/non-native small talk conversations in English", Linguistik online5, http: //www. linguistik-online. de/ 1 _ 00/MEIERKOR. HTM (01. 12. 2008).

[142] Miyake, A. , Just, M. A. , & Carpenter, P. A. 1994. Working memory constraints on the resolution of lexical ambiguity: Maintaining multiple interpretations in neutral contexts[J]. *Journal of Memory and Language*, 33, 175-202.

[143] Modiano, M. 1999. Standard English(es) and educational practices for the world's lingua franca.

English Today, 4, 3-13.

[144] Mühlhäusler, P. 1996. Linguistic Ecology. Language Changes and Language Imperialism in the Pacific Region. London: Routledge.

[145] Neff, J. 2007. Deutsch als Konferenzsprache in der Europäischen Union. Eine dolmetschwissenschaftliche Untersuchung [German as conference language in the European Union. An interpreting research study]. Hamburg, Germany: Dr. Kova?.

[146] Neff J. 2008. "A statistical portrait of AIIC: 2005-06", Communicate!, Spring 2008, http: //www. aiic. net/ViewPage. cfm/article2127. htm(26. 01. 2009).

[147] Ohmae, K. 1990. The Borderless World. London: Collins.

[148] Pennycook, A. 2004. Language policy and the ecological turn. Language Policy, 3, 21-239.

[149] Pennycook, A. 2007. Global Englishes and Transcultural Flows. London: Routledge.

[150] Pennycook, A. 2008. English as a language always in translation. European Journal of English Studies, 12, 33-47.

[151] Phillipson, R. 1992. Linguistic Imperialism. Oxford: Oxford University Press.

[152] Phillipson, R. 2003. English-Only Europe? Challenging Language Policy. London: Routledge.

[153] Pitzl M. -L. 2005. "Non-understanding in English as a lingua franca: examples from a business context", Views-Vienna English Working Papers14(2), 50-71, http: //www. univie. ac. at/Anglistik/ Views0502mlp. pdf(13. 06. 2007)

[154] Pitzl M. -L. 2009. " 'We should not wake up any dogs': idiom and metaphor in ELF", in A. Mauranen and E. Ranta(eds) English as a Lingua Franca: Studies and Findings, Newcastle upon Tyne, Cambridge Scholars Publishing, 298-322.

[155] Pöchhacker F. 1994. Simultandolmetschen als komplexes Handeln, Tübingen, Narr.

[156] Pöchhacker F. 1995. "Writings and Research on Interpreting: A Bibliographical Analysis", The Interpreters' Newsletter, 6, pp. 17-31.

[157] Pöchhacker F. 2004. Introducing Interpreting Studies, London, Routledge.

[158] Pöchhacker,Franz,and Miriam Shlesinger(eds). 2002. *The Interpreting Studies Reader*. *London and New York*：Routledge.

[159] Proffitt L. 1997. Simultaneous Interpretation of the Non-Native Speaker of English-Perceptions and Performance,Master thesis,Birkbeck College,University of London.

[160] Rau,D. V. ,& Chang,H. -H. A. 2005. Think or sink：Chinese learners' acquisition of English voiceless interdental fricative. Paper presented at the 22nd Conference on English Teaching and Learning.

[161] Reithofer,K. 2010. English as a lingua franca vs. interpreting：Battleground or peaceful co-existence. The Interpreters' Newsletter,15,143-157.

[162] Reithofer,K. 2011. Englisch als Lingua Franca und Dolmetschen. Ein Vergleich zweier Kommunikationsmodi unter dem Aspekt der Wirkungs？quivalenz [English as lingua franca and interpreting. A comparison between two communication modes with special emphasis on effect equivalence]. Unpublished doctoral dissertation,University of Vienna.

[163] Robertson,R. 1992. Globalization. Social Theory and Global Culture. London：Sage.

[164] Rosenau,J. 1997. Along the Domestic-Foreign Frontier. Cambridge：Cambridge University Press.

[165] Sabatini,E. 2000. Listening comprehension,shadowing and simultaneous interpreting of two 'NonStandard' English speeches. Interpreting,5,25-48.

[166] Schneider,E. 2006. Postcolonial English. Varieties around the World. Cambridge：Cambridge University Press.

[167] SCIC. 2010. Customer Satisfaction Survey. The 2010 edition,http：//scic. ec. europa. eu/europa/upload/docs/application/pdf/, 2010-06/wfi5125-20100330172220-9185 _ rapport_suggestions_css_2010_3. pdf

[168] Seeber,K. G. 2001. Intonation and anticipation in simultaneous interpreting. Cahiers de Linguistique Francaise,23,62.

[169] Seidlhofer B. 2001. "Closing a conceptual gap：the case for a description of English as a Lingua Franca",International Journal of Applied Linguistics11(2),133-158.

[170] Seidlhofer B. 2004. "Research perspectives on teaching English as a lingua franca",Annual Review of Applied Linguistics24,209-239.

[171] Seidlhofer B. 2005. "English as a lingua franca",in A. Hornby(ed.)Oxford Advanced Learner's Dictionary of Current English, Oxford, Oxford University Press,R 92.

[172] Seidlhofer,B. 2009. "Accommodation and the Idiom Principle in English as a Lingua Franca. " Intercultural Pragmatics 6 [2]：195-215

[173] Seidlhofer,B. 2011. Understanding English as a lingua franca. Oxford,UK：Oxford University Press.

[174] Seidlhofer,B. ,Breiteneder, A. & Pitzl,M. -L. 2006. English as lingua franca in Europe. Annual Review of Applied Linguistics,26,1-34.

[175] Service,E. ,Simola,M. ,Mets? nheimo,O. , & Maury,S. 2002. Bilingual working memory span is affected by language skill[J]. *European Journal of Cognitive Psychology*,14,383-407.

[176] Setton,R. 1999. *Simultaneous interpretation*:A cognitive-pragmatic analysis [J]. Amsterdam:John Benjamins.

[177] Shlesinger,M. 1994. Intonation in the production and perception of simultaneous interpretation. In S. Lambert & B. Moser-Mercer(Eds.),Bridging the gap:Empirical research in simultaneous interpretation(pp. 225-236). Amsterdam/Philadelphia:John Benjamins.

[178] Shlesinger,Miriam. 1995. Shifts in Cohesion in Simultaneous Interpreting. In: Translator 1995,1,2,Nov,193-214.

[179] Situ,T. 2002. *Best Chinese idioms I & II* [M]. Hong Kong:Peace Books.

[180] Skudlik S. 1992. "The status of German as a language of science and the importance of the English language or German-speaking Karin Reithofer 157 scientists",in U. Ammon and M. Hellinger(eds)Status Change of Languages,Berlin/New York,de Gruyter,391-438.

[181] Steger,M. 2003. Globalization. A Very Short Introduction. Oxford:Oxford University Press.

[182] Steger,M. 2005. Globalism. Market Ideology Meets Terrorism. Lanham:Rowman & Littlefield.

[183] Tauroza,S. & Luk,J. 1997. Accent and second language listening comprehension. RELC Journal,28(1),54-69.

[184] Taylor C. 1989. "Towards a typology of speakers",in D. L. Hammond(ed.) Coming of Age. Proceedings of the 30th Annual Conference of the American Translators Association,Medford,NJ,Learned Information,Inc. ,183-188.

[185] Tissi,B. 2000. Silent pauses and disfluencies in Simultaneous Interpreting:A descriptive analysis. The interpreters' Newsletter 10,103-127.

[186] Tomlinson,J. 1999. Globalization and Culture. Cambridge:Polity.

[187] Tosi A. 2005. "EU translation problems and the danger of linguistic devaluation",International Journal of Applied Linguistics15(3),384-388.

[188] Vaid,J. & Lambert,W. E. 1979. Differential cerebral involvement in the cognitive functioning of bilinguals[J]. *Brain and Language*,8,92-110.

[189] Van Besien,Fred and Meuleman,Chris. 2004. "Dealing with Speakers' Errors and Speakers' Repairs in Simultaneous Interpretation:A Corpus-based Study". The Translator10(1):59-81.

[190] Van Dijk,T. A. , & Kintsch,W. 1983. Strategies of discourse comprehension. New York,NY:Academic Press.

[191] Van Parijs P. 2004. "Europe's linguistic challenge",European Journal of Sociol-

ogy 45,113-154.

[192] Vejnovic,D. ,Milin,P. ,& Zdravkovic,S. 2010. Effects of proficiency and age of language acquisition on working memory performance in bilinguals[J]. *Psihologia*,43,219-232.

[193] Vollstedt M. 2002. "English for internal company communications",in K. Knapp and C. Meierkord(eds)Lingua Franca Communication,Frankfurt am Main a. o. , 87-107.

[194] Wang,H. & Heuven,V. J. v. 2004. Cross-linguistic confusion of vowels produced and perceived by Chinese,Dutch and American speakers of English. Linguistics in the Netherlands,2004,205-216.

[195] Wang,T. W. 2010. A study of error analysis of English-Chinese simultaneous interpretation and corresponding strategies in use. Unpublished Master's thesis, National Changhua University of Education,Changhua,Taiwan.

[196] Wickens,C. D. 2002. Multiple resources and performance prediction[J]. *Theoretical Issues in Ergonomic Science*,3,159-177.

[197] Widdowson H. 1994. "The ownership of English",TESOL Quarterly28(2),377- 389.

[198] Widdowson,H. 1997. EIL,ESL,EFL：Global issues and local interests. World Englishes,16,135-146.

[199] Wikipedia. Nigerian Pidgin. The free encyclopedia. 2011-08-24 en. wikipedia. org/wiki/Nigerian_Pidgin

[200] Willis G. 1999. "Cognitive interviewing. A 'how to' guide",http：//appliedresearch. cancer. gov/areas/cognitive/interview. pdf(17. 08. 09).

[201] Wode,H. 1992. Categorical perception and segmental coding in the ontogeny of sound systems：A universal approach. In C. A. Ferguson,L. Menn & C. Stoel-Gammon(Eds.),Phonological development：Models,research,implications(pp. 605-631). Timonium,Maryland：York Press Inc.

[202] Wooding M. 2002. "The notion of an international language and the case of English",Communicate!,April/May 2002,http：//www. aiic. net/ViewPage. cfm/ article519. htm(01. 12. 2008).

[203] Zhong,W. (Ed.). 2006. yīng yǔ kǒu yì jiào chéng [A course in interpreting from and into English]. Beijing：Higher Education Press.

[204] 戴炜华,2007. 新编英汉语言学词典[M].上海：上海外语教育出版社

[205] 杜瑞清,姜亚军,近二十年中国大陆英语研究评书[J].外语教学与研究,2001(1).

[206] 翻译行业正在结构转型."翻译大师"该重新定义. 2010 年 03 月 24 日 文汇报

[207] 辜正坤,史忠义. 国际翻译学新探[M].天津：百花文艺出版社,2006.

[208] 黄和斌 戴秀华. 东、西非洲英语/形成/特征/功能[J]. 解放军外语学院学报, 1998,(04)：24-29

[209] 黄忠廉,李亚舒.科学翻译学[M].北京：中国对外翻译出版公司,2004.

[210] 贾文波,汉英时文翻译教程[M].北京：中国对外翻译出版公司,2008.

［211］李桂山,张晓燕.谈汉语四字词组的英译[J].解放军外国语学院学报,2009.(6)

［212］卢洪梅.华夏文化与汉英翻译[M].武汉：武汉大学出版社,2008.

［213］邵志洪.翻译理论、实践与评析[M].上海：华东理工大学出版社,2007.

［214］束定芳,庄智象.现代外语教学[M].上海：上海外语教育出版社,2004.

［215］孙迎春.张若谷翻译艺术研究.北京：中国对外翻译公司出版社,2004 9 月

［216］汪涛.实用英汉互译技巧[M].武汉：武汉大学出版社,2001.

［217］温秀颖.翻译批评——从理论到实践.天津：南开大学出版社,2007

［218］曾诚.实用汉英翻译教程[M].北京：外语教学与研究出版社,2002.

［219］曾传生.英语同声传译理论与实践.北京：北京大学出版社,2010.

［220］曾传生.2001.英语弱读[D],英国雷丁大学硕士学位论文.

［221］张宏明.中国援非政策深得人心[J].人民日报海外版,2006－06－22.

［222］中国翻译事业的成就与面临的挑战.2004 年 11 月 11 日 新化网

［223］祝吉芳.英汉翻译：方法与试笔[M].北京：北京大学出版社,2004.

［224］http：//blog. sina. com. cn

［225］http：//tieba. baidu. com

［226］http：//yolloo. com/news

［227］Http：//www. barinas. com

［228］http：//www. kuleuven. be/cetra/papers/papers. html

［229］http：//www. hxen. com/englishlistening/bbc/20150409/384493. html